처음 하는
부동산 투자 공부

처음 하는
부동산
투자 공부

건실투 지음

커넥팅그라운드

1단계

부동산
투자 세계에
입문하기

부동산 공부를
꼭 해야 할까?

부동산 공부는 생존을 위한 필수 조건

부동산 시장이 장기간 침체를 겪은 후 점진적인 회복세를 보이는 중입니다. 수도권의 주요 지역에 위치한 실거주 목적의 아파트 가격은 과거 고점에 근접하고 있지만, 전반적인 시장은 건축비 상승 등 여러 요인으로 여전히 침체에서 완전히 벗어나지 못한 상태입니다. 아직은 부동산 투자 열기가 뜨겁지 않으며, 많은 이들이 신중한 관망세를 유지하고 있습니다.

이러한 시기엔 부동산 시장을 지켜보며 준비하고 공부하는 것이 중요합니다. 시장 흐름을 읽고 적절한 타이밍에 투자 결정을 내리는 것은 큰 차이를 만들 수 있기 때문입니다. 부동산은 금전적으로 가장 큰 규모의 재화 중 하나이므로, 쇼핑하듯이 즉흥적으로 선택할 수 없습니다. 시장 흐름이나 입지 등을 알고 투자해야 후회 없는 결정을 내릴 수 있습니다. 부동산 공부는 이러한 지식을 쌓는 기초입니다. 투자 시장에서 성공적인 결과를 얻기 위해서는 그에 상응하는 노력이 필수적입니다. 왜 부동산 공부를 꼭 해야 할까요?

첫째, 우리나라 직장인이 근로소득 상승률로 물가 상승률을 따라잡기에는 늘 역부족이었습니다. 통계청에 따르면 2023년도 우리나라 소

임금근로자의 소득 상승률과 물가 상승률 추이

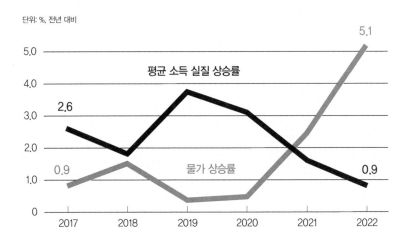

단위: %, 전년 대비

*자료: 통계청

비자물가지수가 111.59로 물가가 본격적으로 오르기 전인 2021년의 102.5보다 8.9% 상승했습니다. 지난 2년간 물가 상승률은 IMF(국제통화기금) 외환위기가 포함된 1995~1997년의 9.6% 이후 26년 만에 최고치라고 합니다. 실제로 2022년부터 시작된 고물가가 계속되는 동안 임금과 소득이 물가 상승을 따라잡지 못했다는 것은 객관적 통계로도 나와 있는 사실입니다.

임금 소득만으로는 점점 더 생활이 팍팍해질 수밖에 없다는 것이 수치상으로도 입증된 셈입니다. 과거 자본주의 경제사의 초입에서도, 자본가들은 노동자들에게 임금을 최저로 주기 위해서 식료품 가격을 안정화하는 것이 중요하다고 생각했습니다. 농업 기술을 발전시키는 데는 비용을 아끼지 않았지만, 노동자에게는 생필품을 살 수 있는 수준의 임금만을 주고 계속해서 노동력을 착취했습니다. 물론 현재의 노동시장과 기업 구조는 과거와 많이 다르지만, 대부분의 직장인들은 고용된 노동자로서 임금만으로 자산을 축적하는 것이 매우 어렵다는 점에 공감할 것입니다. 자본주의 사회에서 살아남기 위해서는 부동산을 비롯한 다양한 자산에 대한 공부가 이제 선택이 아닌 필수입니다.

둘째, 근로소득만으로는 원하는 집을 사기가 점점 어려워져 이제는 거의 불가능에 가깝습니다. 특히 서울에서는 최근 기사에서 중위소득 가구가 살 수 있는 아파트가 100채 중 단 6채에 불과한 것으로 보도되기도 했습니다.

서울에 내 집 마련, 과연 얼마나 걸릴까?

재테크가 필요한 이유

서울에 내 집 마련, 얼마나 걸릴까

서울 중심지 강남구의 평균 매매가는?
평당 7,737만원 / 33평 기준 약 25.5억원

서초구의 평균 매매가는 평당 7,880만원 / 33평 기준 약 26.0억원
강동구의 평균 매매가는 평당 4,028만원 / 33평 기준 약 13.2억원
마포구의 평균 매매가는 평당 4,486만원 / 33평 기준 약 14.8억원

**서울 거주 직장인이 평균소득의 절반을
저축했을 때 서울 집 마련에 걸리는 시간은?**

강남구 104년, 마포구 59년

*자료 : 부동산지인 2024년 10월 가격

    서울의 중위소득 가구가 중위가격 아파트를 매수하는 경우 주택담보대출 원리금 상환으로 소득의 40%가량을 지출해야 하는 것으로 나왔습니다. 어렵게 아파트 한 채를 샀어도 적극적인 주택 갈아타기나 추가적인 부동산 투자를 통해 자산을 증식하지 않고서는 그 대출을 갚기 위해 매우 오랜 시간 동안 소비를 줄이거나 노후 대비를 하지 못한 채

로 퇴직을 맞이할 수밖에 없습니다. 다른 나라의 사례를 보더라도 기존 주택이 없다면, 새로운 집으로 갈아타지 못하는 곳이 많습니다. 즉, 종전 자산을 팔아 새로운 자산을 취득할 자본을 마련하지 않고서는 더 큰 집이나 새집으로 이사할 수 없다는 것입니다. 이런 상황을 만든 정부의 주택정책을 탓하고 싶지만, 언제까지 탓만 하며 손 놓고 있을 수는 없습니다. 일단은 현실을 직시하고 변화를 모색하는 수밖에요. 요컨대 어떻게든 작은 집이라도 내 집을 마련하는 것이 향후 자산을 형성하는 데 유리합니다.

셋째, 꼭 부동산에 투자하지 않더라도 우리가 사는 집은 전세든 월세든 자가든 큰 비용을 내야 하는 재화입니다. 그렇다면 살아가는 동안 언제 발생할지 모르는 부동산 관련 리스크나 계약상의 조건을 공부하지 않고 지낼 수는 없습니다. 평소 부동산 시장의 동향, 금융 용어, 계약 조건 등을 공부해놓으면 기회가 왔을 때 바로 잡을 수 있습니다. 준비된 자에게 기회가 오는 법이니까요. 또한 리스크를 피하기 위한 의사 결정도 수월하게 내릴 수 있습니다. 사실 이 글을 쓰는 지금도 많은 사람이 전세 사기 피해를 보고, 그 금액이 수조 원에 이른다는 말을 들으면서 마음이 무척 쓰리고 아픕니다. 저 역시 사회생활 초입에 부동산과 관련한 용어들을 잘 몰라서 어려움을 적지 않게 겪었습니다. 부동산 중개소를 방문할 때마다 위축감을 느낀 적이 한두 번이 아니었습니다. 지금은 그런 수준을 넘어서 아예 수천만 원에서 수억 원에 이르는 사기까지 당한다고 하니, 사회 초년생이 이런 범죄 피해를 당한다면 과연 회복할 수 있을지 걱정됩니다. 이 때문에 부동산 공부는 선택이 아니라 생존을 위한 필수 조건임을 명심해야 합니다.

투자는 '남'이 아닌 '내'가 해야 하는 의사결정이다

투자는 본인이 직접 공부하고, 경험하면서 스스로 의사결정해야 합니다. 누군가의 조언이 영향을 미칠 수는 있지만, 최종 단계에서는 다른 사람이 아닌 내가 직접 결정하고, 그 결정에 대한 책임을 져야 합니다. 그래서 투자를 하다 보면 외롭고 고독해지기 마련입니다.

가끔 부동산 관련 조언을 구하는 질문 중 가장 많이 듣는 내용이 지금 이 집을 사야 할지, 말아야 할지와 같은 것입니다. 부동산 전문가라고 하는 분들도 매 순간 상승과 하락, 보합으로 의견이 나뉘는데, 이런 질문을 한다고 해서 더 정확한 답변을 듣기는 어렵습니다. 본인이 충분히 검토한 후에 스스로 결정을 내려야지 누군가가 대신해서 답해줄 수는 없습니다. 누군가의 의견에만 의존해 인생에서 가장 중요한 결정 중 하나인 부동산 투자를 한다면, 그 결과에 따른 책임은 온전히 자신에게 돌아온다는 점을 명심해야 합니다. 아울러 내가 직접 공부하고, 보고 듣고 느끼면서 판단해본 소중한 경험도 얻을 수 없습니다. 결국 모든 문제는 내가 직접 해결해야 한다는 사실을 기억하세요.

투자에서 중요하게 고려해야 할 점은 투자 이후 나에게 주어지는 선택지입니다. 가장 최악의 투자는 선택지가 한 개밖에 없는 것이고, 만약 그 선택지마저 여러 가지 이유로 사라진다면 투자에 큰 실패를 볼 수도 있습니다. 부동산 투자는 금액이 커서 나의 자본금으로만 투자할 수 있는 것이 아니라 레버리지까지 동원하는 경우가 많아, 손실이 자본금보다 더 커질 위험이 존재합니다. 부동산을 매수할 때부터 명확한 이유와 추후 부동산 매도 시기, 선택지 등을 고려하여 시나리오별 대응 방안이 필요합니다.

이곳저곳에 넘쳐나는 부동산 시장 예측

부동산 투자는 개인이 보유한 모든 자산을 투입해야 할 때가 많아서 부동산 가격 전망에 관심이 클 수밖에 없습니다. 많은 전문가들이 다양한 채널을 통해 부동산 가격의 상승 또는 하락에 대해 언급하며, 자극적인 제목으로 이를 내보내고 있습니다. 이로 인해 투자자들은 의사결정을 내리기 전이나 후에도 혼란을 겪기 쉽습니다.

미래는 누구도 100% 알 수 없고, 예측할 수도 없습니다. 과거의 사례를 통해 유사점을 확인한다고 해도 부동산 가격에 미치는 요소는 너무나 다양하고 정확하게 과거와 같은 조건은 아니기 때문입니다. 따라서 단순한 예측이나 예언이 아닌, 논리적인 추론을 통해 시나리오별 다양한 사례를 고려해야 하며, 이를 통해 어떤 상황이 닥치더라도 적절하게 대응할 수 있는 방안을 마련해야 합니다. 즉, 항상 나의 시나리오에서 최악의 경우는 무엇인지, 그런 상황에 어떻게 대응해야 할지를 따져봐야 합니다. 부동산 투자는 예측과 예언이 아닌 우리가 주체적으로 움직여야 하는 대응의 영역입니다.

부동산 투자에서 구분해야 할 것은 상수와 변수입니다. 상수라는 것은 이미 정해진 입주 물량, 입지 요소, 확정된 교통망 등 변하지 않는 요소입니다. 변수라는 것은 정책 요소나 항상 변하는 금리, 환율 등과 같은 대내외적인 여건들입니다. 예를 들어 아파트 공사 현장에서 문화재가 발굴되었다면 이는 변수로 보는 것이 맞습니다. 이러한 상수와 변수의 구분으로 상수를 통해서는 현재가치를 판단하고, 미래가치에 대한 호재를 정확한 사실관계에 맞춰 명확하게 구분할 수 있어야 합니다. 변수를 통해서는 향후 가격에 영향을 미칠 만한 요인이 더 있을지를 따져봐야 합니다.

투자자의 관점에서 상수와 변수를 구분하지 못하고 변수를 상수처럼 생각하는 실수를 저지를 때가 종종 있습니다. 특히 부동산 정책과 관련한 요소는 변경되거나 없어질 가능성이 커서, 언제든지 바뀔 수 있다는 가정 아래 검토해야 합니다. 예를 들어 생활형 숙박시설을 오피스텔로 손쉽게 바로 변경할 수 있다는 이야기를 믿고, 실거주가 가능할 것이라 예상하며 투자한 사람들이 있었습니다. 그러나 실제로는 변경

과정에서 다양한 부수적인 제약 조건들이 해결되지 않아, 실질적으로 변경이 거의 불가능해져 많은 피해자가 발생했습니다. 이렇듯 2024년 부동산 시장을 떠들썩하게 만든 생활형 숙박시설 대란 역시 변수인 정책 변경을 상수로 생각한 데서 비롯된 것입니다.

누구에게나 살 집은 필요하다

주택을 매수했을 때 가장 큰 장점 중 하나는 심리적 안정감입니다. 임대 만료 시기마다 집주인에게 연락이 올까, 임대 연장이 가능할까, 임대료는 얼마나 오를까 하는 걱정에서 벗어날 수 있습니다. 더는 집주인과 협상을 해야 하거나, 언제 이사를 해야 할지 불안에 떨 필요가 없습니다. 특히 자녀가 학교에 다니고 있다면 전학에 대한 부담감도 덜 수 있습니다.

두 번째 장점은 주변 세상에 관한 관심이 자연스럽게 커진다는 점입니다. 부동산은 정치, 경제, 금리, 시장 환경 등 다양한 요인에 영향을 받기 때문에 집을 매수하게 되면 자연스럽게 세상의 흐름에 주의를 기울이게 됩니다. 미디어에서 다루는 부동산뿐만 아니라 그와 관련된 정치, 경제, 금리 변동 등 다양한 이슈에 관심을 두게 되고, 이로 인해 더 균형 잡힌 행동과 책임 의식을 가지게 됩니다. 흔히 말하는 '스킨 인 더 게임Skin in the Game'이 실현되는 것입니다.

세 번째 장점은 자산을 장기적으로 보유함으로써 얻는 경제적 효과, 이른바 '존버 효과'입니다. 부동산은 주식처럼 쉽게 사고파는 재화가 아니며, 거래 비용도 매우 많이 듭니다. 따라서 가격이 하락했다고 해서 쉽게 매도할 수 없고, 불황기에는 매수자도 줄어들어 거래가 어려워집니다. 이러한 이유로 자산을 강제로 보유하게 되지만, 시간이 지나 시장이 다시 활황기를 맞이하면 자산 가치가 상승하는 경험을 하게 됩니다. 이 과정에서 레버리지(대출)를 활용해 자본주의의 극대화된 효과를 체감할 수 있습니다. 물론 이는 부동산 가격이 물가 상승률만큼은 오를 것이라는 전제가 필요하지만, 장기적으로 보면 지금까지 이 전제는 유효했습니다.

무턱대고 부동산 매매를 한 후 깨달은 것

대학에서 건축을 전공한 후 자연스럽게 부동산 관련 회사에서 일을 시작해 지금까지 하고 있습니다. 그렇다고 부동산 투자에 관심이 많거나 적극적이었던 건 아닙니다. 계속되는 야근과 철야 근무로 너무 바쁘기도 했고, 노동임금 외에 다른 부가 수익을 창출하려는 생각도 하지 못했습니다. 주 업무가 장차 부동산 개발이 이루어질 위치에 선제적으로 설계하는 것이었는데, 어느 날 문득 시간이 흘러 돌아보니 그때 제가 설계했던 부지 주변에 아파트를 한 채씩만 투자했어도 일찌감치 큰 부자가 되었을 거라는 사실을 깨달았습니다.

사회 초년생 때는 부동산에 투자해야겠다는 생각 자체를 하지 못했습니다. 그 나이대에 어울리는 청춘의 고민에 빠져 지냈으니 당연한 결과였습니다. 결혼하고부터 부동산에 관심이 생겼습니다. 그래서 2009년에 처음으로 나름의 고심 끝에 용산에 있는 20평대 아파트 1층을 대출을 많이 받아 장만했습니다. 첫 부동산 매매치고는 나쁘지 않은 선택이었습니다. 당시는 주택시장이 침체기로 접어드는 때였고, 매수한 집도 1층이라 가격 변동이 거의 없었습니다. 그나마 위치가 용산이라 가격이 많이 내리지는 않았던 것으로 기억합니다. 그러고 나서 2011년 즈음 우연한 기회에 부동산을 잘 아는 지인의 추천으로 성수동에 20평대 아파트를 전세 끼고 매매하는 이른바 갭투자로 매수했습니다. 이렇게 용산과 성수에 각각 아파트 한 채씩을 운 좋게 보유한 상태에서 아이가 태어났습니다. 아이를 돌봐주실 시부모님댁 옆으로 이사하면서 용산 아파트는 전세를 주었습니다. 그렇다면 현재의 저는 서울의 핵심지에 아파트를 두 채나 보유한 자산가가 되어 있을까요?

2009년 이후 부동산 시장은 깊은 침체기를 겪고 있었습니다. 많은 사람이 기억하다시피 2011년은 부동산 경기의 바닥 즈음이었고 요건에 맞는 주택을 매수하면 일시적으로 양도소득세(이하 '양도세')를 면제해주던 시기였습니다. 문제는 제 마음이었습니다. 빚을 크게 지고 산 집의 가격이 한동안 움직이지 않자, 잘못된 투자를 한 것 같아 마음이 무거웠습니다. 당시 육아 때문에 서울에 살지도 않았으므로 적당한 시기에 집들을 팔아야겠다고 마음먹었습니다.

2013년 부동산 시장이 회복세에 들어서면서 서울의 아파트들이 서서히 가격을 회복하기 시작했습니다. 때를 맞춰 용산의 아파트 매수자가 나타나자 바로 매도했습니다. 지금이 아니면 언제 팔릴까 하는 불안감에서였습니다. 거의 동시에 성수동의 아파트 역시 약간의 가격 상승이 있자 같이 매도해버렸습니다. 두 채를 매도할 당시 실거주하던 곳은 경기도 안산이었습니다. 출퇴근은 힘들었지만, 아파트가 평지에 자리 잡고 있었고 학교가 많아서 아이를 키우는 데 나쁘지 않은 환경이었습니다. 또 장기적으로는 신안산선이 들어온다고 하니 서울의 두 채를 팔아 안산의 집 한 채를 매수하게 된 셈입니다. 지금 돌이켜보면 헛웃음이 나올 정도로 어이없는 판단이었습니다.

문제는 곧바로 나타났습니다. 2013년 서울 아파트 두 채를 매도한 이후 서울 아파트 시세는 급격히 상승했고, 상대적으로 안산의 아파트는 매수한 가격을 고점으로 슬슬 빠지기 시작했습니다. 사람들은 자산을 팔고 나서 가격이 오를 때 더 큰 고통을 느낀다고 하는데, 저에겐 그 고통이 두 배로 다가왔습니다. 매도한 집이 두 채였기 때문입니다. 그것도 매일 신고가를 갱신하는 시점의 서울 핵심지 아파트 두 채였으니 말이죠. 당시는 하루하루가 괴로웠습니다. 그러나 다행히 지금은 그 두 아파트의 현재 시세를 보면서도 가슴이 쓰리지는 않습니다. 그것을 만회할 만한 공부와 성과를 이뤄가고 있기 때문입니다.

생각해보면 그때의 매도와 매수는 일종의 막무가내식이었습니다. 단지 결혼을 했으니 집을 사야 했고 우연한 기회에 갭투자라는 것도 했지만 상승기 초입에 서울 핵심 지역에 있는 아파트 두 채를 약간의 수익으로 매도하고 경기도의 아파트를 사는 판단을 내리다니, 부동산 시장의 흐름이나 특성을 조금만 더 공부한 상태였더라면 절대 하지 않을 선택이었습니다. 심지어 성수동의 아파트는 5년간 비과세 혜택이 있는

황금 같은 물건이었다는 것조차 나중에서야 알았습니다. 그때는 그저 너무 큰 대출이 부담스럽게만 느껴졌습니다.

안산의 아파트를 매입하고 난 후 주거환경은 개선되었지만, 매도한 서울 아파트 가격이 미친 듯이 상승하고 매수한 경기도 아파트 가격은 오히려 내리는 것을 보면서 '내가 무슨 짓을 한 것인가' 후회가 막심했습니다. 그때부터 이대로는 안 되겠다는 생각에 부동산 공부를 시작했습니다. 왜 그런 실수를 했는지, 내 선택에 어떤 문제가 있었는지가 궁금해 잠이 오지 않았기 때문입니다. 재개발, 분양권, 경매, 세금 등 다양한 책을 섭렵하며 공부했고, 직접 임장을 다니며 경험을 쌓았습니다. 덕분에 안산 아파트는 약간의 손해를 보고 매도했지만, 그 시드머니로 부동산에 투자해 현재는 꽤 괜찮은 성과를 거두고 있습니다.

그때 서울 주요 입지의 아파트 두 채를 팔고 안산 아파트 한 채를 샀을 때 무엇을 잘못했는지도 모른 채 그대로 안주했다면 어땠을까 생각하면 아찔해집니다. 낮에 일하고 밤에 잠 안 자고 공부하던 시기가 힘들긴 했지만, 지금은 무척 소중하게 느껴집니다. 운이 좋아 우연히 장래 가치가 높은 자산을 취득하게 되더라도 그것을 장기적으로 잘 유지하고 더 큰 수익을 낼 수 있게 하려면 부동산의 흐름이나 세금 관련 공부가 필수임을 뼈저리게 느꼈습니다. 아는 만큼 기회를 찾고, 아는 만큼 수익을 낼 수 있다는 부동산을 비롯한 자산시장의 중요한 원칙을 깨달았습니다.

왕초보에게 꼭 필요한 공부, 주택청약제도

주택을 소유하는 방법

집이 없는 사람에게 자가(自家)는 간절한 꿈입니다. 내 집을 가지려면 당연한 이야기지만, 어떤 방법을 통해서든지 집을 소유해야 합니다. 운이 좋은 누군가는 상속을 받거나 증여를 받을 수도 있겠지만, 대다수 사람은 열심히 저축한 돈과 은행에서 자신의 미래 노동을 담보로 대출받은 돈을 모아 주택을 매입하거나, 청약을 통해 주택을 소유하게 됩니다. 이렇듯 주택을 취득하는 방법은 크게 3가지로 나눌 수 있습니다.

주택을 취득하는 3가지 방법

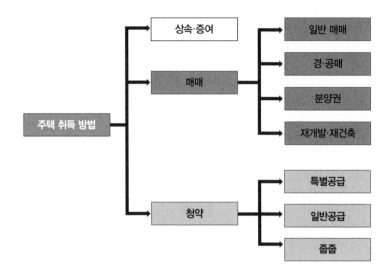

1. 상속·증여

가장 먼저 재산 소유자로부터 받을 수 있는 상속·증여가 있습니다. 상속과 증여의 첫 번째 차이는 상속은 재산 소유자의 사망으로 발생하고, 증여는 재산 소유자가 생존해 있는 상태에서 이루어진다는 것입니다. 두 번째 차이는 상속은 4촌 이내까지만 가능하고 증여는 타인에게도 가능하다는 점입니다. 세 번째 차이는 상속 공제로 인해 상대적으로 상속보다 증여가 세금이 더 크다는 점입니다. 주택과 관련한 상속이나 증여에는 다양한 절세(절세는 탈세가 아닙니다) 방법이 존재하므로 세무사와 상담해보는 것도 좋은 방법입니다.

2. 매매

소유자가 팔겠다고 내놓은 상품을 사는 매매는 주택을 소유하는 가장 일반적인 형태입니다. 매수자가 발품을 팔아 부동산에 매물로 나와 있는 상품 중에서 자신이 원하는 입지와 가격대를 찾은 후 부동산 중개사의 도움을 받아 매매합니다. 그리고 상품의 종류는 주택과 분양권, 재개발·재건축 입주권으로 구분할 수 있습니다. 경·공매는 법원이나 정부 기관이 채권자가 담보로 잡은 주택을 더 높은 가격을 제시하는 입찰자에게 매각하는 형태입니다. 시세보다 유리한 가격에 낙찰받을 수 있는 장점이 있는 반면 일정 수준 이상의 전문 지식을 갖추고 잘 살펴보지 않는다면 법률상 또는 현실상 하자가 있는 주택을 낙찰받아 큰 손해를 볼 위험도 있습니다.

3. 청약

주택청약은 새로 지어지는 공동주택을 분양받을 수 있는 일정 자격 요건을 갖춘 사람에게 제공하는 제도입니다. 전체 분양가의 10~20% 정도(대부분 10%)에 해당하는 계약금을 준비할 수 있다면, 나머지는 중도금 대출 등을 활용할 수 있기 때문에 접근이 용이하며, 특히 분양가 상한제가 적용되는 현장은 주택 분양가가 주변 시세보다 더 낮게 책정되어 바로 시세차익을 기대할 수도 있습니다. 이런 이유로 주택청약은 무주택자가 자기 집을 마련할 때 가장 선호하는 수단입니다. 자신이 '부린이'라면 가장 먼저 공부해야 할 내용이 바로 주택청약제도입니다.

주택청약 3대 조건

1. 거주 지역

대부분 아파트 청약은 해당 지역에 거주하는 자에게 우선순위가 부여됩니다. 해당 지역에 주민등록이 등재되어 있고, 일정 기간 거주할 필요가 있습니다. 예를 들어 서울시에서 공급하는 주택인 경우 서울시에 1년 이상 거주해야 하고, 아직 규제지역으로 남아 있는 강남·서초·송파구(강남 3구)와 용산구는 2년 이상 거주해야 우선 자격이 부여됩니다. 그런데 지역에 따라 청약 우선 당첨 조건에 거주기간 요건이 추가되기도 하므로, 청약 전에 반드시 입주자 모집 공고를 확인해보는 것이 확실합니다.

2. 청약통장

비인기 지역의 미분양 아파트가 아니라면 주택청약을 신청하기 위해서 자신의 명의로 가입된 청약통장이 필요합니다. 청약통장은 가입 기간과 납입횟수, 납입금액에 따라 1순위와 2순위로 나뉩니다. 1순위 조건은 국민주택과 민영주택에 따라 다르며, 가입한 청약통장 상품에 따라서도 차이가 납니다.

3. 주택 유무

청약은 기본적으로 무주택자에게 주택을 공급하기 위한 제도이기 때문에 국민주택은 무주택자들에게만, 그리고 민영주택도 무주택자들에게 가장 많은 물량이 배정되고(75%), 청약한 무주택자 중 낙첨자와 1주택자들을 대상으로 나머지 물량(25%)이 배정됩니다. 그리고 민영주택은 조정지역인 투기과열지구와 비조정지역으로 구분해서 당첨자 선정 방식인 추첨제과 가점제 비율이 다르게 적용됩니다.

가점제와 추첨제

주택청약제도는 2가지 방식으로 당첨자를 결정합니다. 무주택기간이나 부양가족의 수, 주택청약종합저축 가입기간과 납입금액 등의 가산 점수를 합산하여 가장 높은 순서대로 순위에 따라 결정하는 청약 가점제와, 최소한의 요건을 갖춘 신청자를 대상으로 무작위 추첨을 통해 당첨자를 선정하는 청약 추첨제가 있습니다.

따라서 (민영주택 기준으로) 당연히 점수가 높은 사람에게는 가점제가, 점수가 낮은 사람에게는 추첨제가 더 유리합니다. 추첨제의 당첨자 선정 방식은 우선 75%를 무주택 세대를 대상으로 추첨하고, 나머지 25%는 무주택 세대 중 낙첨자와 1주택 세대 중에서 추첨합니다. 대개는 총 분양 물량 중 정해진 비중을 우선 가점제로 선정하고, 남은 물량을 추첨제로 선정하는데, 이는 규제지역 여부와 전용면적에 따라 달라집니다. 규제지역은 투기지역, 투기과열지구, 조정대상지역 등이 있는데, 현재는 서울의 강남·서초·송파구(강남 3구)와 용산구를 제외한 다른 모든 지역의 규제가 해제된 상태입니다.

가점제와 추첨제 비중

주택 크기	비규제지역	투기과열지구
전용면적 60m² 이하	가점제 40% 추첨제 60%	가점제 40% 추첨제 60%
전용면적 60m² 초과 전용면적 85m² 이하		가점제 70% 추첨제 30%
전용면적 85m² 초과	추첨제 100%	가점제 80% 추첨제 20%

주택청약저축 가입은 필수

우리나라에서 지어지는 30세대 이상 아파트는 「주택법」에 따라 청약제도를 통해 입주자를 선정해야 합니다. 주택청약은 무주택자가 상대적으로 저렴한 가격에 내 집을 마련할 수 있는 대표적 수단입니다. 우리가 신도시라 부르는 공공택지와 규제지역 민간택지에 건설되는 아파트에는 분양가 상한제가 적용되기 때문입니다. 분양가 상한제는 주변 시세와 상관없이 택지비(땅값)와 건축비를 합산한 금액의 일정 비율 내에서 분양가를 결정하는 제도를 말합니다.

주택청약을 하기 위해서는 주택청약종합저축에 가입해 가입기간과 예치금 등 일정 조건을 충족해야 합니다. 대부분의 1금융권 시중은행에서 나이나 자격 등에 제한 없이 누구나 가입할 수 있고 매월 2만 원 이상 50만 원 이내에서 자유롭게 납입할 수 있습니다.

그렇다면 월납입금을 얼마로 정하는 것이 가장 유리할까요? 이에 대한 답을 찾기 위해서는 우선 국민주택과 민영주택의 차이점을 알아야 합니다.

국민주택과 민영주택의 차이

국민주택은 LH나 지방주택공사 같은 공공기관이 직접 건설하거나, 국민주택기금으로부터 자금을 지원받아 건설·개량되는 주택으로 주거 전용면적이 85 m^2(전용면적) 이하인 주택을 말합니다. 민영주택은 국민주택을 제외한 민간업체가 짓는 아파트로 우리가 주위에서 흔히 보는 래미안이나 자이 같은 브랜드 아파트들입니다. 요즘에는 민간업체

국민주택과 민영주택의 차이

		국민주택	민영주택
분양 주체		국가, 지자체, LH, 지방 공사 또는 주택도시기금 지원을 받아 공급되는 주택.	민간 건설 사업자가 공급하는 주택 (국민주택을 제외한 모든 주택)
면적		전용면적 85 m^2(28평) 이하 (수도권 및 도시가 아닌 읍·면은 100 m^2 이하)	예치금액에 따라 평수 결정 (최소 200만 원~최대 1,500만 원)
입주 대상		무주택 세대주 (해당 지역 거주)	만 19세 이상 (해당 지역 거주)
가점제	85 m^2 이하	순차별 공급	가점제 40% + 추첨제 60%(비규제지역)
	85 m^2 초과	×	100% 추첨제(비규제지역)

가 짓는 공동주택이라 하더라도 국민주택이나 공공임대 할당분이 있고 공공기관에서 민간 건설사에 위탁 시공을 하기도 해서 브랜드 아파트에도 국민주택이 섞여 있을 수 있습니다.

1순위가 되어야 한다

주택청약저축은 일정 조건을 갖추면 1순위가 됩니다. 1순위는 말 그대로 청약을 했을 때 입주권을 1순위로 준다는 뜻입니다. 그래서 주택청약 1순위 조건을 갖추는 것이 무척 중요합니다. 중요한 점은 국민주택과 민영주택의 1순위 조건이 다르다는 사실입니다.

국민주택은 청약통장의 납입횟수와 기간이 중요합니다. 기본적으로 연체 없이 납입횟수 12회, 가입기간 12개월 이상이어야 합니다. 투기과열지구와 조정대상지역 등 규제를 받는 곳은 납입횟수 24회, 가입기간 24개월 이상의 조건이 필요합니다. 앞에서 설명한 것처럼 2023년 1월 이후 현재는 서울의 강남·서초·송파구(강남 3구)와 용산구만 규제지역으로 묶여 있습니다.

같은 순위로 경쟁할 때는 무주택기간이 길수록 유리합니다. 40㎡(전용면적) 이하는 납입횟수, 40㎡(전용면적)를 초과하면 총 납입금액이 많은 순으로 정합니다. 그런데 총 납입금액을 계산할 때 횟수마다 인정하는 금액이 정해져 있습니다. 2024년 11월 1일부터 국민주택의 월납입 인정액을 기존 10만 원에서 25만 원으로 40년 만에 인상했습니다. 소득 증가에 맞춰 월납입금 인정 한도를 조정한 것입니다. 매월 50만 원을 납입했더라도 25만 원만 인정하고 25만 원은 총 납입금액에 합산하지 않습니다. 여기서 앞선 질문의 정답이 나옵니다. 국민주택을 청약하려면 매월 25만 원을 장기간 납부하는 것이 가장 유리합니다.

국민주택의 청약 1순위 당첨 조건

지역 가입기간		조건		
		납입횟수	기타	공통 조건
투기과열지구 및 청약과열지구		2년	24회	• 무주택 세대주 • 과거 5년 이내 다른 주택에 당첨된 적이 없는 세대의 구성원 • 해당 지역에 1년 이상 거주한 자	• 최초 입주자 모집 공고일 현재 해당 주택 건설지역 또는 인근 지역에 거주하는 지
위축지역		1개월	1회	• 무주택 세대주 • 무주택 세대의 세대원	
그 외 지역	수도권	1년	12회		
	수도권 외	6개월	6회		

민영주택은 회당 일정 금액을 납입해야 할 필요가 없습니다. 납입기간과 일정 예치금이 채워지면 1순위가 됩니다. 그래서 처음부터 국민주택은 관심 없고 민영주택 청약만 고려한다면 최소 납입금액 2만 원을 입금한 뒤 납입기간을 채우고, 관심 청약 단지의 입주자 모집 공고일까지만(청약 접수 10일 전) 예치금을 한 번에 입금해도 됩니다. 예치금

기준은 입주자 모집 공고일 현재 청약 신청자의 주민등록상 거주 지역과 청약 넣을 전용면적에 따라 달라집니다.

지역별·면적별 주택청약통장 예치금 기준

단위: 만 원

전용면적(㎡)	서울, 부산	기타 광역시	기타 시, 군
85 이하	300	250	200
85~102	600	400	300
102~135	1,000	700	400
모든 면적	1,500	1,000	500

최종 승부는 가점에 달려 있다

이렇게 청약통장 1순위 조건을 갖춘다 하더라도 문제는 남아 있습니다. 1순위 자격을 갖춘 청약통장이 우리나라에 무려 천만 개가 넘게 존재하기 때문입니다. 그래서 최종 당첨이라는 결과를 얻기 위해서는 '가점제'를 잘 이해해야 합니다. 가점을 받기 위한 조건은 3가지입니다. 무주택기간, 부양가족 수, 청약통장 가입기간에 따라 점수가 차등 부여됩니다. 무주택기간 점수는 만 30세가 되는 날 또는 혼인신고일부터 계산되고 2~32점까지 주어지는데 만 15년 이상이면 최대 32점이 주어집씩. 부양가족 점수는 가족 한 명당 5점씩 더해지고 6명 이상이면 최대 35점이 주어집니다. 청약통장 가입기간 점수 역시 만 15년 이상 가입했을 때 최대 17점이 주어지는데, 특히 2024년 3월부터는 배우자의 청약통장 가입기간의 절반을 인정받아 최대 3점까지 가점을 추가 합산받을 수 있습니다. 가령 본인이 청약통장을 5년(7점), 배우자가 4년(6점 중 최대 3점 합산 가능)을 가지고 있었다면 본인 7점에 배우자의 몫 3점이 추가돼 총 10점을 인정받을 수 있습니다.

만약 모든 항목에서 최대 점수를 받는다면 84점으로 만점이 됩니다. 현실적으로 쉽진 않지만, 전국 어느 분양 단지든 원하는 곳에 당첨될 수 있는 천하무적 자격이 되는 것입니다. 다만, 청약 시 주의할 점이 있습니다. 신청 시 입력한 가점 계산이 잘못되면 당첨이 취소될 수 있습니다. 원하는 곳에 당첨된 기쁨을 누리기도 전에 불이익을 겪지 않도록 청약 신청 시 정보를 정확하게 입력해야 합니다.

청약 가점제의 점수 산정 기준표

무주택기간(32점)		부양가족 수(35점)		가입기간(17점)	
가점 기준	점수	가점 기준	점수	가점 기준	점수
1년 미만	2	0명	5	6개월 미만	1
1년 이상~ 2년 미만	4	1명	10	6개월 이상~ 1년 미만	2
1년 늘 때마다 2점 가산	~	1명 늘 때마다 5점 가산	~	1년 늘 때마다 1점 가산	~
14년 이상~ 15년 미만	30	5명	30	14년 이상~ 15년 미만	16
15년 이상	32	6명 이상	35	15년 이상	17

*자료: 국토해양부

분양 정보는 어디서 찾을까?

1. 청약홈(www.applyhome.co.kr)

청약홈은 주택청약을 위해 한국부동산원에서 운영하는 온라인 통합 플랫폼입니다. 청약 신청을 받는 주체이다 보니 다양한 청약 정보를 얻을 수 있고, 과거 청약 이력과 향후 청약 예정 단지의 정보 확인도 가능합니다. 또한 사전에 관심이 있는 공고 단지 청약 연습 기능을 제공하고 있습니다. 다른 사이트보다 가장 정확한 청약 정보를 제공하는 곳입니다.

2. 분양단지 홈페이지

청약 예정 단지를 홍보하는 전용 홈페이지를 통해서 공고 이전이라도 여러 공지 사항을 확인할 수 있습니다. 관심 고객으로 등록하면 분양 시점이나 미계약 또는 미분양 안내 등 여러 정보를 문자로 받아볼 수 있습니다. 또한 뒤에서 다룰 입주자 모집 공고도 확인할 수 있습니다. 통상 네이버 등 포털에서 단지명으로 검색하면 나오는데, 이때 공식 홈페이지가 아닌 분양 대행사에서 만든 피싱 사이트로 연결될 수도 있으니 주의해야 합니다. 공식 홈페이지인지 아닌지는 건설사인 시공사 홈페이지를 통해 접속하거나 모델하우스에 연락해서 확인할 수 있습니다.

3. 부동산 관련 웹사이트 및 앱

다양한 부동산 중개 업체의 웹사이트나 뒤에서 소개드릴 프롭테크 앱을 통해 분양에 관한 정보를 확인할 수 있으며, 주요 부동산 중개 업체로는 다음과 같은 곳이 있습니다. 매주 청약 오픈 단지에 대한 정보를 제공합니다.

- 부동산114(www.b114.com)
- 다방(www.dabangapp.com)
- 직방(www.zigbang.com)
- 네이버 부동산(land.naver.com)

또한 인터넷 커뮤니티(네이버 부동산스터디 카페 등)에서 분양 정보를 확인할 수 있습니다.

실전!
아파트 청약하기

주택청약이 더 중요해지는 이유

　2023년 1월 정부는 새롭게 바뀐 청약제도를 발표했습니다. 단군 이래 최대 규모의 재건축 사업이라는 둔촌주공아파트(단지명: 올림픽파크 포레온)의 분양을 해결하기 위한 목적으로 이른바 둔촌주공의, 둔촌주공에 의한, 그리고 둔촌주공을 위한 맞춤형 제도였습니다. 이렇게 변경된 청약제도는 실수요자에게 매우 유리한 방향으로 작용하게 되었습니다. 물론 국회에서 법률 개정 절차가 필요한 부분도 있었지만, 대부분은 시행령 변경을 통해 해결할 수 있는 사항들이었습니다. 주요 변경 내용은 다음과 같습니다.

첫 번째, 추첨제를 확대하고 가점제를 축소했습니다. 이전에는 국민 평형인 85㎡ 이하는 무조건 가점제였고, 85㎡ 초과는 추첨제를 적용했습니다. 이러다 보니 청약통장 가입기간과 무주택기간이 길고, 부양가족 수가 많은 주택청약 고점자는 85㎡ 이하에, 그리고 통장 가입기간과 무주택기간이 짧고, 부양가족 수가 적은 주택청약 저점자는 85㎡ 초과 주택에 당첨되는 경우가 많았습니다. 그런데 이번 청약제도 개편으로 추첨제가 확대되어 강남 3구와 용산구를 제외한 비조정 지역의 경우 85㎡ 이하 주택은 추첨 60%, 85㎡ 초과 주택은 추첨 100%로 변경되었습니다. 세대주에게만 청약 자격을 주던 요건도 폐지되어 부부가 동시에 청약하여 당첨 확률을 높일 수 있게 되었습니다. 또한, 조정지역인 강남 3구와 용산구 역시 60㎡ 이하 주택은 추첨 60%, 60~85㎡ 이하 주택은 추첨 30%, 85㎡ 초과 주택은 추첨 20%로 변경되었습니다.

두 번째로 중도금 대출 제한이 없어졌습니다. 이전에는 주택노시보증공사HUG 중도금 대출 보증이 가능한 분양가 상한선이 12억 원이었으나 이번에 이러한 상한 규정이 폐지되었습니다. 인당 5억 원으로 제한되었던 중도금 대출 한도 규정도 폐지되었습니다. 부동산 과열을 방지하기 위해 도입되었던 중도금 대출 규제가 약 6년 만에 해제된 것입니다. 직접 본인 자산 및 신용으로만 동원할 수 있는 자금에 한계가 있는 일반 수요자도 중도금 대출을 이용해 고분양가 주택 분양을 시도해 볼 수 있게 되었습니다.

세 번째는 전매 제한 규정이 개정됐습니다. 전매는 말 그대로 샀던 것을 다른 사람에게 되판다는 뜻입니다. 이전에는 수도권의 경우 분양권 전매 제한 기간이 최대 10년에 달했습니다. 이번 개편 안에서는 공공택지 및 규제지역은 3년, 과밀억제권역은 1년, 그 외 지역은 6개월로 축소되어 전매가 상대적으로 쉬워졌습니다. 기존 분양한 주택 역시 전매 제한 기간이 남아 있다면 소급 적용됩니다.

문제는 실거주 의무 요건입니다. 전매 제한 기간을 충족했다고 하더라도 실거주 의무 기간이 남아 있다면 어차피 되팔 수 없기 때문입니다. 정부는 실거주 의무를 폐지하는 내용을 담은 「주택법」 개정안을 국회에 제출했으나, 여야는 논의 끝에 실거주 의무를 즉시 폐지하는 대신 이를 3년간 유예하는 방향으로 절충안을 마련해 해당 법안을 통과시켰습니다. 실거주 의무가 시작되는 시점을 '최초 입주 가능일'에서 '최초 입주 후 3년 이내'로 완화해 당장 주택 구입 자금을 마련하기 어려운 사람들에게 입주 대신 전세를 놓아 잔금을 치를 수 있게 숨통을 틔워준 것입니다.

네 번째로 1주택 청약 당첨자의 경우 기존 주택 처분 의무가 폐지되었습니다. 이전에는 수도권, 광역시, 규제지역 등에서 1주택자가 추첨제 방식의 청약에 당첨되었다면 기존에 보유하고 있던 주택을 입주 가능일로부터 2년 이내에 처분해야 했습니다. 하지만 이번 개정안에서 이 의무를 없앴습니다. 또한 미분양 주택의 경우 무순위 청약이 기존에는 무주택자에게만 허용되었으나, 이제 다주택자도 신청할 수 있게 되었습니다. 무순위 청약의 거주 지역 요건 역시 폐지되어 무주택자라면 전국 어디에서 살든 상관없이 누구나 참여할 수 있습니다.

마지막으로 기존 특례 보금자리론의 확장판으로 2024년 발표된 가장 큰 주택정책 중 하나인 신생아특례 보금자리론의 혜택입니다. 이는 국토교통부가 추진하는 '저출산 극복을 위한 주거 지원 방안'의 하나로 시행되는 정책금융상품입니다. 혼인했는지와 상관없이 2023년 출생아부터 적용됩니다. 신청일 기준 2년 내 출산한 무주택가구가 9억 원 이하 주택(전용면적 85㎡ 이하)을 구입할 때 LTV 최대 70%까지 필요한 자금을 5억 원 한도로 대출할 수 있습니다. 금리는 소득에 따라 연 1.6~3.3%로 시중금리보다 대폭 유리하게 적용됩니다. 특례대출을 받은 뒤 아이를 더 출산하면 1명당 대출금리를 0.2%포인트 인하해줍니다. 부부 합산 연소득 1.3억 원 그리고 순자산 4.59억 원 이하인 경우(아파트 외 부동산 자산)에는 DSR 규제 적용에서 제외됩니다. (LTV와 DSR 은 70쪽 참조)

민영주택 청약할 때 풀어야 할 숙제

캥거루족이라는 말이 유행합니다. 성인이 되어서도 주거를 독립하지 못하고 마치 어린 캥거루가 어미 캥거루의 주머니에서 사는 것처럼 부모의 집에서 살며 의존하는 현상을 말하는 신조어입니다. 이런 현상을 두고 단순히 젊은이들만 탓할 수 없는 이유가 있습니다. 우리나라 서울을 비롯한 수도권의 집값이 근로소득으로 감당하기에는 지나치게 높게 형성되어 있기 때문입니다. 이런 상황에서 그나마 어떻게든 내 집 마련에 가장 쉽게 도전해볼 수 있는 제도가 바로 주택청약입니다. 사정이 이렇다 보니 주변 시세 대비 경쟁력이 있는 가격으로 분양하는 단지는 청약 경쟁률이 하늘을 뚫듯이 치솟을 수밖에 없습니다. 그렇다고 뒤로 물러설 수도 없습니다. 주거는 인간이 살아가는 데 필요한 가장 기본 전제조건이기 때문입니다. 결국은 열심히 공부하고 꼼꼼하게 준비해서 청약 경쟁에서 승리하는 수밖에 없습니다. 앞에서 살펴본 청약과 관련한 기본 사항을 이해했다고 하더라도 아직 갈 길은 멉니다. 이번에는 민영주택을 중심으로 아파트 청약 과정과 풀어야 할 숙제들을 살펴보겠습니다.

무주택자

민영주택의 경우, 특별공급 물량과 전체 일반 물량의 75%를 무주택자가 우선 배정받으며, 나머지 25% 역시 무주택자 낙첨자와 1주택자만 청약 자격이 주어집니다. 따라서 무주택자가 가장 적극적으로 청약 시장에 참여해야 할 주요 대상입니다. 다만 분양가 상한제 폐지 이후, 분양가가 너무 급격하게 올라가고 있어 이에 대한 적절한 분양가 비교가 필수적입니다. 특히 분양가 상한제가 적용되는 강남 3구와 용산구, 신도시라 불리는 공공택지 분양에 더욱 주의 깊게 관심을 가져야 합니다.

1주택자

전체 일반 물량의 25%는 무주택자 중 낙첨자와 1주택자에게 청약 자격이 주어집니다. 이때 예비당첨자를 최대 500%까지 선발하니 1주택자라도 당첨 확률이 낮다고 생각하지 말고 적극적으로 청약에 도전하는 것이 좋습니다. 더구나 일시적 1가구 2주택 제도가 있어서 상급지로 이동하는 방안으로 활용할 수 있습니다. 이때 1가구 2주택자는 분양권 주택 완공일로부터 3년 이내에 종전 주택을 처분하면 12억 이하 구간에 대해서는 비과세 혜택을 받을 수 있습니다.

마지막으로 지난 정부에서 도입한 사전청약 제도는 신규 시행이 중단되면서 사실상 폐기되었습니다. 사전청약은 공공분양주택의 조기 공급을 위해 주택착공 이후 시행하는 본청약보다 1~2년 앞서 시행하는 청약인데, 시일이 흐르면서 건축비가 상승하는 등의 부동산 경기 변동으로 곳곳에서 사업 일정이 지연돼 제도의 실효성에 대한 지적이 계속 제기됐습니다. 신도시가 개발되는 데에는 다양한 요인들이 영향을 미치기 때문에 정확한 시간을 예측하기는 어렵지만, 일반적으로 대규모 신도시 개발은 계획보다 상당히 더 오랜 시간이 소요될 수도 있습니다. 과거 2기 신도시에서도 사전청약이 있었는데, 사전청약 이후에 10년 이상 입주를 하지 못한 단지들도 있었다는 사실에 유념하는 것이 좋습니다.

실제로 최근 3기 신도시 사전청약으로 이루어진 현장이 공사비 문제 등으로 시행사에서 사업을 포기한 사례도 나오고 있어 주의가 필요합니다.

과거 보금자리주택 사전청약 지연 현황

블록	사전청약	본청약	입주
남양주진건 B2		2015년 4월	2017년 12월
남양주진건 B4		2015년 4월	2018년 1월
시흥은계 S4		2018년 5월	2020년 12월
하남감일 A4	2010년	2017년 10월	2020년 3월
하남감일 B1		2020년 7월	2021년 5월
하남감일 B3		2018년 12월	2021년 10월
하남감일 B4		2018년 12월	2021년 10월

*자료: LH, 부동산업계

보금자리주택 사전청약자 중 실제 공급 현황

전체
13,398명

실제
공급받은 사람
5,512명

청약 당첨
포기한 사람
7,886명

*2009~2010년 사전청약자
*자료: 윤관석 의원실

입주자 모집 공고 이해하기

청약 관련 모든 정보는 입주자 모집 공고에 포함되어 있습니다. 이 공고에는 공급주체인 시행사와 시공사 입장에서 불리한 내용까지 모두 담겨 있지만, 이러한 불리한 정보는 쉽게 확인하기 어렵습니다. 따라서 관심 단지의 입주자 모집 공고를 제대로 이해하는 것이 중요합니다. 입주자 모집 공고는 입주자 모집 공고 시점에 공식 분양 홈페이지에서 볼 수 있으며, 주택 공급 규칙에 따라 청약 접수 10일 전에 공고하는 것이 필수이므로 적어도 10일 전에는 확인할 수 있습니다. 입주자 모집 공고에는 다음과 같은 일반 정보가 담겨 있습니다.

1. 분양가, 세대수, 청약 조건, 입주 시점 등 확인

입주자 모집 공고에는 우선 단지명과 세대수, 각 타입과 타입별 분양가격, 분양 세대수(특별공급+일반공급) 그리고 계약금과 중도금 일정, 입주 시점 등이 포함되어 있습니다. 특히 관심 있게 살펴봐야 할 사항은 청약 조건과 관련하여 세대주와 세대원 모두가 청약할 수 있는 요건에 해당하는지, 그리고 거주 요건(경쟁 발생 시 우선순위 등)이 별도로 존재하는지 여부입니다.

2. 청약 주요 일정 및 계약금 + 중도금 잔금 일정, 옵션 비용

청약 관련 주요 일정과 분양가 납부 조건 등을 확인해야 합니다. 청약(특별공급+일반공급) 시점과 계약금, 중도금, 잔금의 비율과 납부 날짜 등을 파악하고, 이를 통해 자금 계획 등을 수립할 수 있습니다. 그리고 각 옵션 비용을 확인하는 것도 중요합니다. 특히 분양가 상한제 등으로 주택 공급 가격을 올릴 수 없는 경우, 일부 단지에서는 옵션 비용을 과다하게 책정해놓은 경우가 있습니다. 이러한 점을 유심히 살펴보고 옵션 항목별로 비용이 적정한지 면밀히 확인하는 것이 필요합니다(예, 발코니 확장비용 8,657만 원). 특히 가전제품 등은 현재는 최신형일 수 있지만 주택이 완공되는 시점(통상 청약 후 입주까지 2~3년 기간 소요)에는 구모델이 될 가능성이 커 이에 대한 신중한 결정이 필요합니다.

3. 주택도시보증공사, 주택금융공사, 시행사 자체 보증 여부 확인

보증 관련 사항 역시 꼼꼼히 살펴봐야 합니다. 중도금은 시행사 연대보증이 들어간 신용 대출과 유사하며, 이에 따라 분양 단지는 주택도시보증공사HUG 및 주택금융공사HF 보증이 들어가는 경우가 대부분입니다. 이때 중도금 대출 은행은 시행사를 통해 결정되며, 분양자가 직접 선택할 수 없습니다. 일부 청약 단지에서는 정해진 조건을 충족하지 못해 주택도시보증공사나 주택금융공사 보증 없이 시행주체에서 자체 보증을 제공하기도 합니다. 이때 중도금 대출 은행이 제2 또는 3금융권(캐피털, 저축은행 등)인 경우가 있어 차주(대출받는 자) 신용에 큰 문제가 생기는 사례도 있습니다(신용등급 하락에 따른 기존 대출 상환 요청 등). 주택도시보증공사나 주택금융공사의 보증 여부는 입주자 모집 공고에 명시된 보증서 번호로 확인할 수 있습니다.

- 보증관련 유의사항
  - 본 아파트는 주택도시보증공사의 분양보증을 득한 아파트입니다.
  - 분양계약자는 사업주체의 부도, 파산 등으로 보증사고가 발생할 경우에는 사업주체가 주택도시보증공사로 변경되는 것에 대하여 동의하는 것으로 간주됩니다.
  - 주택도시보증공사의 보증 주요 내용

보증서 번호	보증금액	보증기간
제 0121-2022-101-0007000 호	₩3,777,203,040,000	입주자모집공고승인일로부터 건물소유권 보존동기일(사용검사 또는 해당 사업장의 공동주택 전부에 대한 동별 사용검사 포함)까지

4. 그 밖의 유의 사항(특히 1포인트 크기의 글자 주의!)

공급주체인 시행사나 시공사 입장에서 불리한 내용은 보통 아주 작은 글씨로 표시되어 있습니다. 이는 시행사 측에 향후 불리한 조건이 발생할 경우를 대비해 내용 고지 의무와 민원, 소송 등을 방지하기 위해 안전장치를 마련해놓는 것입니다.

아래는 둔촌주공아파트(올림픽파크포레온)의 입주자 모집 공고 내용입니다.

※ 412/413/414동 동측으로 생태경관보전지역인 생태습지(둔촌 습지)가 있으므로, 이와 인접한 동은 벌레 및 악취 등의 피해가 있을 수 있습니다.
※ 423/426~430동 남동쪽 녹지에 일부 분묘가 있고, 주변 지형보다 낮아 일조권, 조망권 등의 환경권을 침해받을 수 있으니 계약 전 사업부지 현장을 방문하시어 확인하시기 바랍니다.

이처럼 특정 동에서 생태습지로 인한 피해와 분묘(무덤)가 보일 수 있다는 사실을 1포인트 글자 크기로만 고지한다는 것이 분양자로서는 이해가 어렵지만 이것이 현실입니다. 하지만 완공 후 입주자들과의 분쟁을 예방하기 위해 시행주체는 불리한 내용이더라도 명시해야 하므로 청약 전에 이러한 사항을 꼼꼼히 확인합니다.

청약 과정별 대응 방안

이제 본격적으로 청약에 도전하기에 앞서 청약이 진행되는 과정의 각 단계별 내용을 이해하고 나에게 맞는 청약 전략을 세워야 합니다. 민영주택에서 일반적인 청약 과정은 특별공급, 일반청약, 예비당첨자, 줍줍의 순서로 진행됩니다. 최종적으로 당첨되기 위해서는 각 단계에 따라 적절한 대응이 필요합니다.

1. 특별공급 신청 단계

특별공급은 특정한 자격을 갖춘 지원자들이 일반공급보다 더 우선해서 신청하는 단계입니다. 대학입시 전형의 수시와 정시 가운데 수시에 해당한다고 보면 됩니다. 특별공급은 생애 한 번만 당첨이 가능하며, 신청 자격으로는 세대 구성원 전부가 특별공급에 당첨된 이력이 없는 무주택자여야 한다는 것이 기본 조건입니다. 특별공급의 조건은 다양하지만 여기에서는 가장 기본이 되는 신혼부부 특별공급, 생애 최초

특공 (생애 한 번만 가능) 9억 초과도 가능!	본청약 (눈치작전 끝판왕) 특공 경쟁이 바로미터	예비당첨 (참전하시겠습니까?) 참여 시 통장 사용	줍줍 (정보력+실행력 싸움)
한 세대당 평생 1회만 당첨 가능 세대 전원 무주택자 기본 조건	각 타입별 특공 경쟁률은 본청약 경쟁률과 연관	예비당첨은 상대적 당첨 확률↑ 당첨자의 500%까지 선발	줍줍은 미리 준비한 자의 것 정보력의 싸움
(민간택지 50%) ※공공택지58% • 기관 추천 10% • 다자녀가구 10% • 노부모부양 3% • 신혼부부 20% • 생애 최초 7%	(비조정) • 85㎡ 이하 추첨 60% • 85㎡ 초과 추첨 100% (조정, 4월 1일 이후) • 60㎡ 이하 추첨 60% • 60~85㎡ 추첨 30% • 85㎡ 초과 추첨 20% ※무주택자 75% 추첨 후, 무주택 재(탈락자) + 1주택자 25% 추첨	(예비당첨 선발 기준) • 지역 우선 기준, 가점제는 가점 순으로 추첨제는 추첨 순으로 ※대규모 택지개발지구 지역 구분 없음	(1:1 미만 미분양) • 선착순: 주택 수 미포함 (1:1 이상 미계약) • 무순위: 주택 수 포함(둔촌주공) ※선착순은 시행사별 방식이 다름 줍줍 날짜와 조건은 사전 확인 필요

특별공급 그리고 다자녀 특별공급 중심으로 알아보겠습니다.

첫 번째, 신혼부부 특별공급입니다. 혼인신고 기준 혼인기간이 공고일 현재 7년 이내 무주택자 신혼부부를 대상으로 국민주택규모(전용면적 85㎡) 이하 전체 공급 세대수 중 20% 내에서 평생 1회에 한하여 공급됩니다. 국민주택에 한해서 혼인신고를 하지 않은 예비 신혼부부와 만 6세 이하의 자녀를 양육 중인 한부모가족도 지원할 수 있습니다. 예비 신혼부부는 입주할 때 혼인관계증명서를 제출해야 합니다.

모든 특별공급은 무주택 세대만 지원할 수 있는데, 신혼부부 특별

주택 유형별 신혼부부 특별공급 요건

주택 유형	민영주택	국민주택	공공주택
무주택 요건	무주택 세대 구성원		
신청 자격	• 혼인기간 7년 이내 • 혼인 후 주택을 소유하지 않았어야 함 • 소득 또는 자산 기준 충족한 자	• 혼인기간 7년 이내 • 혼인 후 주택을 소유하지 않았어야 함 • 소득 기준 충족한 자	• 혼인기간 7년 이내 • 만 7세 미만 자녀를 둔 부부 • 예비 신혼부부 • 만 7세 미만 자녀를 둔 한부모 가족 • 혼인 후 주택을 소유하지 않았어야 함 • 소득과 자산 기준 충족한 자
청약통장	• 가입 후 6개월 경과 • 예치금 기준 금액 이상	• 가입 후 6개월 경과 • 납입인정횟수 6회 이상	

공급은 부부가 혼인기간에만 무주택이면 된다는 특별 예외 조항이 존재합니다. 그리고 가입기간이 6개월 이상인 청약통장이 필요합니다. 공공분양의 경우 월평균 소득이 전년도 도시근로자 월평균 소득의 130% 이하(맞벌이 부부는 200% 이하)여야 하고 민간분양의 경우 140% 이하(맞벌이 부부는 160% 이하)여야 합니다. 유의할 점은 민간분양의 경우 소득 기준을 초과하더라도 세대가 소유한 부동산(토지 및 건물) 합계 액이 3억 3,100만 원 이하면 신청할 수 있습니다. 특별공급 방식 중 가장 많은 비중을 차지하므로 자신이 해당 조건을 충족한다면 적극적으로 기회를 노려야 합니다.

두 번째, 생애 최초 특별공급입니다. 생애 최초라는 말 그대로 살아

생애 최초 주택 구입 특별공급

구분	정의
기본 자격	생애 최초로 주택을 구입하려는 무주택 세대 구성원 • 세대 구성원 모두가 과거에 주택을 소유한 적이 없어야 함
청약 자격	해당 주택의 일반공급 1순위 자격이 있어야 함
혼인·자녀	혼인 중이거나 미혼인 자녀가 있어야 함 • 민영주택은 혼인 중이 아니거나 미혼인 자녀가 없어도 가능
직업 요건	공고일 기준 근로자나 개인사업자 • 공고일 기준 근로자나 개인사업자가 아닌 경우 공고일로부터 1년 전까지의 기간 동안 소득세를 납부한 실적 필요
소득세 납부 실적	5년 이상 소득세를 납부한 실적이 있어야 함

있는 동안 단 한 번이라도 주택을 소유한 적이 없는 사람에게 본인 명의의 주택을 구입할 수 있는 특별한 혜택을 주는 제도입니다. 세대주 및 세대 구성원 모두 과거에 주택을 소유한 이력이 없어야 자격이 주어집니다. 분양 대상은 국민주택규모(전용면적 $85\,m^2$) 이하 분양 주택으로 민영주택과 국민주택으로 나뉩니다. 경쟁자가 있다면 100% 추첨제로 선발하며 전체 공급 세대수 중 7% 수준에서 공급합니다(공공택지에서는 공급량의 15%, 민간택지는 7%). 해당 지역에 거주만 하고 있다면 소득 요건만으로도 해당 지역 추첨제에 당첨될 가능성이 있어 다른 특별 공급보다 유리합니다.

세 번째, 다자녀 특별공급입니다. 전체 공급 세대수 중 10% 수준에서 공급합니다. 다자녀를 둔 무주택 세대를 지원하기 위한 제도로

2024년부터 기준 자녀 수가 3명 이상에서 2명 이상으로 바뀌고 자녀 1인당 10%포인트만큼 완화된 소득·자산 기준을 적용해 기회의 폭이 그만큼 넓어졌습니다. 다자녀 특별공급은 100% 가점이며, 특히 민간 분양 물량 중 신생아가 있는 세대에 우선 공급합니다. 전체 특별공급 물량의 20% 수준이지만 자녀계획이 있다면 적극적으로 활용해볼 만합니다.

이외에도 기관 추천(공급 세대수의 10% 범위 내)이나 노부모부양(공급 세대수의 3% 범위 내)도 있으며, 전체 공급 세대수의 50% 범위에서 특별공급 물량이 배정되므로 일반공급 전에 특별공급 자격 요건을 검토하고 이를 적극 활용하는 것이 중요합니다.

그런데 한 가지 주의할 점이 있습니다. 특별공급은 일반공급 이전에 신청할 기회를 한 번 더 제공받는 것이지만, 예비당첨자를 500% 선발하며, 특별공급 예비당첨자로 선정되면 일반공급 예비당첨자로는 선정될 수 없다는 사실입니다. 특별공급의 경쟁률이 대체로 일반공급보다 높고, 특별공급에 당첨되면 평생 다시 지원할 수 없기 때문에 취소 건이 거의 발생하지 않습니다. 이로 인해 특별공급 예비당첨자가 되어도 실제 당첨 확률은 낮은 편입니다. 따라서 가점이 높은 편이라면, 특별공급 청약을 건너뛰고 일반공급을 통해 당첨 확률을 높이는 것도 좋은 전략이 될 수 있습니다.

2. 청약 단계(일반공급 신청)

공공 또는 민간에서 제공하는 주택에 대한 일반적인 신청 단계입니다. 대학입시에서 수시가 아닌 정시에 해당한다고 볼 수 있습니다. 일반공급을 신청하는 본청약 단계는 눈치작전이 필요한데, 평형별과 타입별로 특별공급 경쟁률을 보면 일반공급 신청 경쟁률도 대략 확인할 수 있기 때문에 일반공급 신청 전날 접수하는 특별공급 신청 경쟁률을 잘 살피는 것이 무엇보다 중요합니다. 이 부분도 마치 대학입시에서 수시 경쟁률이 정시 경쟁률과도 연관 있는 것과 유사합니다.

앞에서 말한 바와 같이 청약제도는 2023년 1월 4일부로 변경되었습니다. 이 중 가장 큰 변화가 일반공급 신청에서 추첨제가 확대된 점입니다. 예전에는 $85\,m^2$ 이하 면적에서 입주자 선정 방식이 가점제 100%였다고 하면 비조정지역의 경우 $85\,m^2$ 이하 면적은 추첨제 60%, $85\,m^2$ 초과 면적은 추첨제 100%로 변경되었습니다. 조정지역(투기과열지구)인 강남 3구와 용산의 경우 $60\,m^2$ 이하 면적은 추첨제 60%, $60{\sim}85\,m^2$ 면적은 추첨제 30%, $85\,m^2$ 초과 면적은 추첨제 20%로 변경되었습니다. 이때 비율은 무주택자 75% 물량 추첨 후, 무주택자 탈락자와 1주택 이상 보유자에 한해 25% 물량을 추첨제로 당첨자를 선정합니다.

청약의 목적은 아파트 당첨입니다. 일반적으로 누가 봐도 좋은 평형과 타입은 항상 경쟁이 치열합니다. 예쁘고 잘생긴 타입은 마찬가지로 누구에게나 좋게 보이기 때문입니다. 따라서 당첨 확률을 높이려면 항상 대중이 가는 방향과는 다른 접근이 필요합니다. 일반적으로 선호하지 않는 못난이 타입을 지원해볼 수도 있고, A급이 아닌 B급 전략으로, 예를 들어 맞통풍이 안 되는 무늬만 판상형 또는 타워형, 마름모형 등에 적극적으로 도전해볼 수 있습니다. 대부분 이러한 타입들도 분양가는 큰 차이가 없지만(공사비나 대지비가 차이 나진 않으니 당연합니다), 추후 시세가 올라가면 마찬가지로 오르기 때문에 크게 걱정하지 말고 당첨 확률을 높이는 데 신경 쓰는 것이 현명한 선택입니다. 또한 우리나라 국민이 가장 선호하는 $59m^2$, $84m^2$가 아니라 그 사이에 있는 $70m^2$, $74m^2$ 같은 평형은 상대적으로 경쟁률이 낮을 수밖에 없습니다.

그렇더라도 $59m^2$보다 작은 타입은 주의해야 합니다. 보통 $59m^2$보다 작은 면적은 방 3개, 화장실 2개 구조가 나오기 힘듭니다. 방 3개와 화장실 2개를 갖춘 최소 $59m^2$의 구조는 자녀가 있는 가정에 적합한 크기로, 실거주뿐만 아니라 향후 매도할 때도 수요가 많은 편입니다. 이보다 작은 타입은 공간이 다소 제한되어 있어 나중에 매도할 때 시상에서 불리하게 작용할 수 있습니다. 집의 방향은 실제 살아보면 크게 고려하지 않아도 된다는 사실을 알 수 있습니다. 꼭 남향만 고집할 필요는 없습니다. 동향과 서향이라도 단점만 있는 것은 아닙니다. 동향이어서 아침에 해가 들어 출근할 때 해를 보며 준비할 수 있고, 서향이어서 해가 늦게까지 들어와 상대적으로 집이 따뜻할 수 있는 장점이 있기 때문입니다.

3. 예비당첨 단계

총 100개의 분양 물량이 있다고 해서 특별공급과 일반공급에서 딱 100명의 당첨자만 선정하진 않습니다. 선정 후에 계약 여부는 본인들 의사이기 때문에 일반공급 청약자 중에서 추첨을 통해 500%, 즉 5배 수의 예비당첨자를 추가로 선정합니다. 보통 예비당첨은 일반공급 당첨자들 계약기간 이후 특정 시간에 모델하우스 등 특정 장소를 정해서 진행합니다. 평형별, 타입별로도 시간이 다를 수 있으므로 반드시 공지 문자나 모델하우스에 연락해서 시간과 장소를 확인해야 합니다.

예비당첨자도 사전에 서류 접수가 필요하므로 보통 시행주체로부터 연락이 옵니다. 예비당첨은 상대적으로 당첨 확률을 높이는 방법입니다. 우선 예비당첨 비율 500%(5배수)를 선발하며, 일반 당첨자는 동호 수가 부여되는 반면, 예비당첨자에게는 당첨 순번이 주어집니다. 예비 당첨은 일반공급과 같이 지역 우선공급 기준이 적용되며, 가점제는 가 점 순으로 추첨제는 추첨 순으로 선정됩니다. 즉, 추첨제 100%가 아니 면 가점제로 선발하므로 가점이 높은 사람이 예비당첨자 선정에도 유 리한 구조입니다. 이때 대규모 택지개발지구는 지역 구분이 없다는 점 에 유의하세요. 다음 표는 2023년에 분양된 롯데캐슬 이스트폴 단지의 분양가와 평균 경쟁률입니다. 만약 당첨 확률을 높이고자 가장 큰 대형 인 138타입에 넣었다면 무조건 예비당첨 순번을 받을 수 있었을 테고, (당첨자 100%+예비당첨자 500%) 운에 따라서는 앞 번호를 받아 동호수 추첨을 할 수 있었을지도 모릅니다.

| 33평형 분양가 ❓ 13억 9,750 | | | 평균경쟁률 ❓ 78.08 : 1 | |
타입	공급세대	분양가	경쟁률 ❓	당첨가점
♛74타입	88세대	11억 3,000	244.04 : 1	69
84A	195세대	14억 9,000	112.31 : 1	69
84B	44세대	14억 6,000	75.3 : 1	69
84C	18세대	13억 2,000	115.38 : 1	67
84D	16세대	13억 2,000	82.5 : 1	68
101A	84세대	17억 6,000	67.26 : 1	
101B	26세대	15억 9,000	35.35 : 1	
101C	24세대	15억 9,000	30.24 : 1	
124타입	44세대	19억 9,000	12.43 : 1	
125P	2세대	22억 9,000	83 : 1	
138타입	90세대	24억 2,000	5.18 : 1	

특정 일시, 특정 장소에서 열리는 예비당첨 기회에 참가하여 추첨에 참여할 때는 청약통장을 사용한 것으로 인정합니다. 예비 추첨 시에는 동·호수 추첨 전 참여 의사를 확인하고, 인감도장을 날인한 뒤에 추첨 통에서 동호수를 뽑게 되는데 이때 뽑히는 번호표에 동·호수가 적혀 있습니다. 즉, 일반분양 물량 가운데 계약이 이루어지지 않은 물건의 동호수를 넣어놓고 예비당첨자들이 순번에 따라 남은 동호수를 가져가는 방식입니다. 예비당첨자들도 동호수가 마음에 들지 않는다면 계약을 하지 않아도 되지만, 청약통장은 사용한 것으로 간주되므로 신중해야 합니다. 추첨 방식에서는 순번이 다소 뒤에 있더라도 좋은 동과 호수에 당첨될 가능성이 항상 있습니다.

특히 예비당첨은 주로 평일에 진행하는 데다 예비당첨 과정에 대한 정보 부족으로 참여율이 높지 않을 때가 많습니다. 따라서 관심 있는 단지에 참여하면 당첨될 가능성이 있습니다. 게다가 예비당첨 추첨 후에도 동과 호수가 마음에 들지 않아 포기하는 물량이 나올 수 있어 예비당첨 물량이 적더라도 당첨 가능성은 남아 있습니다.

4. 줍줍(정보력+실행력 싸움)

예비당첨 이후에 청약 시 경쟁률에 따라 미분양, 미계약분 등으로 나뉘며, 잔여 물량이 남으면 무순위 청약, 일명 '줍줍' 단계로 넘어갑니다. 줍줍은 미분양, 미계약분에 따라 계약 방식에 차이가 있습니다. 또 정보가 제한적이어서 정보력과 실행력의 싸움으로 승부가 납니다. 치밀하게 미리 준비한 자가 남은 물량을 말 그대로 줍줍할 수 있습니다. 분양권 당첨 후에 분양권이 다른 주택과 마찬가지로 '보유 주택 수'에 포함되는지 여부는 청약 경쟁률 등에 따라 달라질 수 있으며(미분양 물량은 주택 수 미포함), 이는 청약 자격이나 당첨 가능성에 영향을 미칠 수 있습니다. 따라서 청약 신청 전에 분양권의 보유 주택 수 포함 여부와 관련한 조건을 미리 확인해야 합니다.

미분양 물량의 계약 방식은 시행사마다 다릅니다. 현장에서 선착순 계약, 추첨으로 계약, 자체 홈페이지 청약 등 다양한 방식으로 진행하므

미분양과 미계약

	미분양	미계약
발생 원인	• 청약 경쟁률 1:1 미만 • 청약이 미달되어 남은 물량	• 청약 경쟁률 1:1 이상 • 청약 마감 후 계약 포기 혹은 부적격자 발생으로 남은 물량(사후 접수 무순위, 계약 취소 무순위)
계약 방식	사업주체가 임의로 결정	추첨 또는 선착순으로 계약 가능
분양권 주택 수 포함	×	○

로 줍줍 시행 날짜와 조건 등은 사전에 확인해야 합니다. 보통 예비당첨이 끝나고 난 직후 주말에 진행될 가능성이 큰데, 상세 일정은 보통 줍줍 1~2일 전에 기습적으로 통보되므로 관심고객 등록을 해두고 문자 내용이나 홈페이지를 확인하는 것이 좋습니다. 일반적으로 미분양 물량은 오프라인에서 줍줍을 진행하는데, 너무 많은 인파가 몰리면 안전의 문제가 있어 행사 직전 기습적으로 통보할 때가 많습니다.

미계약의 경우 전국구 무순위 청약을 할 수 있게 변경되었습니다. 2023년 2월 둔촌주공아파트 무순위 청약 일정에 맞춰 해당 조건이 바뀌었는데, 서울에서 무순위 청약 기회가 생기면 전국 어디서든 청약이 가능합니다. 실제로 둔촌주공아파트에서 대규모 미계약 사태가 발생했을 때 전국적으로 청약을 진행하여 미계약 물량을 상당수 해소했습니다. 그런데 이러한 조건은 청약 시장이 과열되거나 부동산 가격이 급등하면 또다시 바뀔 수 있어 청약하기 전에 확인이 필요합니다.

모델하우스에 가서 해야 할 일

청약에 관심이 있거나 예비당첨이 되었을 때, 혹은 미분양·미계약 물량에 줍줍으로 참여하려면 미리 해당 단지의 모델하우스를 방문하여 꼭 필요한 정보를 수집해둡니다. 하지만 정작 모델하우스를 방문하면 많은 사람이 구체적으로 무엇을 살펴봐야 할지 몰라, 그저 길게 늘어선 줄을 따라가며 잘 꾸며진 내부에 감탄만 하다 나오는 경우가 많습니다. 모델하우스에서 꼭 확인해야 할 점은 무엇일까요?

1. 상담은 무조건 하기

모델하우스에 방문하면 1층에 마련된 상담부스에서 상담사와 상담을 합니다. 상담할 때에는 입주자 모집 공고상 확인한 사항이나 궁금한 점에 대해서 다시 자세한 설명을 듣고, 주변 지역에 개발 계획이 있는지, 교통망이나 학군은 괜찮은지 등 외적인 사항과 인기 있는 타입, 동호수별 장단점, RR(로얄동, 로얄층)이 어디인지 같은 내적인 사항을 물어봅니다. 특히 1순위 조건 청약 자격을 구체적으로 확인하고 나중에 나올 수 있는 잔여세대에도 관심이 있다는 사실을 알려줍니다. 추후 일정과 관련된 소식을 문자나 이메일 등을 통해 받고 싶다는 의사도 밝히는 것이 좋습니다.

이런 경우 상담사들이 조금 더 적극적으로 설명하거나 청약을 권유하는데, 이는 대부분 분양팀이 프리랜서들로 이루어져 있고, 고객 상담 후 계약이 이루어지면 인센티브를 받는 구조가 많기 때문입니다.

이때 현장에 따라 차이는 있지만, 상담사들이 나중에 상담받은 고객이 계약까지 이어질 경우를 위해 상담 카드(담당 상담사 성명 기재)를 쓰게 하거나 추후 잔여분이 남았을 때를 대비하여 잔여세대 우선 접수 카드를 작성하게 합니다. 이를 작성하고 난 뒤에는 상담사 명함을 받아둡니다. 나중에 청약을 앞두고 변경 사항이 있는지 다른 궁금한 점을 물어보기 위해서입니다. 모델하우스 대표 번호로 연결이 안 될 때를 대비해 활용할 수도 있습니다.

2. 단지 모형 확인

단지 모형을 자세히 살펴봅니다. 단지 모형은 통상 모델하우스 가운데 놓인 완성된 단지의 축소판입니다. 단지 특성 및 각 동의 남향, 일조량, 동 간 거리, 조망권, 상가, 지하철, 버스 정류장 등을 확인할 수 있습니다. 이때 최초 청약 당첨자 계약 후 진행되는 예비당첨이나 잔여세대 분양 시 계약해야 할 동·호수를 중심으로 살펴보는 사람이 많지만, 오히려 절대 계약하지 말아야 할 동·호수를 확인해둡니다. 예를 들어 모델하우스 단지 모형을 통해 동 간 거리, 일조량, 조망 등 여러 부분을 확인할 수 있습니다. 그리고 단지 주변에 혐오시설이 없는지도 꼼꼼히 살펴봅니다.

다음 그림은 실제 줍줍에서 잔여세대를 분양할 때 계약을 원하는 사람들에게 보여주는 잔여 동·호수 현황판입니다. 파란색이 현재 남아 있는 동·호수입니다. 이때 사전에 준비되어 있지 않다면 아래 현황판을 보고 1분 안에 계약할 동·호수를 제대로 결정할 수 있을까요? 미리 단지 모형에서 여러 사실을 확인하고 종합적으로 고려해야 예비당첨이나 줍줍 현장에서 당첨되었을 때 빠르게 계약 진행 여부를 결정할 수 있습니다. 특히 예비당첨 또는 잔여세대 당첨자를 선발할 때, 최종적으로 계약할지에 대한 결정을 단 몇 분 안에(실제 동호수를 뽑고 주어지는 시간은 1분 미만입니다) 해야 할 때가 대부분이므로, 계약하고 싶은 동·호수뿐만 아니라 절대 계약하지 말아야 할 동·호수를 미리 알아둬야

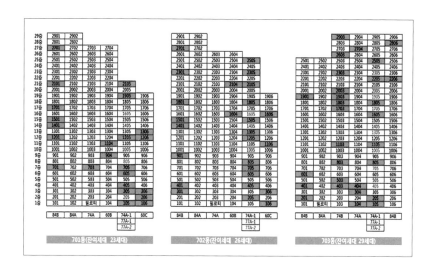

결정적인 실수를 막을 수 있습니다.

3. 광역 위치도 확인

단지 주변 교통, 학군, 쇼핑몰, 병원 같은 상권, 녹지공원 등 입지 조건과 주변 개발 계획 등을 꼼꼼히 확인해야 합니다. 대개 모델하우스 벽면에 관련 내용이 붙어 있습니다. 특히 개발 호재와 관련한 사항은 예정 계획인지, 확정 계획인지를 확인해야 합니다. 예를 들어 지하철 노선이나 신설 도로가 단지 근처로 지나간다고 나와 있어도 예정 사항인지, 계획 중인지 등은 아주 작은 글씨로 적혀 있기 때문에 주의를 기울이지 않으면 발견하기 어렵습니다. 아울러 국토부나 지자체 홈페이지에서 고시 내용을 확인하거나 직접 지자체 담당자에게 연락하여 사실관계를 확인하는 것이 안전합니다.

4. 현장 답사 + 부동산 방문하기

되도록 현장을 직접 방문해보는 것이 좋습니다. 대부분 현장은 모델하우스에서 멀지 않은 곳에 있습니다. 현장 주변의 중개업소 현황과 단지와 통행로의 구배(경사도), 일조권, 편의시설, 혐오시설 등을 확인합니다. 특히 아파트 내부나 주변의 구배는 네이버나 카카오 로드뷰를 통해서는 제대로 확인하기 어려우므로 주변을 직접 걸어 다니며 보고 듣고 느껴봐야 정확한 현장 상황을 파악할 수 있습니다.

특히 분양과 관련해 불리한 사항은 대부분 단지 모형도와 광역 위치도에 잘 표시되지 않습니다. 단지 주변에 전력선이나 오폐수, 매연 등이 발생하는 시설이 존재하거나 계획되어 있는 건 아닌지 직접 눈으로 확인하는 것이 정확합니다.

5. 주택구조 및 인테리어 살펴보기

마지막으로 주택구조와 인테리어를 꼼꼼히 점검해야 힙니다. 방의 크기, 구조, 활용성 등을 살펴보고 필요한 공간이 충분한지를 확인합니다. 하지만 이는 대개 분양자가 직접 개별적으로 대규모 수리를 하지 않는 이상 변경할 수 없으며, 옵션에 해당하는 부분은 당첨 이후에도 선택할 수 있습니다.

단계별 자금 계획을 세운다

당첨이 되고 나서 제출한 서류에 이상이 없는지 확인하는 자격 심사 절차가 끝나면 이제 본격적으로 분양 계약을 체결하게 됩니다. 치열했던 주택청약 경쟁에서 마침내 승리하고 내 집 마련의 꿈에 성큼 다가섰습니다. 그렇지만 아직 안심할 단계는 아닙니다. 이제부터 마지막 입주까지 분양대금 납부 계획을 잘 세워서 기일을 놓치지 않도록 세심하게 신경 써야 합니다. 오랜 기간 납입해온 청약통장을 소진하고 또 시간과 노력을 들여 공부하고 정보를 구해서 힘들게 당첨된 만큼 분양대금 납부 기일을 놓쳐서 계약이 취소되는 일이 발생하지 않도록 끝까지 주의를 기울여야 합니다.

만약 당첨된 아파트가 서울 강남 3구나 용산구 등 규제지역에 있거나 비규제지역이긴 해도 거래가격이 6억 원 이상이라면 '자금조달계획서'를 반드시 제출해야 합니다. 만약 자금조달계획서와 관련 증빙서류를 제출하지 않으면 500만 원 이하의 과태료 처분 대상이 되고, 그보다 더 중요한 점은 실거래 신고필증을 발급받을 수 없어 소유권 이전 등기를 할 수 없습니다. 분양대금 납부는 계약금 → 중도금 → 잔금 순으로 진행됩니다.

1. 계약금
청약에 당첨되면 우선 계약금을 납부해야 합니다. 이는 분양가의 일정 비율로 정해지며, 일반적으로 전체 분양가의 10~20% 수준입니다. 계약금은 분양 계약을 체결하기 전에 준비해야 하므로 대출을 받을 수가 없고 온전히 자력으로 구해야 합니다. 통상 계약금 10%, 중도금은 60%, 잔금은 30% 비율입니다. 분양 현장마다 다를 수 있으니 입주자 모집 공고문을 꼼꼼히 확인해서 준비하는 것이 좋습니다. 당첨자는 일정 기간 내에, 보통 계약 시 또는 계약 이후 한 달 이내에 계약금 전액을 납부해야 합니다.

2. 중도금

계약금 이후에는 전체 분양가의 60% 수준에 해당하는 중도금을 입주 시기에 따라 나눠서 내야 합니다. 이에 대한 납부 조건과 기한 역시 입주자 모집 공고상에 명시되어 있으며, 중도금은 시행사에서 선정한 중도금 대출 은행을 통해 대출이 나오는 것이 일반적입니다. 이때 주택도시보증공사 또는 한국주택금융공사에서 분양 보증을 받게 됩니다.

LTV	신DTI	DSR
주택담보인정비율	총부채상환비율	총체적상환능력비율
주택을 담보로 대출을 받을 때 인정되는 자산가치의 비율	개인의 금융부채 상환 능력을 소득을 기준으로 산정하기 위한 계산 비율	대출을 받으려는 사람의 소득 대비 전체 금융부채의 원리금 상환액 비율
최대 대출금액 / 주택가액	기존+신규 주택담보대출 원리금 / 연소득	모든 금융부채 원리금 / 연소득

계약금을 납부한 계약자가 신청할 수 있으며 일반적으로 전체 분양가의 60% 수준에서 10%씩 정해진 납부 기한에 맞춰 진행됩니다. 중도금 대출은 DSR 제한 규정이 적용되지 않으며, 중도금 대출 이자는 중도금 대출을 상환할 때 한 번에 정산하는 이자 후불제로 해결하거나 분양가에 포함해서 계산됩니다.

3. 잔금

최초 입주자 모집 공고상에 명시된 입주기간이 도래하면 통상 입주 두세 달 전에 사전 점검과 입주 지정일이 정해집니다. 잔금 지급 이자는 입주 지정일 이전까지는 발생하지 않지만 입주 지정일 이후부터는 정해진 이자가 부과됩니다. 잔금은 계약금과 중도금을 제외한 나머지 금액으로 대개 전체 분양가의 20~30% 규모입니다. 잔금 및 중도금은 개인별 LTV와 DSR에 따라 시중은행(특정 은행 지점)에서 집단대출이 가능합니다. 일반적으로 은행은 담보 물건을 먼저 확보하고 돈을 내주는 것이 원칙입니다. 그런데 아파트 대단지 입주와 같은 특별한 사유가 있을 때는 KB국민은행 시세나 보존 등기가 나오지 않아도 돈을 먼저 빌려주는 경우가 있는데 이를 '집단대출'이라고 합니다. 집단대출은 통상적으로 입주자 사전 점검 기간에 정해진 장소에서 상담을 받습니다. 그런데 은행마다 정해진 한도가 소진되거나, 기간이 종료되면 대출이 중단되므로 보다 좋은 조건으로 대출을 받으려면 이 시기를 놓치지 말아야 합니다. 입주자 인터넷 카페 등에도 집단대출 관련 정보가 올라오니 미리 확인해보는 것이 좋습니다.

'로또 청약'이어도
함부로 도전할 수 없는 이유

서울 동작구 '흑석리버파크자이' 계약 취소 주택 및 무순위 청약 접수에 93만여 명이 몰렸습니다. 3년 전인 2020년 분양가로 무순위 청약 물량이 나오자 시세차익을 노린 수요가 대거 몰려들며 역대 최고 경쟁률을 경신한 것입니다. 2023년 6월 26일 한국부동산원 청약홈에 따르면 이날 진행된 흑석리버파크자이 계약 취소 주택 1가구와 무순위 물량 1가구 등 2가구에 총 93만 4,728명이 신청했습니다. 흑석리버파크는 총 26동 1,772가구의 대단지 아파트로 2023년 3월 입주를 시작한 신축 아파트입니다. 경쟁률이 치솟은 이유는 지난 2020년 당시 분양가로 공급돼 최소 수억 원의 시세차익을 기대할 수 있기 때문입니다.

이렇게 로또보다 어렵다는 흑석리버파크자이에 당첨된다면 어떤 준비를 해야 할까요? 무조건 로또에 당첨되었다고 좋아할 일일까요? 물론 준비된 자에게는 로또일 수 있지만 그렇지 않다면 로또는커녕 당첨 후 준비 과정에서 누구보다 힘든 시기를 보낼 수도 있습니다. 그 이유가 뭘까요?

1) 우선 당첨되었다면 당첨일부터 1주일 후인 2023년 7월 7일까지 계약금의 20%인 1.3~1.9억을 납부해야 하고 이로부터 두 달 후인 2023년 9월 7일까지 나머지 잔금 80%을 납부해야 합니다. 이곳은 실거주 의무가 없지만 갭투자에 필요한 전세 또는 월세 거래를 두 달 내로 마쳐야 한다는 의미입니다. 월세 대비 상대적으로 목돈이 들어오는 전세입자를 구하더라도 잔금을 치르기 위해서는 84㎡ 기준 전세금에 더해 3억 원가량이 추가로 필요합니다. 미리 필요 자금을 넉넉하게 준비했다면 상관없지만 일반적인 직장인이 3억이 넘는 돈을 준비하고 전세 거래를 완료하기에 두 달은 턱없이 부족한 기간입니다.

2) 그렇다면 대출을 받을 수 있지 않을까요? 잔금을 치르기 전까지 입주할 수 있는 권리는 있지만 실제 내 집이라고 할 수는 없습니다. 그렇기 때문에 보통 감정평가를 별도로 진행한 특정 은행의 특정 지점에서만 취급하는 집단대출을 입주할 때 받게 되는데, 이는 입주 지정일이 정해진 이후 특정 기간에만 제한적으로 취급하며 특히 입주기간 종료 후 또는 한도 소진 후에는 취급하는 금융권이 거의 없다고 보면 됩니다. 이런 집단대출 외에는 신축 단지인 만큼 KB국민은행 시세가 없고 보존 등기 및 대지권 등기가 없어 우리가 알고 있는 일반적인 주택담보대출을 받을 수가 없습니다. 즉, 대출을 활용하기가 무척 까다로운 상황입니다.

3) 그렇다면 가족·지인들에게 빌릴 수 있지 않을까요? 하지만 계약 취소 및 무순위 입주자 모집 공고일 기준으로 흑석자이는 비조정 지역이긴 하지만 분양가가 6억 원 이상으로 자금 소명이 필요합니다. 물론 가족·지인에게 대여한 금액으로 처리할 수 있지만 법정이자율(2024년 8월 기준 4.6%) 지급 등이 엄격하게 이루어져야 하며 가족·지인의 자금 출처와 관련해서도 추후 소명해야 할 수 있다는 점에서 많은 부담이 따릅니다.

4) 또한 계약 취소 및 무순위 분양권 주택 수 산입일은 계약일 기준으로(2023년 7월 7일 계약일) 3주택 이상의 다주택자라면 최대 12%에 이르는 취득세 중과를 조심해야 합니다. 계약 이후, 기존 주택을 매도한다고 해도 계약일 기준으로 주택 수를 따지므로 소용이 없습니다. 즉 계약 시점 3주택자가 당첨 후 계약을 하게 되면 취득세가 최대 1억이 넘어가는 사태가 발생할 수 있습니다.

이처럼 무순위 청약이 준비된 자에게는 로또일 수 있지만, 모두가 행운의 주인공이 될 수는 없습니다. 지난 2020년에도 10억 로또라 불렸던 아크로 서울 포레스트 무순위 청약에 당첨된 사람이 계약을 포기하는 일이 있었습니다.

2024년 확 바뀐 청약제도 정리

청약제도는 처음 만들어진 이후 부동산 시장 환경이나 사회 분위기에 따라 세부 사항이 계속 변화해왔습니다. 모든 국민이 경쟁한다고 표현해도 지나치지 않은 치열한 청약 시장에서 승리하려면 흔히 말하듯 디테일이 중요합니다. 즉, 아는 만큼 이길 수 있는 게임입니다. 2024년에는 과거와 달리 청약제도가 무엇이 어떻게 바뀌었을까요?

1. 신생아 특별공급 신설
2024년은 신생아특례대출이 실시되는 원년입니다. 이렇다 보니 청약제도에서도 신생아와 관련된 규정이 신설됐습니다. 국민주택인 경우 2년 이내 출생한 자녀가 있는 가구를 대상으로 한 공공(뉴홈) 신생아 특별·우선 공급 제도가 시행됩니다. 입주자 모집 공고일 기준으로 2년 이내에 임신이나 출산, 입양이 증명되면 지원 자격이 됩니다. 신생아 특별·우선 공급 청약 자격은 혼인 여부와는 무관하며, 공급 물량은 뉴홈 3만 가구, 민간분양 1만 가구, 공공임대 3만 가구 등 연간 7만 가구입니다. 이때 소득 조건은 중위소득 150%, 자산 3.79억 이하입니다. 공공분양·임대 주택에 대한 소득 및 자산 요건도 완화됩니다. 2023년 3월 28일 이후 출생한 자녀가 있다면 소득 및 자산 요건이 최대 20% 완화됩니다.

2. 청약통장 부부 합산 가점제
청약통장 부부 합산 가점제가 신설되어 배우자의 청약통장 가입기간도 최대 50%

까지 합산해서 점수에 반영(최대 3점)됩니다. 가점제는 1점 차이에도 당락이 바뀌는 경우가 많아 배우자 청약통장 가입기간에 따른 점수 3점은 상대적으로 청약 가점의 인플레이션을 가져올 가능성이 큽니다.

3. 맞벌이 기준 완화(국민주택)

맞벌이 부부 소득 기준도 완화되었습니다. 혼인신고를 하면 1인 가구보다 소득 조건이 더 엄격해져서 불합리하다는 비판이 제기됐기 때문입니다. 1인 가구 소득 기준이 도시근로자 가구당 월평균 소득 100%인 데 반해 결혼해 맞벌이가 되면 소득 기준이 월평균 소득 140%가 돼 결혼하는 게 오히려 불이익이란 지적이었습니다. 이번 개정으로 맞벌이 소득 기준 역시 200%가 되었습니다. 이렇게 되면 2023년 12월 기준 도시근로자 가구(3인 기준)당 월평균 소득인 650만 9452원의 두 배가 적용돼 합산 월소득 1,302만 원인 고소득 맞벌이 부부도 특공을 신청할 수 있습니다.

4. 부부 중복 청약 신청 가능

동일한 입주자 모집 공고 단지에 부부 중복 청약 신청이 가능해졌습니다. 기존에는 부부가 중복으로 청약 신청을 하면 둘 다 무효 처리되어 소위 '결혼 패널티'라고 불렸지만 앞으로는 부부가 중복으로 청약 신청을 하더라도 먼저 신청분은 유효하고 나중 신청분은 자동취소 처리됩니다. 이때 결혼 전 배우자의 청약 당첨·주택 소유 이력은 청약 요건에서 제외됩니다.

5. 다자녀 특별공급 기준 완화

예전에는 다자녀 특별공급을 신청하려면 자녀가 3명 이상이어야 했는데 이제는 2자녀 이상으로 변경되었습니다. 이때 자녀 수는 임신확인증명서로도 인정이 됩니다.

6. 무주택 간주 기준 확대

예전에는 주택공시가격 수도권 1억 3,000만 원, 그 외 8,000만 원 내의 전용면적 60㎡ 이하 소형 아파트와 비非아파트는 청약할 때 무주택으로 간주하고 양도세 중과 대상에서 배제했습니다. 다만 공공분양 청약에서는 주택 수에 포함돼 혜택을 받을 수 없었습니다. 앞으로는 가격 기준을 확대하여 수도권은 1억 3,000만 원에서 1억 6,000만 원으로 지방은 8,000만 원에서 1억 원으로 높였습니다. 또한 소형주택 청약 적용 범위를 현재 민영주택에서 민영·공공주택으로, 일반공급에서 일반·특별 공급으로 확대했습니다. 또한 2024년 8월 8일 이후부터는 빌라 등 비아파트 소유 자인 경우 전용면적 85㎡ 이하, 수도권 5억 원 이하, 지방 3억 원 이하는 무주택으로 인정해 그 범위를 추가로 확대했습니다. 다만 여기서 무주택은 청약 시에만 주택 수에 포함되지 않는다는 것을 의미한다는 점에 유의하세요.

7. 미성년자 청약통장 가입 인정 기간 확대

예전에 미성년자의 청약통장은 가입기간은 2년, 납입액은 240만 원까지만 인정되었지만 앞으로 가입기간은 5년, 납입액은 600만 원까지 상향됩니다. 만 14세에 청약통장에 가입하면 만 29세 때 총 납입기간이 15년 이상이 되어 청약통장 가입기간 만점(17점)을 받을 수 있습니다.

이외에도 민영주택 일반공급 가점제에서 동점자가 발생할 경우 예전에는 추첨으로 당첨자를 결정했지만, 앞으로는 청약통장 장기 가입자를 우선적으로 결정합니다.

청약 당첨 후 또는
분양권 전매 계약 시 노하우

꼼꼼한 대응은 필수

'청약'으로 분양권에 당첨되면 계약 및 중도금과 잔금 대출, 전매 등 향후 대응 방안에 대해 많은 주의가 필요합니다.

1. 명의 계획

2020년 7월 부동산 정책 발표 이후 취득세가 크게 증가했습니다. 특히 분양권 당첨일 기준으로 2021년 이후 취득한 분양권은 주택 수에 포함되며, 3주택 이상 또는 조정대상지역 내 2주택자는 당첨일 기준 기존 주택 수와 합산되므로, 취득세가 최대 12%까지 중과됩니다. 여기에 지방교육세와 농어촌특별세까지 포함하면 최대 13.4%까지 올라가므로 각별한 주의가 필요합니다. 분양권 당첨일 기준 주택 수이므로 이후에 종전 주택 중 일부를 매각한다고 해서 취득세율이 달라지지는 않습니다. 단, 분양권을 등기 완료하지 않고 중간에 매도할 수 있다면 취득세를 내지 않으므로 문제가 되지 않습니다.

2. 중도금, 잔금 등 대출 여부 확인

특히 HUG 또는 HF에 분양 보증을 받지 않은 단지일수록 중도금 대출 은행이 저축은행이나 캐피탈사인 경우가 많습니다. 앞서 말한 바와 같이 이 경우에도 차주의 신용도에 영향을 미칠 수 있으므로 각별한 주의가 필요합니다. HUG 또는 HF 분양 보증은 입주자 모집 공고상에서 확인이 가능하니 절대 허투로 넘겨서는 안 됩니다.

3. 중도금 자납 여부

아파트 분양 중도금은 내게 여유 자금이 있더라도 집단대출을 이용하지 않고 자진해서 현금으로 납부(줄여서 '자납')하는 것은 권하지 않습니다. 이렇게 자납하게 되면 분양권 전매가 가능할 경우 매수를 희망하는 사람에게 자신의 분양권이 가장 비싼 매물이 될 수 있습니다. 즉, 향후 분양권을 매매할 때 매수자 입장에서 초기 투자금이 많이 들어가 매매가 어려울 수 있습니다. 다시 한번 강조하지만 입주할 수 있는 권리 중에서는 재개발, 재건축에서의 조합원 입주권보다 일반 청약으로 당첨된 분양권이 항상 더 비쌀 수밖에 없다는 사실에 유의해야 합니다.

4. 잔금 대출 가능 여부 확인

2024년 1월 3일 규제지역 해제로 LTV 70%까지 가능하나, DSR 규제는 종전과 같이 적용되므로 추후 입주 시점에 맞춰 잔금 대출이 가능한지 확인이 필요합니다. 특히 소유권 보존 등기가 아직 끝나지 않은 단지가 대부분이고, KB국민은행 시세가 없어 일반적인 시중은행에서 담보대출을 받을 수는 없습니다. 소유권 보존 등기는 부동산을 새로 취득한 사람이나 신규 건축물에 대해 처음으로 소유권을 인정받기 위해서 하는 등기를 말합니다. 또한 담보대출을 받기 위해서는 KB국민은행 시세와 같은 정보가 필요하지만, 이러한 데이터가 아직 없어서 대출 심사나 대출 금액 책정이 어렵습니다. 따라서 보통은 입주자 사전 점검일에 현장에 나와 있는 특정 금융기관 특정 지점에서(감정가 등 미리 산정 후 대출 진행), 입주기간 등 특정 시점에서만 대출 진행이 가능하니 반드시 입주자 사전 점검일에 해당 부스에 방문하거나 입주자 카페 등을 통해 정보를 얻어야 합니다. 집단대출 기간이 끝나거나 정해신 대출 한도가 차버리면 잔금 대출을 취급하지 않을 수 있으므로 빠르게 상담받은 후 대출을 진행해야 합니다.

분양권 전매 계약 과정 이해하기

아파트가 완공된 후 주택을 취득하는 대신 분양권 상태에서도 매매할 수 있습니다. 하지만 강남 3구와 용산구 등 조정지역에서는 실거주 의무가 폐지되지 않아 분양권 매매가 불가능합니다. 만약 분양권을 매매할 수 있다면 그 전매 과정이 어떻게 되는지 알아보겠습니다.

step 1. 전매계약이 이루어지면 계약서를 작성합니다. 이때 전체 매매금액, 계약금+잔금 지급일, 계약 해제 시에 배액 배상 조건 등 구체적인 사항을 명시합니다.

step 2. 잔금일이 되면 먼저 중도금 승계를 위해 중도금 대출 은행을 방문해야 합니다. 최종적으로 매도자와 매수자가 중도금 승계에 대한 서류를 작성한 뒤 중도금 대출 승계 확인서를 시행사 사무실에 제출해야 합니다. 이때 매수자와 매도자는 중도금 대출 신청에 필수인 HUG 등 채권 보증료와 분양권 거래에 필요한 수입인지 비용을 협의하고 정산합니다.

step 3. 이후에는 권리 승계를 위해 시행사 사무실에서 분양계약서에 도장을 찍고 권리 승계 이후 잔금 등을 마무리합니다. 이때 계약서를 시공사와 신탁사 사무실로도 보내 도장 날인 등 권리 승계에 필요한 절차를 밟을 수도 있습니다.

step 4. 시행사 사무실에서의 절차가 마무리되면 잔금을 치르고 중개수수료를 지급합니다. 영수증 확인과 함께 부동산 신고필증도 양도세 신고 시 필요하므로 반드시 받아둡니다.

step 5. 마지막으로 양도세 신고는 잔금을 치른 해당 월의 말일 기준에서 2개월 기간 안에 해야 합니다. 중개수수료, 인적공제(연 250만 원) 등은 매입비용 공제가 가능합니다. 양도세는 현재 1년 미만 보유 시 70%, 1년 이상 보유 시 60% 수준인데, 높은 양도세율로 인해 일부 지역에서는 세금을 회피하기 위해 '다운 거래'를 하기도 합니다. 다운 거래는 실제 거래가액보다 거래금액을 인위적으로 낮추어(다운) 신고하는 것을 말합니다. 매도인은 양도세를 줄일 수 있고 매수인은 취득세 부담을 낮출 수 있으나 엄연히 불법이고 처벌받을 수 있습니다.

떳다방 분양권 매매

통상적으로 준공 이후 아파트는 단지 내 상가 또는 단지 주변에 있는 부동산 중개소에서 거래를 많이 합니다. 하지만 분양권은 아직 준공 전이기 때문에 단지 내 상가가 없는 경우가 많습니다. 특히 공공택지로 개발된 신도시는 상권이 형성되기 이전 단계일 때가 대부분이어서 주변에도 상가를 찾아보기 어려운 상황입니다. 더구나 주변에 있는 중개사무소들은 아파트나 빌라, 원룸 등 주력 중개 대상이 있고, 정해진 기간에만 거래할 수 있는 분양권을 전문적으로 중개하지는 않기 때문에 분양권 거래는 분양권만을 전문적으로 거래하는 떳다방 등을 통해 진행되는 경우가 많습니다. 이러한 떳다방은 주로 모델하우스 주변에 부스를 차리거나 명함 등을 뿌리

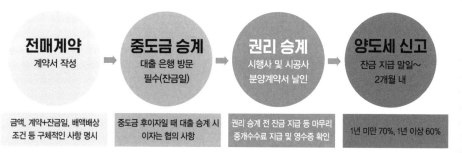

전매계약	중도금 승계	권리 승계	양도세 신고
계약서 작성	대출 은행 방문 필수(잔금일)	시행사 및 시공사 분양계약서 날인	잔금 지급 말일~ 2개월 내
금액, 계약+잔금일, 배액배상 조건 등 구체적인 사항 명시	중도금 후이자일 때 대출 승계 시 이자는 협의 사항	권리 승계 전 잔금 지급 등 마무리 중개수수료 지급 및 영수증 확인	1년 미만 70%, 1년 이상 60%

※중개수수료, 인적공제 등 매입비용 공제 가능

며 영업하고 있습니다.

이렇듯 근거가 불분명한 떴다방을 통해 거래를 진행할 경우 계약에 문제가 생기면 중개 당사자가 잠적하거나 연락이 두절되는 사례가 종종 발생합니다. 떴다방은 정식으로 등록되지 않은 불법 중개업체로, 계약 후 법적 책임을 회피하려는 경우가 많으므로 주의가 필요합니다. 적어도 중개사 자격증 보유 여부나 단지 주변은 아니더라도 물리적인 오프라인 중개사무소에 기반을 두고 정상적으로 부동산 중개를 하는 사람인지 반드시 확인한 뒤 거래해야 합니다. 특히 중복 계약 같은 위험을 낮추기 위해서는 중도금 승계나 권리 승계 단계에서 중도금 대출 은행과 시행사 사무실 등에 매도자나 매수자 이름으로 예약이 정확하게 잡혀 있는지 꼭 확인해야 합니다.

매매로
주택을 산다면

주택청약은 장점만 있을까?

무주택자가 집을 소유할 수 있는 가장 유리한 수단이 주택청약제도라 하더라도 장점만 있는 것은 아닙니다. 본인에게 청약제도가 장점인지 아닌지는 직접 따져봐야 압니다. 먼저 우리가 통상적으로 생각하는 주택청약의 장점은 아래와 같습니다.

첫째, 전체 분양가의 10~20% 수준의 계약금으로 입주할 수 있는 권리를 얻을 수 있습니다. 더구나 공공택지 및 강남 3구와 용산구는 분양가 상한제가 적용되어 당첨만 된다면 시세 대비 저렴한 분양가로 일명

'로또 청약'이 될 수 있습니다.

둘째, 청약 전 발표되는 입주자 모집 공고에 분양가가 확정되어 있고 입주 시기가 명확하여 이에 맞는 이주 및 자금 계획 등을 수립할 수 있다는 점입니다. 이에 반해 재개발 및 재건축 투자에서는 조합 내 갈등으로 공사가 종종 지연되고 공사비 증액으로 인한 추가 분담금이 발생하거나, 이로 인해 입주 시기가 늦어지는 등 여러 문제점이 존재하는 것과 비교하면 명확한 장점이라고 이야기할 수 있습니다.

셋째, 중도금 대출을 받을 때 DSR 규제를 받지 않습니다. DSR은 소득 대비 부채 비율을 의미하며, 대출 신청자의 소득과 부채를 비교하여 대출 상환 능력(총 소득 대비 월별 이자 및 원금 상환액 확인)을 평가합니다. 통상 DSR로 인해 대출 가능 총액에 문제가 발생하는 데 비해 중도금 대출은 DSR에 포함되지 않아 상대적으로 대출을 받는 데 더 유리한 조건을 제공합니다. 특히 소득이 없는 주부도 배우자의 소득을 증빙하여(또는 소득이 없음을 증빙하여) 중도금 대출을 받을 수 있어 소득 요건에 대한 제약을 덜 받습니다.

하지만 주택청약에 장점만 있는 것은 아닙니다. 다음과 같은 단점도 존재하므로 철저한 사전 검토가 필요합니다.

첫째, 낮은 당첨 확률과 당첨이 되더라도 내가 원하는 동·호수를 선택할 수 없습니다. 통상 분양가 상한제가 적용되는 강남 3구와 용산구는 청약 경쟁률이 100 대 1이 넘어가는 일이 빈번할 정도로 당첨 확률이 낮습니다. 당첨되더라도 내가 원하는 동·호수를 선택할 수 없습니다. 더구나 재건축, 재개발 사업지의 경우 대부분 좋은 동·호수는 조합원 물량으로 배정되므로 일반 청약으로는 상대적으로 좋은 동과 호수를 받기가 더 어렵습니다.

둘째, 대부분 선분양제로 실물 없이 계약이 진행될 수밖에 없습니다. 그래서 처음 건축물을 확인할 수 있는 사전 점검 때 많은 문제점이 발생하고 있습니다. 물론 3분의 2 이상 공사 이후에는 후분양도 가능하지만 시행사 또는 재개발 재건축 조합 입장에서는 자금조달 등 사업을 추진하기가 좀 더 안전한 선분양을 선호합니다.

셋째, 실입주를 하지 않을 경우 입주장 대처가 필요합니다. 아파트 공사가 끝나고 완공된 후 실제 입주하기 전까지의 기간을 '입주장'이라 부릅니다. 아무런 거래 움직임 없이 잠잠하던 아파트도 입주장이 시작되면 집을 팔려는 사람부터 전월세를 내놓는 사람까지 다양한 매물로 북적거립니다. 한꺼번에 입주 물량이 쏟아지는 신축 아파트의 특성상 입주장은 필연적으로 발생할 수밖에 없습니다. 초기 투자비용 관점에서 분양을 받기 위해 낸 계약금은 적은 비용이지만 전체 분양가는 재건축, 재개발 조합원보다는 당연히 더 비싸므로 추후 입주장에서 상대적으로 높은 가격으로 갭투자를 하는 것과 유사한 일이 발생합니다. 즉 전월세 보증금을 받아 잔금을 해결하려 계획한 경우 입주장 때 전월세 가격이 내려가면 자금 마련에 어려움을 겪을 수 있습니다.

넷째, 중도금 대출 은행은 선택이 불가합니다. 때로는 저축은행과 같은 제3금융권에서 중도금 대출이 진행되는 경우가 간혹 있습니다. 이 경우 차주가 선택한 문제가 아님에도 차주의 신용등급 또는 다른 대출에 문제가 생길 수 있다는 점에서 청약의 단점으로 볼 수 있습니다. 특히 중도금 대출이 아닌 기존 대출에 문제가 생겨 타 금융권에서 상환 압박 등이 들어올 수 있다는 점에 유의해야 합니다.

마지막으로 청약 경쟁률이 너무 높다는 점을 들 수 있습니다. 특히 분양가 상한제에 해당하는 단지는 수백 대 일의 경쟁률을 보여 실질적으로 가능성이 거의 없다 보니 청약 회의론이 등장할 정도입니다.

주택청약의 장점과 단점

주택청약 장점	주택청약 단점
상대적으로 적은 계약금으로 입주 권리 획득 (공공택지 및 강남 3구+용산 분양가 상한제 적용으로 로또 청약 가능)	낮은 당첨 확률 + 동·호수 선택 불가
분양가 확정, 입주 시기 명확, 계획 수립 가능	대부분 선분양제로 실물 없이 계약 필요
중도금 대출은 DSR 규제를 받지 않음	실입주 안 하면 입주장 대처 필요
청약 시 주택 수 산정에 상대적 이점	중도금 대출 시 은행 선택 불가

주택 매수에서 최우선 고려는 입지다

만약 지금 당장 집을 사야 한다면 뭐부터 시작해야 할까요? 우선 구체적인 지역을 정하는 것이 필요합니다. ① 현재 사는 곳, ② 과거 살았던 곳, ③ 앞으로 살고 싶은 곳 순서로 동서남북 방향으로 범위를 넓혀가며 주변을 살펴보는 것이 좋습니다. 본인이 해당 지역에서 살아본 전문가이므로 주변 단지의 장단점에 대해서 누구보다 잘 알고 있습니다. 주변 인프라와 생활 편의성, 교통 여건, 미래가치, 실제 생활 팁까지 세부 사항에 대해 제아무리 부동산 전문가라 해도 살아본 사람보다 더 자세히 알기는 어렵습니다.

교통, 학군, 상권, 환경 등 입지의 주요 요소에서 저마다 생각하는 중요도는 다를 수밖에 없습니다. 예를 들어 취학 자녀가 있다면 초등학교 통학 거리와 학군이 상권, 환경, 교통보다 우선하며, 직장이 멀고 자녀가 어릴수록 교통이 다른 요소들보다 가중치가 높을 수 있습니다. 또 자녀들이 다 컸고, 직장에서 은퇴하신 분들이라면 주변 환경이 다른 요소들보다 가중치가 높을 것입니다. 이렇듯 개인마다 입지 요소에서 선호도 차이가 존재하므로 어떤 곳의 입지가 좋다 나쁘다를 절대적 기준으로 평가할 수는 없습니다. 따라서 위 ①번에서 ③번의 과정을 거쳐서 관심이 있는 지역을 압축하는 것이 필요합니다.

그리고 입지는 매수할 때만큼이나 반대로 파는 입장에서도 고민이 필요합니다. 언젠가 내가 매수자가 아닌 매도자가 될 수 있기 때문에 집을 살 때부터 미리 미래에 되팔 때를 염두에 두는 것이 중요합니다. 무엇보다 수도권 내 역세권으로 초등학교가 주변에 있으면서 주변 신축 대비 가격이 높지 않다면 먼저 검토해보면 좋습니다. 부동산의 주요 매수자는 대개 직장인으로, 특히 자녀가 초등학교를 입학할 때 매수에 가장 적극적으로 나서는 경우가 많기 때문입니다.

사전 조사를 통한 1차 시세 파악

이제 관심 지역이나 단지를 선정했다면 각종 프롭테크 앱과 인터넷 카페, 블로그 등을 통해 사전 정보를 파악합니다. 프롭테크란 부동산을 뜻하는 'Property'와 기술을 뜻하는 'Technology'가 합쳐진 용어로, 정보 기술을 결합한 부동산 서비스를 말합니다. 필요한 기본 정보가 통합되어 있어서 시간과 비용을 절약할 수 있습니다. 프롭테크와 관련한 자세한 내용은 뒤에서 더 설명하겠습니다. 사전 조사를 위한 방법으로 해당 지역 맘카페에서 정보를 얻는 방식이 있는데, 여성만 가입할 수 있다는 제약이 있습니다. 그래서 아내나 누나, 여동생 아이디로 가입하는 사례도 있습니다.

대략적인 시세 파악과 단지 조사를 끝내고 나면 네이버 부동산 기준으로 단지 내 있는 부동산 중개소 중에서 가장 매물을 많이 올려놓은 곳으로 한두 군데를 찾아 관심 단지에 매수 의사가 있다는 것을 이야기해놓습니다. 그런데 반드시 단지 내에 있는 부동산 중개소여야 합니다. 해당 물건을 가장 많이 가지고 있고, 같은 단지 내에서 매도자의 상황을 누구보다 잘 알고 있으며, 가장 잘 중개하기 때문입니다. 굳이 여러 부동산 중개소에 매물을 알아보지 않는 것은 매도자들이 대개 여러 중개업소에 매물을 의뢰해두는 경우가 많아서입니다. 이렇게 되면 내가 매수 의사를 밝히는 순간 여러 부동산 중개소에서 동시에 한 매도자에게 매도 관련 문의가 몰리고, 이로 인해 매도자가 가격을 올리거나 매물을 회수할 가능성이 있기 때문입니다.

추가로 부동산 중개소에 매수 의사가 있다는 사실과 함께 내가 중요하게 여기는 구체적인 내용을 조금 명확하게 일러놓으면 좋습니다. 예를 들어 실입주를 할 것이라든지 84타입에 판상형에만 관심이 있다든지 전세를 끼고 있어 실제 지불해야 할 투자금이 작은 물건을 찾는다든지 하는 조건입니다.

마지막으로 부동산 중개업소와는 가능한 한 필요한 이야기만 하며, 자신의 정보를 지나치게 많이 주거나 감정을 교류하는 일은 피하는 것이 좋습니다. 나중에 필요 이상으로 친밀한 관계가 형성되면 해야 할 말을 하기 어렵거나 다른 중개업소에서 좋은 물건이 나왔다 하더라도 옮기기가 쉽지 않기 때문입니다. 특히 경험이 없는 초보자일수록 감정적으로 얽히는 경향이 있으므로 주의해야 합니다. 속마음을 비치고 내 상황을 필요 이상으로 알려줄수록 협상에서는 오히려 불리해질 수 있다는 것을 기억하세요.

현장 조사에서 살펴봐야 할 것들

이제 관심 있는 물건이 확인되면 가시권에 들어온 두세 개 단지 물건을 각 부동산 중개소에 보여달라고 요청합니다. 보통 해가 떠 있는 낮 시간을 기준으로 토요일 오전/점심 1곳, 점심/오후 2곳을 충분하게 볼 수 있고, 토요일에는 집주인이나 세입자들이 집에 있는 경우가 많으니(일요일은 입주장이 들어선 단지 외에는 부동산은 대부분 휴무입니다) 가능한 한 토요일을 활용하는 것이 효율적입니다.

이때 내부 상태처럼 나중에 개선할 수 있는 부분보다는, 뷰와 방향처럼 내가 변경할 수 없는 요소를 중심으로 확인합니다. 구축이라면 대부분 내부 수리가 어느 정도 필요하며, 신축은 수리가 불필요하거나 하더라도 그 규모가 크지 않습니다. 따라서 비용을 들이더라도 개선할 수 없는 뷰와 방향, 일조 시간 등을 확인하는 데 집중해서 집을 살펴봅니다. 보통 집을 보는 데 걸리는 시간은 10분 이내입니다. 집을 살펴보러 가기 전에 체크리스트를 만들어 점검하는 것도 효과적입니다.

그리고 반대로 중개사에게 매도자의 상황에 대해서도 한번 물어봅니다. 집을 파는 이유가 다주택자여서인지, 법인 물건인지, 상속·이혼 등의 분쟁이 있는지를 물어보고 여기서 얻은 정보를 추후 가격 협상에 활용할 수 있습니다. 특히 내가 세입자로 살고 있는 집의 주인이 다주택자이거나 매도 의향이 있을 경우 적극적으로 매도 의사를 물어보는 것이 좋습니다. 의사를 물어보는 데는 어떠한 비용도 들어가지 않으니 이를 시도해보는 것은 큰 리스크 없이 좋은 기회를 잡는 방법이 될 수 있습니다.

집을 볼 때 꼭 살펴봐야 할 체크리스트

집을 보러 갈 때 집의 내부와 외부 환경, 그리고 법적 부분까지 체크해야 할 사항입니다. 꼼꼼히 살펴볼수록 나중에 후회할 일이 적습니다.

입지 및 주변 환경
- 대중교통 접근성(버스, 지하철)과 주요 도로와의 거리가 가까운가 ☐
- 마트, 병원, 은행, 공원, 학교 등 일상생활에 필요한 시설은 가까이 있는가 ☐
- 주변 소음 여부(도로, 기차, 공항 소음 등)와 공기 상태(녹지율, 인근 공장 여부)는 괜찮은가 ☐
- 주변 지역의 안전성과 CCTV 설치는 되어 있는가 ☐

건물 상태 및 구조
- 몇 년 된 건물인지 확인하고, 노후된 부분이 있는지 확인했는가 ☐
- 균열, 곰팡이, 누수 흔적이 있는가 ☐
- 바닥이 기울어져 있거나 마모가 심한 곳이 있는가 ☐
- 창문이 충분히 설치되어 있고, 햇빛은 잘 드는가 ☐
- 벽, 창문, 문이 겨울철이나 여름철에 단열이 잘 되는 구조인가 ☐
- 창문과 벽의 방음(이웃집 소리, 외부 소음 등) 상태는 어떠한가 ☐

내부 시설 및 가구 상태
- 싱크대, 가스레인지, 환기구 등 주요 주방 설비의 상태와 사용이 편리한가 ☐
- 욕실에 물이 잘 내려가는지, 누수나 곰팡이 발생 가능성은 없는가 ☐

- 전기 콘센트 위치와 개수, 배선 상태는 괜찮은가 ☐
- 필요한 가구(침대, 소파, 책상 등)를 무리 없이 배치할 수 있는 공간 구조인가 ☐

관리비 및 유지 비용
- 매달 지불하는 관리비 내역과 항목을 확인했는가 ☐
- 노후된 시설이 있을 경우 수리비가 많이 들 가능성이 있는가 ☐
- 난방은 개별인지, 중앙난방인지, 그리고 대략 난방비가 어느 정도인지
  확인했는가 ☐

법적 사항 및 소유 구조
- 등기부등본으로 권리관계(소유자, 근저당 설정 여부)를 확인했는가 ☐
- 해당 지역이 주거, 상업, 공업 등 어떤 용도 지역에 해당하는지 확인했는가 ☐
- 주변 지역의 개발 계획이나 재개발 가능성이 있는가 ☐

가격 협상은 어떻게 할까?

이제 현장 조사를 통해 집을 꼼꼼히 확인했다면 가격 협상을 시작합니다. 협상할 때는 상대방의 입장과 상황을 고려해야 서로 이익을 도모하는 협상안을 제시할 수 있습니다. 매수자 입장에서 쓸 수 있는 카드는, 가격을 어느 수준까지 조정해주면 '바로 계약 가능' 또는 '잔금+중도금 일정 조정'을 할 수 있다는 것이므로 이를 잘 활용해야 합니다.

수개월 이상 집이 팔리지 않았거나 급전이 필요한 매도자에게는 '얼마 조정해주면 바로 계약하겠다'라는 말처럼 큰 유혹이 없습니다. 이번

매수 의향자를 잡지 못하면 언제 매도할 기회가 또 생길지 모르기 때문에 협상에 응할 때가 많습니다. 물론 이 협상 전략은 부동산 거래가 활발하게 이루어지는 시기에는 적용하기 어렵습니다.

또한 다주택자나 법인 소유자는 매년 6월 1일을 기준으로 종합부동산세나 재산세가 부과됩니다. 따라서 6월 1일 전에 소유권을 이전받는 조건으로 매매를 협상하면, 매도자가 세금을 줄이기 위해 가격을 낮출 가능성이 있습니다. 만약 매도자가 이 조건을 받아들이지 않더라도, 매수자는 이를 협상 카드로 삼아 중개수수료 조정을 요청할 수 있는 여지가 생길 수 있습니다. 다만 이는 중개사와의 협의 사항이므로 꼭 이루어질 수 있는 것도 아니고 절대적으로 주장할 수 있는 부분도 아닙니다.

부동산 매매계약서 작성 시 확인해야 할 것들

부동산 거래는 큰돈이 오가는 위험이 따르므로 반드시 계약서를 통해 이루어집니다. 전문 투자자가 아닌 이상 부동산 계약은 익숙하지 않을 수밖에 없으므로 다음과 같은 필수 사항들을 잘 확인해야 합니다. 부동산 계약서에는 계약 당사자인 매도인과 매수인의 정보, 거래 대상인 부동산의 주소, 면적, 거래가격, 계약금·중도금·잔금 일정 등이 반드시 명시되어야 합니다.

1. 매도자가 소유자가 맞는지 꼭 확인해야 합니다. 인터넷 등기소에서 매수하려는 물건지의 등기부등본에서 갑구의 소유자와 매도인의 정보가 일치해야 합니다. 물론 부동산 중개소에서 확인해주지만, 일방적으로 믿는 것보다 스스로도 직접 확인해보는 것이 좋습니다. 특히 본 계약서를 쓰기 전에 휴대전화 문자로 계약서 내용을 공유하고 가계약금을 송금하는데, 이때 가계약금을 보내기 전에 매도자를 확인해봅니다. 계약금은 매도자 명의의 계좌에 송금합니다. 만약 매도자가 공동 명의자라면 반드시 명의자 전원에게 매도 의사를 확인해야 합니다. 부부라면 남편 또는 아내가 신분증, 도장 등을 가지고 오는 경우가 많습니다. 하지만 두 사람 모두 직접 신분과 의사를 확인한 후 계약을 체결하기를 권장합니다.

2. 매매대금, 계약금, 중도금, 잔금의 액수와 지급일, 지급 방식에 대해 정확하게 명시되어 있는지 확인합니다. 특히 중도금은 일부라도 지급하면 계약 해제가 불가능하므로, 중도금 지급 날짜는 정확한 일자를 명시하기보다는 '특정일 이전까지

부 동 산 매 매 계 약 서

매도인과 매수인 쌍방은 아래 표시 부동산에 관하여 다음 계약 내용과 같이 매매계약을 체결한다.

1.부동산의 표시

소 재 지							
토 지	지 목		대지권		면 적		㎡
건 물	구조·용도			면 적			㎡

2. 계약내용

제 1 조 (목적) 위 부동산의 매매에 대하여 매도인과 매수인은 합의에 의하여 매매대금을 아래와 같이 지불하기로 한다.

매매대금	금			원정(₩		)
계 약 금	금		원정은 계약시에 지불하고 영수함.	영수자(		㊞)
융 자 금	금	원정(	은행)을 승계키로 한다.	임대보증금	총	원정 을 승계키로 한다.
중 도 금	금			원정은	년 월 일에 지불하며
	금			원정은	년 월 일에 지불한다.
잔 금	금			원정은	년 월 일에 지불한다.

제 2 조 (소유권 이전 등) 매도인은 매매대금의 잔금 수령과 동시에 매수인에게 소유권이전등기에 필요한 모든 서류를 교부하고
등기절차에 협력하며, 위 부동산의 인도일은   년   월   일로 한다.
제 3 조 (제한물권 등의 소멸) 매도인은 위의 부동산에 설정된 저당권, 지상권, 임차권 등 소유권의 행사를 제한하는 사유가 있거나,
제세공과 기타 부담금의 미납금 등이 있을 때에는 잔금 수수일 까지 그 권리의 하자 및 부담 등을 제거하여 완전한 소유권을
매수인에게 이전한다. 다만, 승계하기로 합의하는 권리 및 금액은 그러하지 아니하다.
제 4 조 (지방세 등) 위 부동산에 관하여 발생한 수익의 귀속과 제세공과금 등의 부담은 위 부동산의 인도일을 기준으로 하되,
지방세의 납부의무 및 납부책임은 지방세법의 규정에 의한다.
제 5 조 (계약의 해제) 매수인이 매도인에게 중도금(중도금이 없을때에는 잔금)을 지불하기 전까지 매도인은 계약금의 배액을 상환하고,
매수인은 계약금을 포기하고 본 계약을 해제할 수 있다.
제 6 조 (채무불이행과 손해배상) 매도인 또는 매수인이 본 계약상의 내용에 대하여 불이행이 있을 경우 그 상대방은 불이행한자에
대하여 서면으로 최고하고 계약을 해제할 수 있다. 그리고 계약당사자는 계약해제에 따른 손해배상을 각각 상대방에게
청구할 수 있으며, 손해배상에 대하여 별도의 약정이 없는 한 계약금을 손해배상의 기준으로 본다.

특약사항

_____
_____
_____
_____

본 계약을 증명하기 위하여 계약 당사자가 이의 없음을 확인하고 각각 서명날인 후 매도인, 매수인 및 중개업자는 매장마다 간인하여야
하며 각각 1통씩 보관한다.   년   월   일

매 도 인	주 소							㊞
	주민등록번호			전 화		성 명		
	대 리 인	주 소		주민등록번호		성 명		
매 수 인	주 소							㊞
	주민등록번호			전 화		성 명		
	대 리 인	주 소		주민등록번호		성 명		

납부' 조건으로 계약하는 것이 좋습니다. 잔금 지급일은 가능한 한 한 달 이상 여유 있게 잡는 것이 좋습니다.

3. 모든 계약은 동일하지 않기 때문에 특약 조건이 있을 수밖에 없습니다. 특약 사항에 매도자나 매수자의 요구 조건이 다 반영되어 있는지, 다르게 해석될 여지가 있는 문구가 있는지 등을 점검합니다. 특히 근저당이 많이 설정된 물건이라면 '매수자는 매도자의 채무를 중도금으로 상환한다', '추가 근저당을 설정하지 않는다'라는 조건 등도 특약에 포함할 수 있습니다.

4. 매매계약서를 체결한 후에는 계약금을 바로 지급해야 합니다. 계약금은 보통 매매대금의 10% 정도입니다. 계약 후 계약서에 명시된 시기에 중도금을 지불하고 소유권 이전 절차가 완료되기 직전에 잔금을 지급합니다. 잔금 지급 후 소유권 이전이 이루어지므로 잔금 지급 시기와 금액도 계약서에 기록되어야 합니다.

5. 매도인과 매수인은 소유권 이전 등기에 필요한 서류를 준비해야 하는데, 등기부등본과 매매계약서, 매수인의 신분증 등이 필요합니다. 서류 준비가 끝나면 관할 등기소를 직접 방문하거나 인터넷 등기 시스템을 통해서 간편하게 신청할 수도 있습니다. 등기 신청은 매수인이 직접 할 수도 있고, 법무사를 통해 진행할 수도 있습니다.

6. 소유권을 이전할 때 취득세가 발생합니다. 이를 납부해야 소유권 이전 절차가 마무리됩니다. 취득세는 부동산을 취득할 때 내는 세금으로, 취득가액과 세율에 따라 달라집니다. 이때 함께 부과되는 농어촌특별세와 지방교육세는 취득세의 일정 비율을 부과하는 세금입니다. 소유권 이전 등기는 부동산 거래 후 일정 기간 내에 이루어져야 하고, 등기 권리증을 받기까지 1주일에서 2주일 정도 소요됩니다. 등기 비용은 부동산 가격에 따라 달라집니다. 등기소에서 확인할 수 있습니다.

2단계

이 정도는
알아야
손해 보지 않는다

부동산 고수처럼
아파트 도면 읽기

모델하우스에 현혹되지 마라

모델하우스에 가면 우선 멋들어진 아파트 단지 모형과 기가 막히게 꾸며진 실내가 마음을 흔듭니다. 잘 교육된 마케터와 분양업자들이 현란한 말솜씨로 화려하게 전시된 각 타입의 세대를 설명하는 것을 듣고 있으면 그야말로 '지름신'이란 것이 내려 긴가민가했던 아파트를 덜컥 계약하고 싶어집니다. 모델하우스는 그 아파트의 단점을 최대한 가리고 예쁘게 보이게끔 꾸며놓은 집입니다. 가구 하나 소품 하나, 최고 전문가의 손을 거쳐 20평대가 30평대처럼 넉넉해 보이는 효과를 주기도 합니다.

우리는 이제 이런 눈속임에서 벗어나 '진짜 평면'을 보는 법을 알아야 합니다. 우리가 살 수 있는 가장 비싼 재화를 거래하는데, 순간적으로 마음이 혹해서 가려진 단점을 보지 못해 두고두고 후회하는 일이 없도록 조심해야 합니다. 반대로 일반적인 유형이 아니어서 별로 인기가 없는 타입의 평면에서 남들은 모르는 숨겨진 장점을 나만 알아볼 수 있다면 상대적으로 경쟁률이 떨어지는 타입에 지원해 당첨될 수 있으니 그 또한 치열한 청약 당첨 경쟁에서 나만의 무기가 될 수 있습니다.

전용면적, 공용면적, 공급면적, 계약면적?

아파트 평면을 이해하기 위해서는 제일 먼저 면적을 구분하는 몇 가지 분류를 이해해야 합니다.

힐스테이트 어울림 청주사직 모집 공고 중 면적표

② 주택형　③ 주택 공급면적　⑤ 계약면적　⑥ 대지면적

주택구분	주택관리번호	모델	주택형 (주거전용면적)	약식표기	주택공급면적			기타공용면적 (지하주차장등)	계약면적	세대별 대지지분
					주거전용면적	주거공용면적	소계			
민영주택	2024000058	1	59.8400A	59A	59.8400	20.1300	79.9700	37.7600	117.7300	35.3368
		2	59.8400B	59B	59.8400	19.8000	79.6400	37.7600	117.4000	35.1910
		3	59.8300C	59C	59.8300	20.0100	79.8400	37.7500	117.5900	35.2783
		4	59.7500D	59D	59.7500	20.4300	80.1800	37.7100	117.8900	35.4292
		5	79.5900A	79A	79.5900	25.4700	105.0600	50.2300	155.2900	46.4210
		6	79.7400B	79B	79.7400	25.1700	104.9100	50.3200	155.2300	46.3569
		7	79.4600C	79C	79.4600	26.7000	106.1600	50.1500	156.3100	46.9070
		8	79.5200D	79D	79.5200	25.9200	105.4400	50.1800	155.6200	46.5906
		9	84.9600A	84A	84.9600	26.9400	111.9000	53.6200	165.5200	49.4419
		10	84.9600B	84B	84.9600	28.1700	113.1300	53.6200	166.7500	49.9854
		11	84.9900C	84C	84.9900	27.5400	112.5300	53.6400	166.1700	49.7234
		12	114.7700	114	114.7700	35.6500	150.4200	72.4400	222.8600	66.4628

① 주택 구분　④ 기타 공용면적

분양 안내서를 보면 아파트 면적을 4가지로 구분하고 있습니다. 일반적으로 ①전용면적 ② 공용면적 ③ 기타 공용면적 ④ 계약면적으로 나뉘어 있습니다.

흔히 국민평형이라고 말하는 34평형을 예로 들면 입주자 모집 공고상의 명칭은 84타입으로 표기됩니다. 과거에 34평형이라고 부르던 면적에 한 평당 약 $3.3\,m^2$를 곱하면 약 $112\,m^2$가 되는데 왜 84타입이라고 부르는 것일까요? 이를 이해하기 위해서는 면적을 합산하는 개념을 이해해야 하는데, 여기서 말하는 84라는 숫자는 순수한 전용면적을 기준으로 삼기 때문입니다. 여기에 평면 유형에 따라 84A, 84B, 84C타입 등으로 나뉩니다.

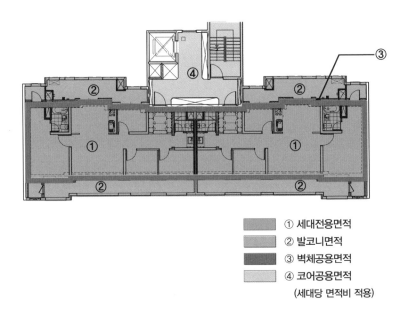

■ ① 세대전용면적
■ ② 발코니면적
■ ③ 벽체공용면적
■ ④ 코어공용면적
(세대당 면적비 적용)

주거 전용면적	주거 공용면적	주택 공급면적 (분양면적)	기타 공용면적	계약면적	서비스면적
①세대전용	③벽체공용 +④코어공용	①+③+④	지하주차장 등 기타 공용	①+③+④ +기타 공용	②발코니

*입주자가 실제로 사용하게 되는 확장형 평면의 면적은 주거 전용면적에 서비스면적(발코니면적)을 더한 것이다.

우리가 일반적으로 부르는 34평형, 즉 112m^2는 주거 전용면적과 주거 공용면적을 합친 주택 공급면적(분양면적)입니다. 주거 공용면적은 코어(계단실과 엘리베이터 홀 등) 공용면적과 벽체의 면적을 합친 것을 말합니다. 따라서 공급받는 대상을 34평형이라고 하면 실제로 사용하는 집의 면적 범위를 넘어서는 개념이므로 기준을 개정해 전용면적 기준인 84m^2로 표기하게 된 것입니다. 여기에 기타 공용면적이라고 해서 지하주차장, 지하코어면적, 커뮤니티 시설 면적 등을 다 합치면 공급받는 사람이 실제로 계약하는 계약면적이 됩니다.

아파트 서비스면적은 공짜?

지금까지 합산한 공급면적, 즉 입주자 모집 공고의 면적에 표기되지 않는 서비스면적이 있습니다. 이것이 바로 발코니 확장 면적입니다. 2006년 1월 발코니 확장이 합법화하면서 기존에 2m까지 허용되던 발코니 폭이 1.5m로 줄어들었습니다. 2006년 이전에 지어진 아파트들의 발코니 폭이 유독 넓어 보이는 이유가 여기에 있습니다. 개정된 발코니 기준에 따르면 폭이 1.5m를 초과하면 「주택법」상 주거 전용면적에 포함되기 때문에 일반적으로 발코니 폭은 최대 1.5m로 설계됩니다. 이 발코니 부분을 확장하여 실내 공간으로 편입하면 우리가 흔히 보는 확장된 평면도가 완성됩니다. 그래서 건설사에서는 분양가에 발코니 확장비를 별도로 책정하여 받습니다.

발코니 확장은 주거 평면에서 실사용 면적을 최대로 확보하기 위한 방법으로 애초에 발코니 확장을 전제로 평면을 만듭니다. 이러다 보니 신규 분양을 받을 때 발코니 확장을 선택하지 않을 수 없는 상황이 생깁니다. 따라서 대부분 신규로 공급되는 아파트 가격을 따질 때 공급가격에 발코니 확장비를 더해 계산합니다. 분양 안내서나 홈페이지에서 작게 소개된 평면은 법적 기준에 맞춘 기본 평면이고, 크게 표기된 평면은 확장된 형태(실제로 대부분 선택하는)의 평면입니다. 모델하우스에는 이 확장된 평면을 기준으로 꾸며져 있고 바닥에는 기본형 평면의 발코니 선이 따로 표시되어 있습니다.

아파트 평면의 면적을 구성하는 기준을 이해했다면 이제 '베이bay'의 올바른 개념을 살펴볼까요? 대한민국에서 아파트에 사는 사람이라면 베이에 대해 누구나 한 번쯤 들어보았고 많이들 알고 있을 것입니다. 창이 있는 면을 기준으로 공간이 몇 개로 나누어지는가에 대한 개념입니다. 최초의 아파트 유형은 거실과 방으로 구성된 2베이로 시작해 거실을 중심으로 양쪽에 방이 배치된 3베이가 소개되었고, 현재는 가장 유행하는 타입인 가로로 긴 판상형을 구성하는 4베이로 진화했습니다. 더 나아가 5베이의 아파트 평면도 소개되고 있지만, 이는 동 배치와 공간 효율의 문제로 인해 일반적인 유형으로 자리 잡기에는 무리가 있습니다. 베이의 개념이 중요하고 점점 그 숫자가 커질수록 좋은 평면인 이유는 바로 베이가 많이 나눠질수록 앞서 설명한 발코니 확장으로 인한 서비스 면적을 더 많이 확보할 수 있기 때문입니다.

같은 평형이어도 차이 나는 서울 vs. 비서울 아파트 면적

여기서 많은 사람들이 궁금해하는 점이 있습니다. 서울 아파트와 비서울 아파트는 평면 면적이 같은 30평대인데 왜 차이가 나 보이는 걸까요? 신축 아파트에서 서울의 평면이 비서울보다 작아 보이는 것은 단순한 느낌이 아니라 실제로 차이가 있습니다. 이는 바로 서울시 조례 기준에 따른 규제 때문입니다.

서울시는 오세훈 시장 시절, 천편일률적인 아파트 외관을 다양화하겠다는 취지로 2008년에 「건축법」 시행령을 개정하여 공동주택의 각 세대 외부 벽면 길이 또는 전체 외벽의 30퍼센트에는 발코니 설치를 제한하도록 했습니다. 예를 들어 만약 외벽의 길이가 20m라면 여기에 1.5m를 곱한 $30m^2$ 중 30%를 제외해 최대 $21m^2$까지만 발코니 설치가 가능하도록 규정한 것입니다. 따라서 비서울 아파트와 비교했을 때 실제로 2~3평 차이가 있습니다. 돌출형이나 개방형 발코니를 설치하거나 외관을 다양화하여 설계한 경우 건축 심의를 통해 일부 완화할 수는 있지만 통과 기준 자체가 까다롭고 이는 또한 공사비 상승의 요인이 되기 때문에 공급가가 높은 지역의 아파트가 아니고서는 건설사 설계 입장에서 선택하기 어렵습니다.

비서울 평면의 3면 발코니 확장 사례(판교퍼스트힐 푸르지오 84타입)

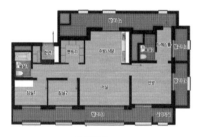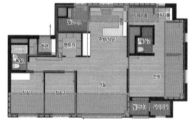

〈확장 전〉　　　　　　　　　　　　　〈확장 후〉

서울 평면의 2면 발코니 확장 사례(이편한세상 온수역 84타입)

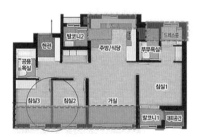

〈확장 전〉　　　　　　　　　　　　　〈확장 후〉

오피스텔의 평면 역시 같은 84타입 기준으로 봤을 때 아파트 평면 면적보다 더 작아 보이는 데는 이유가 있습니다. 이를 이해하려면 먼저 아파트와 오피스텔의 차이점부터 알아야 합니다. 아파트는 여러 가구가 거주할 수 있도록 지은 5층 이상의 공동주택을 말하고, 오피스텔은 오피스와 호텔의 합성어로 「건축법」상 업무시설로 규정되어 있습니다. 이 둘은 기본적으로 적용받는 관련 법이 다릅니다. 아파트는 주택이라 「주택법」을 따르고, 오피스텔은 준주택이라 「건축법」을 따르는데 이에 따라 취득세도 아파트는 1.1%, 오피스텔은 4.6%로 차이가 납니다.

아파트와 오피스텔의 차이

구분	아파트	기존 오피스텔	최근 오피스텔
근거법	주택법	건축법	건축법
발코니	가능 (확장도 가능)	불가 (2024. 2. 이전 건축허가신청)	가능(확장은 불가) (2024. 2. 이후 건축허가신청)
실면적	전용면적 + 서비스면적(발코니)	전용면적	전용면적 + 서비스면적(발코니)
분양면적	주거전용면적 + 주거 공용면적(공급면적)	주거전용면적 + 주거공용면적 + 기타공용면적(계약면적)	주거전용면적 + 주거공용면적 + 기타공용면적(계약면적)
취득세	1.1%	4.6%	4.6%
바닥난방	가능	전용면적 120㎡까지만 허용	가능(2024.11.)

아파트와 오피스텔의 면적에서 가장 큰 차이는 실면적의 차이입니다. 앞서 아파트 발코니 확장 서비스 면적에서 설명한 것과 같이 아파트 84타입의 실사용 면적은 전용면적에 서비스면적인 발코니면적을 합친 것입니다. 반면에 「건축법」의 적용을 받아 발코니 확장이 불가능

한 오피스텔은 발코니와 같은 서비스면적이 따로 없으며, 분양면적이 계약면적이 되기 때문에 아파트보다 더 넓은 범위로 계산하게 됩니다. 이것을 전용률로 구분할 수도 있는데 보통 아파트의 전용률은 전용면적/분양면적으로 80% 내외이고, 오피스텔의 전용률은 전용면적/계약면적으로 50% 내외입니다. 따라서 아파트가 오피스텔보다 같은 평형일 때 더 큰 면적을 공급받을 수 있습니다. 그런데 여기까지가 기존 오피스텔 기준입니다. 1인가구, 재택근무 증가로 인한 소형주택 수요에 따라 점차 오피스텔의 규제가 완화되었습니다. 2024년 2월 이후 건축허가를 받은 오피스텔부터는 발코니 설치가 가능해졌고(확장은 불가), 2024년 말을 기준으로 모든 면적의 바닥난방이 가능해졌습니다. 이제 오피스텔이라는 상품도 일반 주택상품과 거의 조건이 비슷해져 주거로서 기능을 갖추게 되었습니다.

아파트 평면에도 유행이 있다

대한민국 아파트 평면 구조는 시대의 흐름에 따라 유행하는 유형이 다릅니다. 1970년대 최초의 아파트는 2베이의 일자형 남향 배치 평면으로 시작되었습니다. 1980년대에는 아파트 구조가 다양화되면서 여전히 2베이이지만 부부 전용 욕실, 부엌 등의 직접 채광과 환기 구조가 등장했습니다. 1990년대부터 2000년대에 3베이의 개념이 일반화되기도 하고, 단지 배치상의 조망권 확보와 고급화 바람이 불면서 주상

시대별 주거 배치의 변화(4세대 조합동 기준)

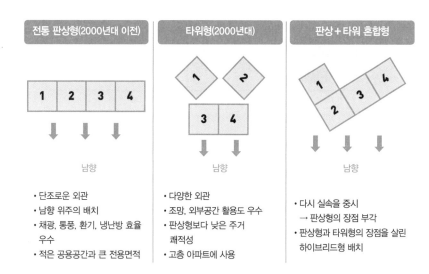

전통 판상형(2000년대 이전)	타워형(2000년대)	판상+타워 혼합형
· 단조로운 외관 · 남향 위주의 배치 · 채광, 통풍, 환기, 냉난방 효율 우수 · 적은 공용공간과 큰 전용면적	· 다양한 외관 · 조망, 외부공간 활용도 우수 · 판상형보다 낮은 주거 쾌적성 · 고층 아파트에 사용	· 다시 실속을 중시 → 판상형의 장점 부각 · 판상형과 타워형의 장점을 살린 하이브리드형 배치

복합 아파트, 타워형 평면이 등장했습니다. 2010년대에는 다시 맞통풍 환기의 중요성이 대두되면서 판상형 아파트가 선호되는 가운데 동 배치상 일부 타워형 평면과 판상형 평면이 혼합된 아파트가 주를 이루게 됩니다.

일반적으로 타워형 아파트는 기둥형 구조 설계가 가능해 평면 디자인이 더 자유롭고 다양하게 나올 수 있습니다. 가로로 넓게 펼쳐지는 형태가 아니어서 다양한 외관을 만들 수 있어 좋고, 단지 배치에서도 외부 공간의 활용도와 조망이 트이는 효과가 있습니다. 그리고 획일적인 일자형으로 구성된 거실과 주방 구조가 아니라 개성에 따라 집을 꾸밀 수 있다는 점이 장점입니다.

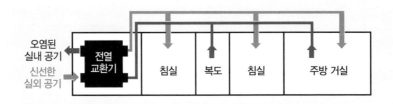

　판상형 아파트의 가장 큰 장점은 거실과 주방의 맞통풍 구조인데 최근 아파트는 발코니 확장을 적극적으로 활용하기 때문에 평면의 깊이가 깊어 사실상 맞통풍의 의미가 퇴색되기도 합니다. 그러나 최근 미세먼지 때문에 창문을 항상 열어 환기할 수도 없고 실내 공기질 향상에 관심이 많다 보니 세대마다 전열교환기를 설치해 실내 강제 환기를 하는 쪽으로 바뀌고 있습니다. 따라서 자연 환기에 전적으로 의존하지 않아도 되므로 꼭 판상형을 고집할 필요는 없습니다. 전열교환기는 세대 내부의 냉난방 열에너지 손실 없이 외부와 환기할 수 있게 하는 환기 장치입니다. 그럼에도 불구하고 여전히 대한민국의 정서에는 판상형 평면에 대한 선호가 절대적인 편입니다. 따라서 실거주할 집으로 마음에 드는 평면 형태를 선택할 것인지, 추후 매매할 때 인기 있는 판상형 평면형을 선택할 것인지는 실제 이용과는 별개의 문제이고 투자 시 구분해서 고려할 부분임에 틀림없습니다.

땅과 건물 이해를 위한 첫걸음

건폐율, 용적률, 연면적 알아보기

땅과 건축물을 이해하려면 기본적으로 알아야 하는 개념이 건폐율과 용적률 그리고 연면적입니다. 또, 전용·일반주거지역 내 건축물에서 규제를 받는 정북 방향 일조사선 제한, 즉 일조권과 관련한 사항을 기본적으로 알아야 합니다.

이러한 기본 개념을 이해하기 위해 건물주를 꿈꾸는 직장인 A씨가 제2종 일반주거지역에 땅을 매매해 건물을 지으려 한다고 가정해볼게요. 편의상 A씨가 알아보는 대지의 면적은 $330\,m^2$라고 가정합니다. $330\,m^2$

는 약 100평 정도이기 때문에 편의를 위해 100평을 기준으로 계산합니다. 내 땅에 어떤 규모의 건축물을 지을 수 있는지 알아보는 기본이 되는 개념이 건폐율, 용적률 그리고 연면적입니다. 건폐율과 용적률은 「국토의 계획 및 이용에 관한 법」에 최대한도의 기준을 정하고 있습니다(표 참조).

법률에 정해진 건폐율과 용적률 기준

지역			건폐율 한도 (이하)	용적률 한도 (이상~이하)
도시지역	주거지역	제1종전용	50%	50~100%
		제2종전용	50%	100~150%
		제1종일반	60%	100~200%
		제2종일반	60%	100~250%
		제3종일반	50%	100~300%
		준주거	70%	200~500%
	상업지역	중심상업	90%	200~1500%
		일반상업	80%	200~1300%
		근린상업	80%	200~1100%
		유통상업	70%	200~900%
	공업지역	전용공업	70%	150~300%
		일반공업	70%	150~350%
		준공업	70%	150~400%
	녹지지역	보전녹지	20%	50~80%
		생산녹지	20%	50~100%
		자연녹지	20%	50~100%
관리지역	보전관리		20%	50~80%
	생산관리		20%	50~80%
	계획관리		40%	50~100%
농림지역			20%	50~80%
자연환경보전지역			20%	50~80%

*이 표는 하한과 상한을 표시하는 기준이고 각 시·도별 조례에 따라 기준이 다르므로 반드시 국토교통부에서 운영하는 토지이음 사이트(www.eum.go.kr)를 통해 해당 대지의 시·도별 조례를 확인해야 합니다.

먼저 건폐율의 개념입니다. 건폐율은 쉽게 말해 100평의 대지에 최대 얼마만큼 바닥을 채워서 건축물을 지을 수 있느냐 하는 비율입니다. 다음은 건폐율을 계산하는 식입니다.

건폐율 = [(건축물의 건축면적(= 바닥면적)/(대지면적)] × 100

제공된 표에서와 같이 2종일반주거지역의 최대 건폐율은 60%입니다. $60\% = (60\,m^2/100\,m^2) \times 100$이므로 건폐율 60%로 규정된 $100\,m^2$ 대지에 채울 수 있는 건축물의 바닥면적은 $60\,m^2$입니다.

용적률 = [(지을 수 있는 건축물의 연면적)/(대지면적)] × 100

건폐율이 대지에 채워서 지을 수 있는 건축물의 바닥면적이라고 한다면, 용적률은 건축물을 몇 층까지 올릴 수 있는지입니다.

용적률 계산을 위해 알아야 하는 연면적의 의미는 지하와 지상을 모두 포함한 각 층의 바닥면적 합계를 의미합니다. 다만, 용적률을 산정하기 위한 연면적에는 지하층, 지상층의 주차공간, 초고층 건물 및 준초고층 건축물에 설치하는 피난안전구역, 건축물의 경사지붕 아래 설치하는 대피공간의 면적은 제외됩니다. 순수하게 지상층에서 실제로 사용되는 면적을 용적률에 산입한다고 이해하면 됩니다.

최대 가능 용적률을 확인하기 위해 다시 「국토의 계획 및 이용에 관한 법」에 따른 용적률 표를 보면 2종일반주거지역의 경우 최대 250%까지 지을 수 있다고 명기하고 있습니다. 그렇지만 용적률의 경우 각 지자체의 조례에 따라 상한이 결정되는 경우가 많아서 지자체의 기준을 확인할 필요가 있습니다. 우선은 250%라고 가정해서 계산해보겠습니다. 250% = (지을 수 있는 최대 연면적 / 100㎡)×100이 되므로 이 대지에 지을 수 있는 건축물의 최대 연면적은 250㎡입니다. 즉 지상에 사용할 수 있는 면적이 250㎡라는 것입니다. 지하층은 용적률 계산에 포함되지 않으므로 필요에 따라 적정하게 건축할 수 있지만 지하의 경우 지상보다 공사비가 훨씬 비싸기 때문에 효용성 여부를 따져 규모를 결정할 필요가 있습니다.

A씨가 검토하는 이 대지의 최대 건축 가능 연면적은 250㎡로, 최대 바닥면적 60㎡를 그대로 아래에서부터 쌓아 올린다고 했을 때 60㎡×4개 층 = 240㎡로 4개 층을 만들고 약간 남는 정도라고 볼 수 있습니다.

여기까지 건폐율과 용적률에 맞는 규모를 산정했으니 이 기준에 맞

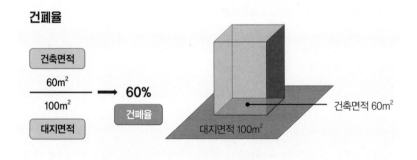

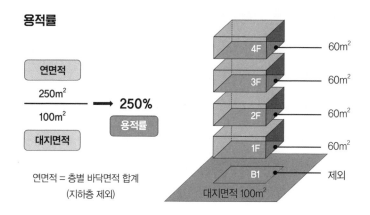

용적률

연면적
250m²
─────── ➡ **250%**
100m²   용적률
대지면적

연면적 = 층별 바닥면적 합계
(지하층 제외)

4F — 60m²
3F — 60m²
2F — 60m²
1F — 60m²
B1 — 제외
대지면적 100m²

취 제2종주거지역의 허용 용도인 근린생활시설을 최대 용적률로 지을 수 있습니다.

주택에는 여러 유형이 있다

우리가 흔히 '빌라'라고 부르는 주거 형태는 「건축법」에 따라 몇 가지 유형으로 나뉩니다. 그중에서 가장 많이 접하는 빌라는 다세대와 다가구입니다. 부동산에 관심이 있는 사람이라면 다세대는 여러 세대를 의미하고, 다가구는 한 세대에 여러 가구가 존재하는 개념이라는 것 정도는 명칭 자체에서 알 수 있습니다. 즉 다세대는 소유주가 여러 명이어서 등기가 개별적으로 나눠져 있지만, 다가구는 소유주가 한 명이어서 등기가 하나인 주거 형태입니다. 이는 세금 측면에서 구분 기준이 됩니다. 그렇다면 건축 기준으로는 어떻게 구분할까요?

우선 주택의 종류는 단독주택과 공동주택으로 나뉘는데 단독주택에는 다중주택과 다가구주택 등이 있고, 공동주택에는 연립주택, 다세대주택, 기숙사 등이 있습니다. 아파트는 이보다 더 큰 공동주택의 개념이지만 「건축법」과는 별개로 「주택법」에 의한 규제를 받습니다.

실제 규모를 기준으로 주요 주거 형태를 살펴보면 다음과 같이 나눌 수 있습니다.

1. **다중주택:** 1개 동의 주택으로 쓰이는 바닥면적의 합계가 330㎡ 이하, 3개 층 이하, 독립된 주거공간이 아님(개별 취사시설 불가).
2. **다가구주택:** 독립된 주거공간, 주택으로 쓰는 층수(지하층은 제외)가 3개 층 이하, 1개 동의 주택으로 쓰는 바닥면적의 합계가 660㎡ 이하, 19가구 이하, 주차장으로 사용하는 1층은 층수 제외.
3. **다세대주택:** 주택으로 쓰는 1개 동의 바닥면적 합계가 660㎡ 이하이고, 주택으로 쓰는 층수(지하층 제외)가 4개 층 이하인 주택, 주차장으로 사용하는 1층은 층수 제외.
4. **연립주택:** 주택으로 쓰는 1개 동의 바닥면적(지하 주차장 면적은 제외) 합계가 660㎡를 초과하고, 층수가 4개 층 이하인 주택.

우리가 흔히 '상가주택' 또는 '점포주택'이라는 용어를 자주 사용하는데 상가주택(점포주택)은 정확하게 「건축법」상에 없는 용어입니다.

건축법상으로 정확히 부르는 용어가 다가구 또는 다세대입니다. 다가구 또는 다세대를 주거용으로 건축하고, 용적률이 남으면 근린생활시설(상가)을 함께 배치하여 건축할 수 있습니다. 이렇게 만들어진 건축물은 점포겸용주택으로 분류됩니다.

단독주택과 공동주택의 차이

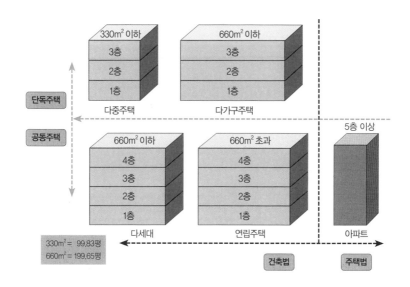

놓치기 쉬운 일조권

부동산 중개소에서 소개한 2개의 물건 중 한 곳은 일조권의 영향을 받는 반면, 다른 한 곳은 영향을 받지 않아 가격이 더 비싸다고 할 때 어느 쪽을 선택해야 할까요? 일조권은 내 건물로 인해서 옆 건물이 받는 일조의 권리를 보호해야 한다는 취지의 법규 기준입니다. 이 규정은 건축물이 위치한 땅의 방향에 따라 달라집니다. 예를 들어 땅이 도로를 남쪽에 두고 북측에 인접 건물이 있거나, 도로가 북쪽에 있고 남측에 인접 건물이 있을 경우, 건축물의 최대 용적(연면적)과 형태는 달라집니다. 따라서 주택을 선택하거나 땅을 구입할 때 일조권은 꼭 고려해야 하는 중요한 요소입니다.

전용주거지역과 일반주거지역에서는 일조권 확보를 위해 인접 대지 경계선으로부터 정북 방향으로 이격 거리를 두어 설계해야 합니다. 해당 법령은 「건축법」 제61조와 시행령 제86조에서 찾을 수 있으며 2023년 11월부터는 9m에서 10m로 개선된 높이 기준을 적용할 수 있게 개정되었습니다.

「건축법」 제61조
① 전용주거지역과 일반주거지역 안에서 건축하는 건축물의 높이는 일조 등의 확보를 위하여 정북正北 방향의 인접 대지 경계선으로부터의 거리에 따라 대통령령으로 정하는 높이 이하로 해야 한다.

「건축법」 시행령 제86조
① 전용주거지역이나 일반주거지역에서 건축물을 건축하는 경우에는 법 제61조 제1항에 따라 건축물의 각 부분을 정북 방향으로의 인접 대지 경계선으로부터 다음 각 호의 범위에서 건축 조례로 정하는 거리 이상을 띄어 건

축해야 한다.

1. 높이 10m 이하인 부분: 인접 대지 경계선으로부터 1.5m 이상
2. 높이 10m를 초과하는 부분: 인접 대지 경계선으로부터 해당 건축물 각 부분 높이의 2분의 1 이상

　　정북 방향의 일조사선 규제에 따라 건축 가능한 형태가 달라지기 때문에, 도로가 북쪽에 위치한 땅인지 남쪽에 위치한 땅인지를 파악하는 것이 필요합니다. 이를 바탕으로 건축 가능한 규모를 이해하고 해당 땅의 적정 가격을 판단할 수 있어야 합니다.

디지털 시대의
부동산 투자

발품 필요 없이 앉아서 얻는 부동산 정보

부동산 투자에 성공하려면 정확하면서도 빠른 정보 취득이 중요한 요소입니다. 과거에는 현장을 찾아가지 않고는 실질적으로 투자에 도움이 되는 정보를 사실상 구하기 어려웠습니다. 현재는 디지털 기술이 발달하면서 다양한 프롭테크Proptech 앱들이 나와 있어 앉은 자리에서 필요한 정보를 확인할 수 있게 되었습니다. 프롭테크라는 용어는 아직 익숙하지 않을 수 있지만, 디지털 기술을 활용한 부동산 서비스 산업을 의미합니다. 최근 몇 년 사이 정부의 지원과 공공데이터 개방, 그리고 기술 발전이 맞물리면서 다양한 프롭테크 서비스가 등장하고 있습니다. 특히 부동산이 중요한 투자 자산으로 주목받으면서 이제는 일상에서도 '프롭테크'라는 용어를 흔히 접하게 되었습니다.

프롭테크는 전통적인 부동산 산업에 빅데이터, 인공지능AI, IT 기술을 접목하여 새로운 혁신을 만들어내고 있습니다. 마치 금융Finance과 기술Technology의 융합으로 일상 속에서 핀테크Fintech가 자리 잡은 것처럼, 부동산과 기술이 결합한 프롭테크는 부동산 관련 업무를 더욱 스마트하고 편리하게 처리할 수 있는 필수 도구가 되었습니다. 이제는 빅데이터 분석과 인공지능으로 빠르고 정확하게 여러 부동산 정보를 얻을 수 있는 시대가 되었습니다. 이러한 변화는 단순히 편의성을 넘어서 부동산 투자의 패러다임 자체를 변화시키고 있습니다.

프롭테크의 주요 서비스로는 온라인 부동산 거래 및 중개 플랫폼, 자산 관리 솔루션, 비대면 부동산 중개와 결제 시스템, 크라우드 펀딩, AI 기반 자동 평가 시스템, 부동산 마케팅 플랫폼, 스마트 주택, 가상현실 VR과 증강현실AR을 활용한 가상 투어 등 다양한 분야가 있습니다. 이처럼 프롭테크는 부동산 시장의 효율성과 투명성을 높이고, 사용자 경험을 크게 개선하고 있습니다. 현재 부동산 투자 활동에서 가장 활발하게 사용되는 프롭테크 서비스에 대해 투자 대상 유형별로 알아보겠습니다. 대부분 오픈된 공공데이터를 기반으로, 내부 로직에 따라 가공하여 의미 있는 정보를 쉽고 편리하게 검색할 수 있는 서비스들입니다.

아파트 투자 시 유용한 디지털 도구

① 부동산지인

경제학의 핵심 원리 중 하나는 수요와 공급입니다. 아파트 투자를 고려할 때 향후 공급 물량의 변동을 예측하는 것은 중요한 투자 의사결정에 큰 도움이 됩니다. 부동산지인(aptgin.com)은 이러한 측면에서 매우 유용한 프롭테크 서비스로, 지역별 공급 현황과 자체적으로 계산한 수요 데이터를 도식화하여 제공해줍니다.

이 서비스는 착공 신고일을 기준으로 입주 예정일을 계산하여, 실제 입주 시점에 맞춘 공급 물량 데이터를 제공합니다. 또한 인구 데이터를 바탕으로 적정 수요를 계산하여 보여주지만, 수요 데이터는 참고용으로만 활용됩니다. 이를 통해 입주 물량이 집중되는 특정 시기를 파악할 수 있습니다.

예를 들어 오른쪽 데이터는 수도권(서울, 경기, 인천)의 공급 및 수요 현황을 나타낸 것으로, 2023년부터 공급이 크게 부족할 것으로 예상할 수 있습니다. 부동산지인에서는 이처럼 수요와 공급 데이터뿐만 아니라 미분양 현황, 거래량, 가격 상승률 등을 종합하여 시장 강도(부동산 시장의 상승 혹은 하락 강도를 파악하는 부동산지인에서 제공하는 지수)를 분석한 데이터도 제공합니다. 이를 통해 부동산 시장을 보다 정교하게 이해하고, 투자 결정을 내리는 데 유용한 정보를 얻을 수 있습니다.

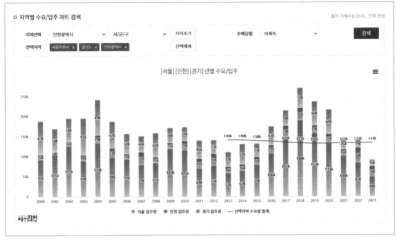

*자료: 부동산지인

② 아파트실거래가(아실)

모든 투자는 결국 사람이 결정하기 때문에, 심리가 큰 영향을 미칩니다. 오늘 집을 사면 가격이 오를 것 같다는 생각이 들다가도, 내일이면 그 마음이 완전히 달라질 수 있습니다. 이런 투자 심리를 파악하는 데 도움이 되는 지표가 바로 KB의 매수·매도 심리지수입니다. 이 지수는 주간 단위로 조사해 발표되며, 심리의 흐름을 예측하는 데 유용하게 활용할 수 있습니다.

아파트 실거래가 정보 제공 서비스인 '아실(asil.kr)'에서는 KB 데이터를 기반으로 매수와 매도 심리를 시각적으로 보여줍니다. 여기서 녹색 선은 매도 심리를, 분홍색 선은 매수 심리를 나타냅니다. 일반적으로 매도와 매수 심리가 교차하는 지점에서 거래량이 증가하고, 그에 따라 시세도 상승하는 경향이 있습니다.

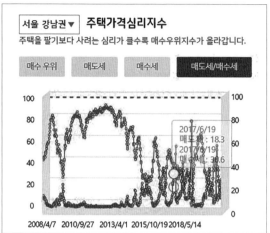

현재 서울의 투자 심리를 보면 매도 심리는 점점 증가하고 있는 반면, 매수 심리는 감소하는 추세입니다. 이러한 흐름을 참고하면 앞으로 시장 움직임을 예측하는 데 유용한 인사이트를 얻을 수 있습니다.

③ 호갱노노

매도 심리를 파악한 다음 해야 할 일은 시세 확인입니다. 단지별로 시세가 어떻게 변동하는지, 그리고 주변의 비슷한 단지와 비교해보면서 가격이 적절한지를 판단해야 합니다. 그래야만 해당 가격이 비싼지, 혹은 저렴한지 기준을 세울 수 있습니다.

'호갱노노(hogangnono.com)'는 이런 작업을 효율적으로 도와주는 서비스로, 국토부의 실거래 데이터를 기반으로 지도 위에 시세를 한눈에 보기 쉽게 표시해줍니다. 사용자는 다양한 필터를 사용해 원하는 조건에 맞는 단지를 검색할 수 있으며, 이를 통해 더욱 명확하게 부동산 시세를 파악하고 비교해볼 수 있습니다. 각 아파트 단지마다 관심을 둔 사람들이 대화를 나눌 수 있는 게시판도 마련되어 있어서 실제 살고 있는 주민이 아니라면 알 수 없는 여러 거주 체험담이나 해당 단지에 대한 평가를 들을 수 있고, 나른 데서는 얻기 힘든 알짜 정보를 구할 수도 있습니다.

*자료: 호갱노노

④ 부동산 리치고

부동산 투자에서 중요한 활동 중 하나는 미래 가격을 예측하는 일입니다. 보통 현재 시세를 바탕으로 물가 상승률, 입지 변화 요인 등을 기반으로 예측하는데, 매매가는 다양한 변수에 따라 달라질 수 있어 범위

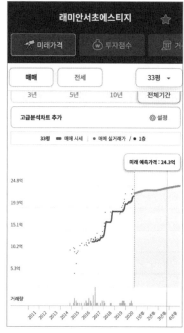

*자료: 리치고

를 두고 예측하는 것이 일반적입니다.

'리치고'는 AI를 활용해 미래 아파트 가격을 예측해주는 서비스입니다. 구체적인 예측 로직은 알 수 없지만, 아마도 현재 시세, 입지 변화 요인, 주변 공급량 등을 종합적으로 분석하여 가격을 예측하는 것으로 추정됩니다. 이러한 기술을 활용하면 보다 객관적인 투자 판단을 내리는 데 도움이 될 수 있습니다.

재개발 투자 시 유용한 디지털 도구

재개발 투자에서도 프롭테크 앱이 많이 활용됩니다. 재개발 투자는 아파트 투자와 비교할 때 법적 요소와 복잡한 절차가 많고, 표준화되지 않은 부분도 많기 때문에 이러한 디지털 서비스의 활용이 큰 도움이 될 수 있습니다. 프롭테크 앱을 활용하면 복잡한 재개발 정보를 더 쉽게 확인하고 분석할 수 있어 투자 판단을 더욱 효율적으로 내릴 수 있습니다.

① 부동산플래닛

재개발 구역 지정과 진행 과정에서 중요한 요소 중 하나가 바로 노후도입니다. 각 시도별로 「도시정비법」에 따라 재개발 구역을 지정하는 기준이 있는데, 그중 가장 기본적인 조건이 노후도 충족 여부입니다.

'부동산플래닛(www.bdsplanet.com)'의 노후도 조사 기능은 특정 지역의 노후 정도를 쉽게 파악할 수 있도록 도와줍니다. 이 서비스는 국토부의 건물 데이터를 활용해 준공 연도를 기준으로 경과된 연수를 계산하고, 이를 지도에 시각적으로 표시해줍니다. 이를 통해 해당 지역의 노후도가 70% 이상인지를 쉽게 확인하고, 재개발 가능성을 예측해볼 수 있습니다.

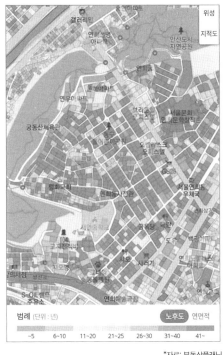

*자료: 부동산플래닛

② 밸류맵

재개발은 「도시정비법」에 따라 여러 단계를 거쳐 진행되며, 이 과정에서 종전 자산에 대한 감정평가를 예측할 수 있다면 비교적 저렴한

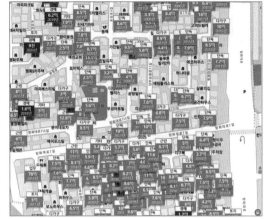

*자료: 밸류맵

시점에 기회를 포착하여 투자할 수 있습니다. 이때 프롭테크 서비스를 활용하면 매우 유용합니다.

　프롭테크 밸류맵(www.valueupmap.com) 서비스는 예를 들어, 일일이 현장조사를 하거나 등기부등본을 하나하나 확인하지 않아도 주변 실거래가를 쉽게 파악할 수 있게 해줍니다. 또한 거래에 대한 세부 정보를 확인할 수 있어서 건물의 가치는 물론이고 개별 필지의 대략적인 감정평가도 예측할 수 있게 도와줍니다.

　쉽게 말해, 이런 서비스는 복잡한 서류 작업을 덜어주고 더 나은 투자 결정을 할 수 있도록 돕는 유용한 도구입니다.

③ 랜드북

　랜드북(www.landbook.net)은 주변 거래 사례를 바탕으로 토지 가격을 추정하는 서비스를 제공합니다. 유사한 연식의 건물 거래가격을 분석한 후, 건물의 가치를 제외하고 순수하게 땅값만을 계산해 토지 가격을 산출해줍니다.

이 서비스를 통해 실거래가 검색, 시세 확인뿐만 아니라 다중주택, 상가 등 용도별 신축 용적률을 비교하는 것까지 한 번에 해결할 수 있습니다. 또한 조건에 맞는 토지를 찾아주는 매물 서비스와 더불어 개발의 사업성을 미리 분석해볼 수 있어서 더욱 합리적이고 효율적으로 토지개발을 도와줍니다.

랜드북은 토지 개발 과정에서 필요한 정보를 한곳에서 제공해, 복잡한 절차를 간소화하고 더 나은 결정을 할 수 있도록 돕습니다.

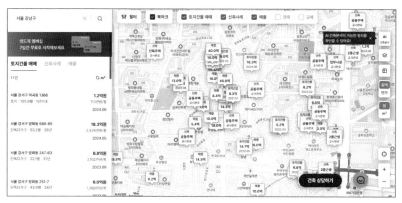

*자료: 랜드북

④ 씨리얼

재개발 투자에서 건물의 공부상 면적 등 서류에 기재된 정보는 매우 중요한 요소입니다. 이런 정보들을 관공서에 가서 일일이 발급받지 않고도 바로 확인할 수 있는 서비스를 제공하는 곳이 씨리얼(seereal.lh.or.

kr)입니다. 건물의 공부상 정보나 토지이용규제 정보는 투자를 결정할 때 중요한 역할을 하기 때문에 실시간으로 이러한 정보에 접근할 수 있는 것은 큰 이점입니다.

필요할 때마다 서류를 관공서에서 발급받아 확인해야 한다면, 빠르게 변화하는 투자 시장에서 기동성이 떨어질 수 있습니다. 이때 LH에서 제공하는 씨리얼 앱 서비스는 이러한 정보를 한곳에 모아 손쉽게 제공해주기 때문에 투자자들이 신속하게 판단할 수 있도록 지원합니다.

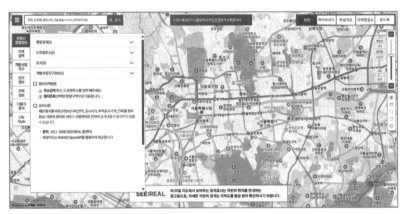

*자료: 씨리얼

프롭테크 활용 시 주의할 점

부동산 투자를 하다 보면 '현장에 답이 있다'는 말을 자주 듣게 됩니다. 그렇다고 무작정 현장을 찾아간다고 해서 특별한 통찰이 생기는 것은 아닙니다. 오히려 현장의 부동산 소장님들이 던진 한마디에 휘둘려 성급하게 잘못된 결정을 내릴 위험도 있습니다. 단순히 현장 방문만으로 답을 얻을 수 있는 것은 아닙니다. 철저한 사전 준비를 해야 현장 방문이 효과를 발휘합니다.

이때 앞서 설명한 프롭테크 앱들을 활용하면 효과적입니다. 미리 현장을 충분히 이해하고 자신의 투자 시나리오에 따라 가설을 세우는 것이 중요합니다. 예를 들어, 같은 지역 내에서도 길을 사이에 두고 아파트 시세가 크게 차이 나기도 합니다. 그 이유가 학군이나 학원가의 위치 때문인지, 아니면 다른 요인이 작용하는지 등을 프롭테크 앱을 통해 미리 분석한 후 현장을 방문하는 것입니다. 이후 현장에서 직접 확인하는 정보는 내가 세운 투자 시나리오와 예측이 얼마나 정확한지 검증하는 과정이라고 할 수 있습니다.

앞으로 프롭테크 앱을 통해 집에서 확인할 수 있는 각종 부동산 관련 정보의 양은 더욱 늘어날 것입니다. 실거래가, 인프라 분석, 토지 이용 정보 등 다양한 데이터를 한눈에 파악할 수 있기 때문에 굳이 발품을 팔지 않아도 됩니다. 그렇더라도 최종적인 투자 결정을 내리기 위해서는, 내가 참고한 정보가 정확한지 현장에서 직접 확인하는 과정이 반드시 필요합니다.

결국 프로테크 앱의 활용은 현장에서 완성됩니다. 데이터에 기반한 충분한 준비와 이를 현장에서 검증하면서 재차 확인하는 것이 성공적인 부동산 투자의 핵심입니다.

땅 정보 읽기: 토지이음 보는 법

본격적인 토지와 건물 투자를 위해 지번으로 땅의 정보를 읽는 방법을 알면 효율적입니다. 국토교통부에서 운영하는 토지이음 사이트(www.eum.go.kr)를 활용하면 쉽게 알 수 있습니다. 토지이음은 과거 개별적으로 관리되던 투지이용규제와 도시계획서비스를 하나로 합쳐 2021년부터 제공하고 있습니다. 토지이음의 땅 정보는 지번으로 검색하면 되고 그 토지에 관한 면적, 공시지가 등 기본 정보와 그 땅에서 무엇을 할 수 있는지, 적용된 규제는 무엇인지 같은 정보가 기재되어 있어 투자 전 또는 그 땅에 건축물을 짓기 전에 꼭 확인해봐야 하는 사이트입니다.

*자료: 토지이음

예를 들어 2022년에 송파구 삼전동에 경매로 나온 다세대 물건을 검색해봅니다. 토지이음 사이트에 접속하면 첫 페이지에 나오는 주소 검색란에 주소 전체를 입력하거나 아래 칸에 순서대로 주소지를 입력하고 열람을 누릅니다.

이렇게 주소지를 검색하면 토지이용계획열람 페이지가 나옵니다. 이 토지이용계획열람 페이지를 이용한다면 토지의 기본 정보를 알 수 있습니다.

❶ 지목: 지목은 토지의 주된 사용목적에 따라 토지의 종류를 구분·표시하는 명칭으로 총 28종류가 있고 지어지는 건축물에 따라 지적공부상에 등록하게 됩니다. 본 소재지의 지목은 '대'입니다. '대' 옆에 있는 물음표를 클릭하면 '주택 및 사무실과 극장 등의 건물을 건축하는 토지'라는 설명이 나옵니다.
❷ 면적: 해당 주소지의 공부상 면적으로 ㎡로 표기됩니다.

❸ 개별공시지가: 각 지자체에서 평가하여 공시한 공시지가를 기준으로 하여 산정한 개별 필지에 대한 ㎡당 지가입니다. 개별공시지가를 발표하는 결정고시일은 매년 5~6월경으로(가격 기준일은 매년 1월 1일) 가격 옆에 연도별 보기를 누르면 해마다 변동된 개별공시지가를 확인할 수 있습니다. 검색한 소재지의 2023년 1월 기준 개별공시지가는 ㎡당 6,898,000원이므로 평당으로 따지면 대략 3.3㎡를 곱해 22,763,400원/평이 되겠습니다.

❹ 「국토의 계획 및 이용에 관한 법」에 따른 지역·지구들: 「국토의 계획 및 이용에 관한 법」은 줄여서 '국계법'이라고 불리는데 여기에는 건물을 지을 수 있는 용도지역, 용도지구가 정의되어 있습니다. 용도지역은 건축물의 용도, 건폐율, 용적률, 높이 등을 제한하는 개념이고 용도지구는 용도지역의 제한을 강화 또는 완화하여 미관, 경관, 안전 등을 관리하는 기능입니다. 따라서 이 부분을 확인해야 본 대지에 어떤 건축물을 지을 수 있는지 확인할 수 있어 가장 중요한 항목이라고 할 수 있습니다.

본 소재지의 경우 도시지역, 제2종일반주거지역(7층 이하), 도로접합이라고 명기되어 있습니다. 그렇다면 다음으로 제2종일반주거지역에 지을 수 있는 건축물이 무엇인지를 알아보고 내가 건축하고자 하는 건물이 해당 용도지역에 가능한 용도인지 확인할 수 있습니다.

❺ 다른 법령에 따른 지역·지구들: 국계법 외에 다른 법규에 따라서 규정되는 해당 소재지의 규제 사항들을 파악할 수 있습니다. 해당 법령에 대해 모두 파악하고 있을 수는 없으므로 본 페이지를 아래로 내려보면 해당 법률과 시행령, 조례들의 기준이 친절하게 링크되어 있어 궁금한 내용을 구체적으로 확인해볼 수 있습니다.

❻ 「토지이용규제기본법」 시행령 제9조 제4항 각 호에 해당하는 사항: 이 부분은 토지거래 허가구역 등에 해당할 경우 기재되는 사항입니다. 토지거래 허가구역은 땅 투기 억제를 위해 국토교통부장관, 시·도지사가 특정 지역을 거래규제지역으로 지정하는 제도입니다. 토지거래 허가구역은 최대 5년까지 지정할 수 있

으며, 구역 내의 토지를 거래하기 위해서는 시장이나 군수, 구청장의 허가를 받아야 합니다. 송파구의 경우 아파트를 제외하고는 토지거래 허가구역에서 제외되었기 때문에 본 소재지는 해당이 없습니다.

❼ 확인도면: 해당 소재지 인근의 지도를 1200분의 1 축적으로 보여주는데 지도 우측 상단의 네모표시(❺)를 클릭하면 축소 확대가 가능한 큰 지도 화면으로 넘어가고 주변 현황이나 위성지도, 로드뷰 등을 살펴볼 수 있습니다. 일반 네이버 지도와 같이 거리를 재거나 면적을 구하는 것도 가능하고 해당 페이지를 저장하거나 인쇄할 수도 있습니다.

이렇게 관련 법령이 매우 자세히 나열되어 있지만 정작 중요한 것은 이 땅에서 내가 원하는 용도를 적용해 어느 정도 규모로 건물을 지을 수 있는지입니다. 이를 구체적으로 확인하기 위해서 이번에는 행위 제한을 설명한 부분을 확인해보면 됩니다. 본 소재지는 제1종 근린생활시설이 부분적으로 가능하다고 되어 있습니다. 카페는 휴게음식점에 해당하므로 가능 여부 보기의 돋보기를 클릭해보면 제2종일반주거지역 내 휴게음식점이 300㎡ 미만은 가능하다는 것을 확인할 수 있습니다.

이어서 건폐율·용적률, 층수·높이 제한 탭을 클릭해보면 아래와 같이 이미지와 설명으로 친절하게 가능한 건축물의 규모 및 규제 사항을 알려줍니다.

본 소재지의 경우 제2종일반주거지역이므로 서울시 조례에 따라 건폐율은 60%, 용적률은 200%임을 확인할 수 있습니다. 앞서 표에서 확인한 바와 같이 「국토의 계획 및 이용에 관한 법」의 상한 용적률은 제2종일반주거지역에서 250%였으나 서울시 조례는 200%로 규정하고 있기 때문에 각 조례를 잘 살펴봐야 합니다. 층수, 높이와 관련해서는 제한 규정으로 5층 이하 건축물이 밀접한 지역이라 도시경관을 위해 7층 이하로 제한하고 있음을 알 수 있습니다. 그리고 건물의 형태를 결정짓기 위해 반드시 함께 검토해야 하는 일조권 높이 제한에 대한 설명도 나와 있습니다.

그리고 건축선이라는 탭을 확인해보면 도로에서부터 얼마나 거리를 두고 건물을 지어야 하는지에 대한 기준도 상세하게 설명되어 있어 대지가 크지 않은 경우 효율적으로 활용할 수 있는 땅인지에 대한 판단을 미리 해볼 수 있습니다.

이렇게 이 챕터에서 소개한 기본적인 용어와 국토부에서 운영하는 토지이음을 통해 지번별 개발 정도만 확인할 수 있어도 중개사무소나 주변에서 소개하는 설명만 믿고 덜컥 미확인된 규제가 있는 토지를 매매계약하는 실수를 줄일 수 있습니다.

돌이킬 수 없는
실수를 피하는 법

심리적 함정

부동산 투자에서 시세 흐름을 완벽하게 예측할 수 있는 사람은 없다는 사실을 알면서도, 많은 사람들은 여전히 큰 수익을 기대하며 잘못된 부동산 시장 전망에 휘둘려 무리한 결정을 내릴 때가 많습니다. 가장 위험한 시나리오는 과도한 욕심으로 지나치게 큰 자금을 빌려 고점에서 매수하는 것입니다. 이런 상황에서는 시간이 지나면서 부동산 가격이 하락하거나 정체될 때 매달 부담스러운 이자비용을 감당해야 하며, 경제적으로 큰 압박으로 다가올 수 있습니다.

이런 실패 사례는 과거에도 많았습니다. 특히 2000년대 중반 부동산 열풍이나 최근 몇 년 동안의 주택가격 급등 시기에 많은 사람이 군중심리에 휩쓸려 가격이 계속 오를 것이라는 막연한 기대감에 큰돈을 빌려 부동산을 매입했습니다. 하지만 시장이 조정을 맞이했을 때, 이들은 더 큰 손실을 피할 방법이 없었고, 결국 자산 가치는 하락하는데도 높은 이자 부담을 감당해야 했습니다. 이런 실수를 피하려면, 시장의 유혹에 쉽게 넘어가지 않는 것이 중요합니다.

또한 FOMO^{Fear of Missing Out}, 즉 남들만 기회를 잡고 나만 놓치는 것 같은 불안감에 휩싸여 부동산 투자 결정을 내리는 것도 매우 위험합니다. 이런 상황에서는 철저한 분석보다 주변 사람들의 이야기에 의존해 판단을 내리기 쉽기 때문입니다. FOMO는 특히 빠르게 오르는 시장에서 많은 투자자에게 영향을 미칩니다. 예를 들어, 특정 지역의 아파트 가격이 급등하면 사람들은 '더 오를 것이다'라는 생각에 무리하게 매입에 뛰어듭니다. 하지만 그러한 결정이 오히려 고점에서 매수하는 결과를 낳고, 이후 가격이 하락하면 큰 손실로 이어질 수 있습니다.

더 나아가, 부동산 투자자들이 흔히 범하는 또 다른 실수는 손실 회피 성향입니다. 자산의 가치가 하락하는 것을 직접적으로 경험하게 되면, 손실을 감당하기 싫어서 그저 버티기만 하는 경우가 많습니다. 이들은 시간이 지나면 언젠가 가격이 회복될 것이라는 막연한 기대를 품고, 계속해서 버티기 전략을 고수합니다. 하지만 시장 흐름과 경제 상황을 고려하지 않고 단순히 버티는 것은 장기적으로 더 큰 손실을 초래할 수 있습니다. 결국, 미래의 손실이 확실한 상황에서도 막연한 기대감에 매도를 미루는 것은 결코 현명한 전략이 아닙니다.

부동산 투자는 장기적으로 볼 때 신중함과 분석력이 필요합니다. 시장의 흐름을 정확하게 예측할 수는 없지만, 과도한 욕심이나 주변의 분위기에 휘둘리지 않고 자신의 재정 상황에 맞게 안정적으로 접근하는 것이 가장 좋은 방법입니다.

기획부동산 피해 사례와 예방 대책

기획부동산이란 주로 개발 가능성이 낮고 경제적 가치가 없는 토지를 싸게 사들인 후, 마치 큰 수익을 얻을 수 있을 것처럼 홍보해 투자자들을 모집하고, 그 토지를 높은 가격에 판매하는 사기성 행위를 말합니다. 기획부동산은 서민들이 쉽게 접근할 수 있는 금액대인 1,000만 원에서 5,000만 원 정도에 맞춰 필지(또는 지분)를 분할 판매하며, 허위 광고나 과장된 정보를 사용해 많은 피해자를 양산합니다. 이러한 행위는 투자자들 사이에서 법적 분쟁을 일으키고, 행정적·사법적 자원을 낭비하게 만드는 큰 문제로 지적되고 있습니다.

과거에는 토지나 임야를 대상으로 이러한 기획부동산 사기가 주로 발생했지만, 최근에는 이러한 수법이 널리 알려지면서 그 범위가 더욱 확대되었습니다. 이제는 미분양 상가, 아파트, 오피스텔, 생활형 숙박시설 등 투자 가치가 낮거나 악성 미분양 상태에 있는 부동산을 대상으로 투자자들을 속이는 사례가 늘고 있습니다.

기획부동산은 대부분 텔레마케팅을 통해 진행됩니다. 전화로 투자 권유를 받았을 때 이에 응대하지 않으면 특별한 문제가 생기지 않지만, 응대하다 보면 고수익을 약속하며 투자를 유도하는 경우가 많습니다. 하지만 여기서 한 가지 확실히 알아야 할 점은 정말로 수익성이 좋은 부동산 투자는 텔레마케팅을 통해 이루어지지 않는다는 것입니다. 예를 들어 많은 사람들이 기대하는 강남권 분양가 상한제 대상 아파트와 같은 '로또 청약'이라 불리는 고수익 아파트는 절대 텔레마케팅으로 거래되지 않습니다. 이는 고수익을 보장하는 부동산이 전화로 쉽게 홍보되지 않는다는 사실을 보여줍니다.

결국 중요한 것은 본인이 잘 모르거나 충분히 이해하지 못하는 부동산 상품에는 투자하지 않는 것입니다. 투자 결정은 신중하게 해야 하며, 쉽게 얻을 수 있는 정보를 통해 이루어진 거래에는 항상 주의가 필요합니다. 본인이 충분히 조사하고 이해한 다음에야 안전하게 투자할 수 있다는 점을 명심합니다. 특히 부동산 투자에서는 '너무 좋은 기회'라고 유혹하는 제안이나 지나치게 단기간에 고수익을 보장하는 말은 경계해야 합니다.

위험한 지역주택조합 관련 사례와 주의할 점

지역주택조합은 다수의 조합원이 자신의 주택을 마련하기 위해 결성한 조합으로, 조합이 직접 사업 시행주체가 되어 진행하는 방식입니다. 주로 무주택자 또는 주거 전용면적 $85m^2$ 이하의 1주택 소유자인 세대주에게 일정한 자격 요건을 갖춘다면, 청약통장 가입 여부와 관계없이 주택을 공급할 수 있습니다. 조합은 토지 매입, 건설사와의 도급 계약, 금융 약정 등을 자체적으로 책임지고 추진합니다. 이러한 구조는 우리가 흔히 알고 있는 재개발 아파트 사업과 크게 다르지 않아 보일 수 있습니다.

하지만 지역주택조합의 가장 큰 난관은 토지 확보입니다. 일반적인 재개발 사업과는 달리, 지역주택조합 사업은 이미 존재하는 토지 소유주들과 협의해야 하며, 대상 토지의 95% 이상을 반드시 확보해야만 사업을 진행할 수 있습니다. 그러나 대부분의 조합 대상지는 도심지에 위치해 있어 토지를 확보하는 과정에서 어려움을 겪을 때가 많습니다. 이러한 난관 속에서 일부 조합은 무리하게 조합원 모집에 나서며, 그 과정에서 허위 광고나 과장된 정보를 활용해 피해자를 양산하는 예가 빈번하게 발생합니다.

특히 조합원이 되려면 일반 청약 계약금에 해당하는 수천만 원의 가입비를 먼저 납부해야 합니다. 문제는 이러한 비용이 대부분 사업비로 이미 소진된 상태에서, 사업이 제대로 진행되지 않거나 조합이 해산될 경우 돈을 환불받기 어렵다는 점입니다. 결국 많은 투자자가 막대한 손실을 보는 상황이 종종 일어납니다.

지역주택조합이 정상적으로 추진된다면 비교적 저렴한 비용으로 신축 아파트를 마련할 수 있는 장점이 있지만, 현실적으로 성공한 사례가 매우 드물다는 것이 문제입니다. 서울시 기준으로 보더라도 지역주택조합 사업지 118곳 중 실제로 추진 중인 곳은 약 17곳(14.4%)에 불과하며, 이 중에서도 최종 완공까지 가는 경우는 일부에 불과합니다. 70% 이상인 87곳이 지구단위계획조차 진행하지 못하고 조합원 모집 신고 단계에 머물러 있는 상태입니다. 즉, 많은 사업장이 조합원 모집만 하고 실제 사업은 전혀 진전되지 않는 실정입니다.

실제로 서울 시내에서 최종 착공까지 이어지는 지역주택조합 사업장은 전체의 10% 미만에 불과합니다. 이러한 상황을 고려할 때 지역주택조합은 투자 대상이 되기에 위험한 상품으로 평가됩니다. 특히 인터넷이나 신문 광고 등을 통해 조합원을 모집하는 경우, 일반분양 상품과 구분하기 어려워 투자자들이 각별히 주의해야 합니다.

따라서 지역주택조합에 투자하기 전에 현장 시행주체가 지역주택조합인지 반드시 확인하며, 청약홈에서 청약 일정이 명확히 명시되어 있는지도 꼭 점검합니다. 신중한 검토 없이 무작정 투자에 뛰어드는 것은 매우 위험할 수 있으므로 충분히 조사하고, 법적 문제나 개발 가능성에 대한 전문적인 상담을 받는 것이 중요합니다. 만약 조금이라도 의심스러운 점이 있거나 정보가 불명확한 경우에는 즉각적인 결정을 피하고 더 많은 정보를 확인한 후 신중하게 판단하는 것이 안전합니다.

사업 추진 가능성이 작거나 사업성이 없는 재개발

재개발 투자는 단순히 좋은 입지의 노후화된 빌라를 사는 것과는 개념이 다릅니다. 높은 수익을 기대할 수 있는 만큼 리스크가 존재합니다. 재개발 투자에서 중요한 점은 시장 흐름과 재개발 사업의 추진 단계를 동시에 확인하는 것입니다. 재개발 투자는 보통 부동산 상승기에 활발히 이루어집니다. 이 시기에는 주변 단지가 재개발을 통해 새 아파트로 탈바꿈하는 모습을 보면서, 재개발 사업 완료 후 내가 투자한 자금이 더 큰 가치로 돌아올 가능성이 있다고 판단되면 투자 결정을 내립니다.

하지만 소액으로 재개발 투자를 하기 어려운 상황인데 시장이 너무 좋아서 투자가 성행할 때 이른바 '화가'에게 현혹되는 사례가 있습니다. 화가는 재개발 추진 조건을 충족하지 못한 지역에 단순히 예상 구획을 그려놓고 빌라를 판매하는 업자를 지칭하는 은어입니다. 이들이 그려놓은 구획에 속아 곧 개발될 것이라는 막연한 기대를 품고 투자하게 되면, 결과적으로 오랜 시간 동안 자금이 묶여 마음고생을 겪는 것이 바로 재개발 초기 투자의 위험성입니다.

재개발이 어느 정도 진행되었다고 해도 요즘처럼 공사비 원가가 많이 오른 상황에서는 더욱 주의가 필요합니다. 특히 평당 공사비가 지나치게 높아지면서 건설사의 특성이나 준공 가능성을 꼼꼼히 따져보고 투자해야 합니다. 공사비가 올라가면 건설사 입장에서 수익성이 낮아지거나, 사업이 원활히 진행되지 않고 장기화될 가능성이 있어 이 부분도 신중히 고려해야 합니다.

또한 재개발 투자에서 큰 위험 중 하나는 조합의 분위기와 비상대책위원회(이하 '비대위')의 강성 정도입니다. 재개발 사업의 의사결정 주체는 조합과 조합장인데, 이에 반대하는 비대위가 거의 항상 존재합니다. 비대위가 진정으로 조합을 견제하기 위해 활동하는 조직인지, 아니면 단순히 반대를 위한 반대를 하며 사업 시기를 지연시키는 방해 요인인지 분별하는 것이 중요합니다. 이는 사전 조사를 통해 충분히 파악해야 할 부분입니다.

요즘은 정보에 비교적 쉽게 접근할 수 있는 시대입니다. 부동산에 직접 방문해 분위기를 묻고, 조합 사무소에 찾아가 조합 상황을 살펴보는 것도 좋은 방법입니다. 또한 오픈톡방을 검색해 조합원들과 비대위 사이에서 오가는 대화의 분위기를 파악하는 것도 투자 결정을 내리는 데 중요한 자료가 될 수 있습니다. 충분한 사전 조사를 바탕으로 현장의 분위기와 사업 진행 상황을 신중히 분석한 후 투자 결정을 내리는 것이 재개발 투자에서 성공하는 열쇠입니다.

아파트와는 다른 아파텔

최근 아파트 청약이 점점 더 어려워지면서 많은 투자자가 주거 대체 상품으로 눈을 돌리고 있습니다. 이는 정부가 내놓는 강력한 주거용 부동산 규제 정책 때문인데, 아파트가 아닌 대체 투자처를 찾는 심리가 강해지고 있는 상황입니다. 특히 악성 미분양이 발생한 경우에는 할인 분양을 크게 해주기 때문에 더욱 눈길을 사로잡습니다. 또한 전화나 인터넷, 유튜브, 블로그, 카페 등 여러 채널을 통해 전문적으로 투자 권유를 받는 경우도 많아져, 주거 대체 상품에 대한 관심이 증가하고 있습니다.

이 중에서도 아파텔로 불리는 대형 오피스텔과 생활형 숙박시설이 대표적인 주거 대체 상품입니다. 먼저, 아파텔은 아파트와 오피스텔이 합쳐진 신조어로, 주거용 오피스텔을 지칭하는 별칭입니다. 아파텔은 주로 전용면적 $60{\sim}85\,m^2$로 구성되며, 방 2~3개와 거실, 주방 등 다양한 공간을 갖추고 있어 아파트 평면과 구성이 유사합니다. 특히 4베이 또는 3베이 구조로 설계되어, 3개의 방과 2개의 화장실을 구비하는 등 전반적인 구조가 아파트와 매우 흡사한 것이 특징입니다. 이러한 아파트와 유사한 주거 환경을 제공하는 점 때문에 많은 사람이 아파텔에 주목하고 있습니다.

주거 대체 상품으로서 아파텔은 비교적 진입장벽이 낮고, 아파트 대비 규제가 적은 편이어서 투자자들에게도 매력적인 선택지입니다. 하지만 아파텔은 오피스텔로 분류되기 때문에 아파트와 다른 점도 분명히 존재합니다. 예를 들어 아파트에 비해 세금 혜택이 적을 수 있고, 주차 공간이나 커뮤니티 시설이 아파트보다 부족할 수 있습니다. 따라서 아파텔에 투자하기 전에 세부적인 차이점과 지역 특성 등을 면밀히 분석하고, 자신의 투자 목적에 맞는지를 신중하게 검토하는 것이 필요합니다.

아파텔은 청약통장 없이도 취득할 수 있는 부동산 상품으로, 주택과는 다른 여러 특성이 있습니다. 취득 시 주거용과 상업용 구분이 확정되지 않아 건축물 대장상 용도에 따라 4.6%의 건축물 취득세율이 적용됩니다. 이 경우 주거용 부동산의 중과 대상에서 제외되며 또한 아파텔의 분양권은 주택 수에 포함되지 않아 추후 아파트 청약 시 유리한 점이 있습니다.

2021년 9월부터는 전용면적 120㎡까지 바닥난방 설치가 허용되면서, 아파트 국민평형으로 불리는 $84\,m^2$ 면적까지 아파텔에서 제공할 수 있게 되었습니다. 이로 인해 아파텔이 아파트와 유사한 주거 환경을 제공하는 듯 보이지만, 실제로는 아파트를 완전히 대체하기 어려운 한계가 있습니다.

아파텔은 주로 준주거지나 상업지역에 위치하여 교통과 상업시설 측면에서 장점이 있을 수 있으나, 아파트에 비해 용적률과 건폐율이 높아 일조권이나 조망권 면에서 불리할 수 있습니다. 특히 중층 이상의 세대에서 이러한 제약이 두드러집니다. 또한 상업시설이나 준주거지에 위치한 특성상 학군 면에서 아파트보다 열세일 수밖에 없습니다. 이로 인해 자녀 교육을 중요시하는 가족 단위 수요자들에게는 상대적으로 덜 매력적일 수 있습니다.

커뮤니티 시설 역시 아파트에 비해 부족한 경우가 많습니다. 최근 신축 아파트에서는 다양한 커뮤니티 공간을 제공하는 반면, 아파텔은 세대 규모나 입지 특성상 이러한 시설이 제한적일 수밖에 없습니다. 더불어 아파텔이 위치한 준주거지나 상업시설은 각 세대당 대지면적이 아파트보다 적어, 시간이 갈수록 건물의 가치가 빠르게 감소하는 경향이 있습니다. 건축물 감가상각이 크기 때문에 장기적인 자산 가치 측면에서 아파트보다 불리할 수 있습니다.

세금 문제도 고려해야 합니다. 아파텔을 주거용으로 사용한다면 재산세와 같은 주택 세금이 부과될 수 있습니다. 또한 주거용으로 사용 시 양도세 중과 대상이 될 수 있어 세금 문제에 대한 신중한 검토가 필요합니다.

최근에는 아파텔의 분양가가 아파트에 비해 크게 이점이 없는 경우가 많아지고 있습니다. 일부 지역에서는 분양가 대비 시세차익이 발생하기도 하지만, 전반적으로 투자 가치가 높지 않습니다. 따라서 아파텔이 제공하는 주거 환경이나 투자 장점을 꼼꼼히 분석하고, 장기적 관점에서 자녀가 성장한 후에도 이 상품을 선택할지 여부를 기준으로 판단해봅니다.

요컨대 아파텔은 아파트 대비 자산 가치나 주거 환경 면에서 다소 열세일 수밖에 없어서 아파트를 절대로 이길 수 없는 상품이라는 점을 잊지 말아야 합니다.

위기에 빠진 생활형 숙박시설

생활형 숙박시설 또한 주거 대체 상품으로 주목받고 있지만, 최근 정부의 규제와 법적 이슈들이 얽혀 있어 주의해야 합니다. 숙박업으로 등록되어 있어 실거주보다는 임대 수익을 목적으로 활용될 때가 많으며, 이와 관련한 법적 규제나 세금 문제에 대한 충분한 이해가 필요합니다.

생활형 숙박시설은 숙박용 호텔과 주거용 오피스텔의 특징을 결합한 독특한 부동산 상품입니다. 이는 호텔식 서비스를 제공하면서도 주거 기능을 갖춘 시설을 의미합니다. 주거용 오피스텔과 마찬가지로, 생활형 숙박시설은 일반적으로 2~3개의 방, 거실, 주방 등을 갖추고 있어 아파트의 4베이 또는 3베이 평면과 구조가 유사합니다. 대개 3개의 룸과 2개의 화장실을 구비하여 실제 주거 공간으로 활용하기에 충분한 공간을 제공합니다.

이러한 생활형 숙박시설은 과거 문제가 많았던 분양형 호텔과 유사한 개념이지만, 주택 수에서 제외된다는 점에서 차이가 있습니다. 이로 인해 취득세, 보유세, 양도세 등 상당한 세제 혜택을 받을 수 있어 투자자들의 관심을 끌었습니다.

하지만 생활형 숙박시설을 운영하는 면에서 여러 문제점이 제기되고 있습니다. 본래의 목적인 레지던스 호텔로 운영할 경우, 이용료에서 운영 인건비, 홍보비, 청소비, 부가세 등을 제외하면 실질적인 수익을 내기가 매우 어려운 구조입니다. 예를 들어 2021년 8월에 분양된 마곡 롯데캐슬 르웨스트는 전용면적 $84m^2$ 분양가가 16억 원 수준이었습니다. 이러한 고가의 물건에서 연 4%의 수익률, 즉 6,000만 원이 넘는 수익을 내기 위해서는 월 500만 원 이상의 수익금이 지속적으로 발생해야 하는데, 이는 현실적으로 달성하기 매우 힘든 목표입니다.

이러한 수익성 문제로 인해 일부 분양업체들은 생활형 숙박시설을 사실상 주거용으로 사용할 수 있다고 광고하며 분양을 진행한 사례가 있었습니다. 이에 정부는 2021년 1월, 생활형 숙박시설의 주거용 분양 또는 사용을 명확히 금지하는 시행령을 개정했습니다. 이 시행령에 따르면, 주택 용도로 사용하는 거주민에게 10%의 이행강제금을 부과하며, 2023년까지 2년간의 유예기간을 두었습니다. 또한 2023년 10월 2일까지 준공 또는 입주 예정인 생활형 숙박시설에 한해 주거용 오피스텔로의 용도 변경이 가능하도록 건축 기준을 한시적으로 완화하는 조치를 취했습니다. 그리고 최근 정부는 이행강제금 부과 유예를 2025년 9월로 연장하면서, 이 기간 내 관할 지자체 생활형 숙박시설 지원센터를 통해 숙박업 신고 예비 신청을 하거나 용도 변경을 신청하면 유예기간을 2027년 연말까지로 연장해주기로 결정했습니다.

그러나 생활형 숙박시설을 주거용 오피스텔로 용도 변경하는 과정은 복잡한 절차와 제약이 따릅니다. 우선, 지자체가 해당 지역의 지구단위계획을 변경하여 오피스텔 건설을 허용해야 합니다. 그리고 「건축법」 규정에 따라 일정 규모 이상의 시설은 전용 출입구를 설치해야 하며, 소방 기준을 충족시키고 복도 너비와 주차대수 등을 늘려야 합니다. 특히 준공 이전의 생활형 숙박시설은 모든 계약자에게 동의를 받아야 오피스텔로 용도 변경을 할 수 있습니다.

이러한 변경 과정에서 발생하는 비용도 큰 장애물입니다. 준공 전이

주거용 오피스텔과 생활형 숙박시설의 차이

	주거용 오피스텔	생활형 숙박시설(레지던스)
법적 용도	준주택	생활형 숙박시설
청약통장	필요 없음	필요 없음
사업자 등록	임대사업자 등록	숙박업 사업자 등록
운영 방식	직접 운영	선택(직접 운영, 운영사 계약)
개별 등기	가능	가능
전입신고	가능	가능
취득세	4.6%	4.6%
부가세	적용	적용
분양권 전매	가능 (조정지역 내 100실 이상은 불가)	가능

라면 건축 설계를 변경해야 하며, 이미 준공된 건물이라면 기존 구조를 변경하여 새로운 기준을 충족시켜야 하므로 더 큰 비용 부담이 불가피합니다. 이러한 여러 가지 어려움으로 인해, 2024년 9월 기준으로 실제 오피스텔 용도 변경이 이루어진 생활형 숙박시설은 전체의 4.1% 수준에 불과합니다.

생활형 숙박시설은 투자 상품으로서 여러 위험요소를 내포하고 있습니다. 앞서 언급한 바와 같이 주거용 오피스텔조차도 투자 상품으로서 적합성에 의문이 제기되는 상황에서 주거용 오피스텔로의 전환마저 어려운 생활형 숙박시설에 대한 투자는 더욱 신중해야 합니다. 높은 초기 투자비용, 낮은 수익률, 용도 변경의 어려움, 그리고 법적 규제 등을 고려할 때 상당한 리스크를 동반할 수 있습니다.

투자를 시작할 때
주 종목을 정해라

부동산 투자를 결심한 후, 다양한 매체를 통해 열심히 공부하던 중 가장 먼저 눈에 들어온 것이 입지에 대한 콘텐츠였습니다. 입지를 이루는 요소는 무엇이고, 어떻게 데이터를 분석하면 되는지 공부하게 되었습니다. 차차 부동산에 자신감이 붙어가고, 이제는 투자해도 될 것 같다는 생각이 들었습니다.

그 당시 배운 지식으로 좋은 입지를 찾아서 '임장'을 다녔습니다. 그런데 좋은 입지에 있는 아파트들은 제가 가진 자금으로 접근할 수 있는 대상이 아니었습니다. 아파트가 안 되면, 빌라나 오피스텔은 어떨까? 좀 더 저렴한 자금으로 접근할 수 있는 상품들을 알아보았습니다. 그러던 어느 날 전화가 왔습니다.

"사장님, 오늘 계약 안 하면 이 신축 빌라는 다른 사람이 계약한다고 합니다. 서두르세요."

신축 빌라 분양업자의 다급한 전화였습니다. 가용 자금에 맞는 신축 빌라를 몇 군데를 보았는데, 그동안 배운 바에 따르면 좋은 입지의 요소를 두루 갖추고 있었습니다.

① 일자리와 연결된 더블 역세권이고,
② 초등학교도 매우 가깝고,
③ 주변에 편의시설도 매우 잘 구성된 신축 빌라였습니다.

꼭 잡아야겠다고 생각을 하던 차였습니다. 전화를 받고 너무 급한 마음에 한걸음에 달려가서 바로 계약했습니다. 주변 아파트가 이미 10억에 가까운데, 이 가격이면 너무 싼 것 아닌가, 하는 생각을 하며 횡재라도 한 것처럼 마음이 들떴습니다.

하지만 실수했음을 깨닫는 데는 그리 오래 걸리지 않았습니다. 같은 입지에 있는 부동산이라고 해도 아파트, 아파텔, 오피스텔, 상가, 지식산업센터 등 부동산 상품에 따라 특징이 다르고, 투자 방법이 다른데 각 상품에 대해서 잘 모르는 상태에서 입지에 대한 얕은 지식으로 큰돈을 투자한 것입니다. 빌라에 투자한 것이 잘못이 아니라, 빌라라는 투자 상품에 대해서 아무런 고민 없이 투자한 것이 패착이었습니다. 즉 이것저것 공부한 것은 많았지만, 결국 아무것도 모른 채 투자한 것과 다름없었습니다.

부동산 상품은 다양합니다. 주거용 상품과 상업용 상품으로 구분할 수 있고, 주거용 상품은 다시 기축과 신축으로 구분됩니다. 신축 상품은 다시 분양권과 입주권으로 구분할 수 있습니다. 심지어 신축 상품으로 분류되는 분양권과 입주권도 특성이 매우 달라서 투자 포인트 역시 완전히 다릅니다. 어쩌면 개인이 부동산의 모든 상품에 대해서 이해하고 투자하는 것은 거의 불가능하다고도 할 수 있습니다. 그러다 보니 부동산의 여러 투자 대상 중 하나를 주 종목으로 정하고, 그 하나만 제대로 알아도 평생 충분히 성공적인 부동산 투자를 할 수 있다고 생각합니다. 워런 버핏이 말한 것처럼, '모르는 산업이나 기업'에 투자하는 것보다는 잘 아는 분야에 집중해서 투자하는 것이 낫습니다.

저는 빌라 투자 실패로 인해 매우 낙심하고 있다가, 이렇게 무너질 수는 없다는 생각에 부동산의 여러 상품을 공부하였고, 그중에서 사람들의 관심이 가장 덜한 재개발이 저의 청개구리 같은 성격에 가장 적합하다고 판단해 주 종목으로 정했습니다.

기축 아파트 시장은 시세가 이미 공개되어 있고, 거래가 일정한 틀에 맞춰져 있어 개별적으로 차별화된 분석이나 접근을 하기 어려우며, 경쟁자가 많습니다. 반면에 재개발 투자는 내가 직접 발로 뛰며 정보를 수집하고 분석함으로써 다른 사람들이 놓친 부분을 발견할 수 있는 기회가 있습니다. 이러한 점에서 재개발 투자는 다소 전문적인 성격을 띠면서도 틈새 투자를 할 수 있는 매력적인 분야로 다가왔습니다. 하나에 꽂히면 끝까지 파고드는 편이고, 무엇보다 온라인을 통해서 정보가 실시간으로 전달되는 기축 아파트와 달리 오프라인에서만, 현장에서만 정보를 확인할 수 있다는 것도 제게는 장점으로 다가왔습니다.

결국 사람은 자신에게 맞는 투자 방법론을 찾아야 합니다. 그것이 꼭 부동산일 필요도 없고 주식이든 코인이든 부동산이든 예금이든 무엇이든 자신만의 전략을 찾는 것이 중요합니다. 또 직접투자든 간접투자든 자신에게 맞는 방식이 무엇인지 찾아야 합니다. 투자는 자기 자신을 제대로 아는 데서 시작합니다. 또한 투자 대상을 부동산으로 정했다고 하더라도, 부동산 안에서도 매우 많은 자산군이 존재하고, 각각의 리스크와 수익률의 조합이 다르고 성격도 다릅니다. 투자와 회수에 걸리는 기간이 모두 다르고 사고파는 방법론도 다를 수 있습니다. 덮어놓고 무언가를 하기보다는, 충분히 공부해서 자신에게 맞는 투자 종목과 방법을 찾는 것이 성공으로 가는 지름길입니다.

3단계

부동산
고수의 세계
진입하기

금리는 부동산 시장의 미래를 알고 있다

금리가 부동산 시장에 미치는 영향

부동산 시장에 영향을 미치는 변수에는 부동산 정책, 수요와 공급, 교통망 변화, 세금정책, 인구구조 변화, 금리, 환율, 경기 흐름 등 많은 요인이 있습니다. 이 중에서도 금리는 대표적인 거시적 변수로서 부동산 시장뿐만 아니라 전체적인 자산시장에 지대한 영향을 미칩니다.

금리와 부동산 시장의 관계는 일반적으로 역의 관계에 있습니다. 금리가 하락하면 부동산 투자를 위한 차입 비용은 감소하는 반면, 부동산에서 발생하는 임대수입 등의 상대가치는 높아지므로 부동산 가격 면

주요 변수가 아파트 매매가격지수에 미치는 영향력 비교

변수	한국부동산원 아파트 매매가격지수	한국부동산원 실거래가격지수	KB 아파트 매매가격지수
금리(기준금리)	60.7	45.7	56.1
대출 규제(대출태도지수)	17.9	13.4	19.3
주택 공급(준공 물량)	8.5	18.4	11.9
인구구조(세대수)	8.5	11.0	10.3
경기(경기종합지수)	4.4	11.5	2.5

에서는 상승 요인입니다. 반대로 금리가 상승하면 부동산 가격이 하락하는 요인으로 작용합니다.

하지만 실제로 금리와 부동산 가격의 관계를 살펴보면, 이처럼 꼭 반대로 움직였던 것은 아닙니다. 162쪽 그림은 전국과 서울의 주택 매매가격 전년 동월 대비 상승률과 우리나라 지표 금리인 국고채 3년 금리를 비교한 것입니다. 보는 바와 같이 국고채 3년 금리와 주택 매매가격 상승률이 뚜렷한 역의 관계를 보이지는 않습니다. 이는 금리 변화가 부동산 시장에 영향을 미치는 데에는 시차가 존재하고, 금리 변화가 크지 않으면 영향력도 미미하기 때문입니다.

시장금리의 변화가 빠르고 큰 폭으로 움직였을 때는 시차를 두고 부동산 가격에도 유의미한 영향을 주는 기간이 존재합니다. 그림에서 파란색 음영구간은 시장금리 상승이 가파르게 진행된 이후 시차를 두고 주택 매매가격의 상승률도 가파르게 하락하면서 전년 대비 마이너스

전국과 서울의 주택 매매가격지수 상승률 vs. 국고채 3년 금리

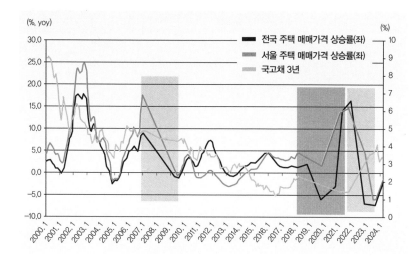

(-) 구간까지 하락한 경우입니다. 반대로 회색 음영구간은 시장금리 하락이 가파르게 진행되면서 시차를 두고 주택 매매가격의 상승률도 상승세를 보이는 구간입니다.

때로는 금리가 하락하는 구간에서 부동산 가격이 크게 하락하는 사례도 있습니다. 다음 그림에서 보는 바와 같이 2004~2005년, 2009년, 2012~2013년의 기간에 금리는 하락세를 보였음에도 주택가격의 상승률이 전년 대비 오히려 마이너스를 기록했습니다. 이는 금리 하락이 부동산 시장에 긍정적인 영향을 미치기보다는 당시 금리 인하의 배경이 되었던 경기침체가 부동산 시장에 더 큰 악영향을 미쳤기 때문입니다.

이처럼 시장금리가 부동산 시장에 미치는 영향은 단순히 금리가 하락하고 상승하는 방향성보다는 금리 변동의 속도와 시장금리의 수준, 그리고 금리 변동의 배경에 따라 영향을 미치는 정도가 달라진다고 할 수 있습니다.

금리 하락기에 아파트 매매가격 상승률이 마이너스였던 구간

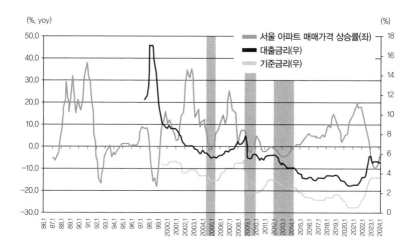

따라서 금리가 부동산 시장에 어떤 영향을 미칠지를 예상하려면, 금리의 방향성뿐만 아니라 금리 변화의 속도와 절대 수준, 그리고 금리 변동이 나타나는 근본 원인까지 고려해야 합니다. 절대적인 저금리 구간에서는 금리가 상승하든 하락하든 부동산 시장에 큰 영향을 미치지 못합니다. 또한 금리의 방향이 매우 천천히 오르고, 천천히 하락하는 식으로 바뀐다면 이 역시 부동산 시장에 별다른 변수가 되지 못합니다.

금리가 부동산 가격에 의미 있게 영향을 미친 구간을 살펴보면 금리가 빠르게 움직이거나, 또는 시장금리의 수준이 크게 달라질 정도로 추세적인 움직임을 보일 때입니다. 단순하게 금리와 부동산 가격은 역의 관계에 있다는 고정관념에서 벗어나서 금리 변화의 속도와 추세적인 부분까지 고려해서 살펴보는 것이 중요합니다.

부동산 시장을 예측할 때 채권금리가 중요한 이유

많은 사람이 금리는 모두 한몸이라는 편견을 가지고 있습니다. 쉽게 말해 모든 금리가 똑같이 오르고 똑같이 내린다고 오해합니다. 하지만 금리에는 중앙은행이 결정하는 기준금리, 대출금리의 근간이 되는 CD금리, 무위험 금리로서 만기별로 벤치마크가 되는 국고채 금리, 금융기관의 조달금리를 나타내는 금융기관채 금리, 회사가 자금을 조달할 때 적용하는 회사채 금리, 개인이 대출할 때 적용하는 대출금리 등 그 종류가 다양합니다.

이처럼 금리는 크게 만기별로, 그리고 돈을 빌리는 사람의 신용도에 따라서 다양한 조합의 금리가 형성되며, 이러한 금리들이 모두 똑같이 움직이지는 않습니다. 심지어 각 금리별로 다른 방향성을 보여주기도 합니다. 금리의 종류와 각 금리의 차별적인 움직임에 대해서는 뒷부분에서 자세히 다루겠습니다.

금리의 종류가 다양하고 많은데 이 중에서도 부동산 시장을 예측할 때 어떤 금리에 주목해야 할까요? 단순하게 생각해보면 부동산 구입 시 적용되는 대출금리가 중요한 요소일 수 있습니다. 하지만 대출금리는 후행하는 금리로서 시장 상황 변화에 뒤따르는 경우가 많아 민감하게 바뀌는 부동산 시장의 심리적 변동을 충분히 설명하기 어렵습니다.

전국과 서울의 주택 매매가격지수 상승률 vs. 대출금리

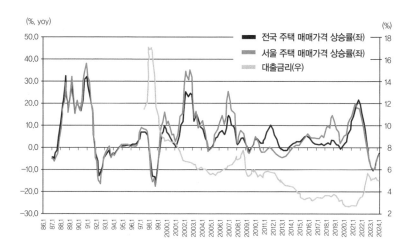

중앙은행이 결정하는 기준금리는 어떨까요? 기준금리는 말 그대로 중앙은행이 정하는 모든 금리의 기준이 되는 금리로서 추세적인 움직임을 알 수 있는 금리입니다. 하지만 한국은행이 기준금리를 결정하는 것은 특별한 상황이 없는 한 1년에 8회로 정해져 있으며, 이는 경기 흐름과 물가 변동 등 거시경제 환경을 충분히 분석한 뒤 후행적으로 이

전국과 서울의 주택 매매가격지수 상승률 vs. 기준금리

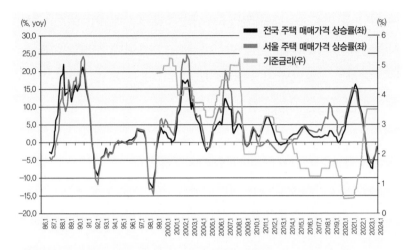

전국과 서울의 주택 매매가격지수 상승률 vs. 대출금리, 국고채 3년 금리

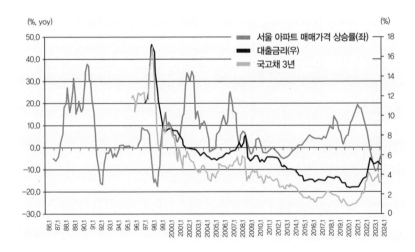

루어집니다. 따라서 이러한 기준금리 변동은 시장 심리의 즉각적인 변화를 반영하기 어렵습니다.

결국 부동산 시장을 예측할 때 가장 주목해야 할 금리는 시장에서 실시간으로 거래되는 국고채 금리나 금융기관채 금리와 같은 채권금리의 움직임입니다. 이러한 시장금리는 향후 기준금리의 변화와 장기적 추세를 선행적으로 반영하는 경향이 있어, 비교적 선제적으로 부동산 시장의 방향성을 예측하는 데 유용합니다.

또한 장기금리와 단기금리의 차이인 장단기 금리 차는 미래의 경제 흐름을 반영하고, 회사채 금리와 국고채 금리의 차이인 신용스프레드는 유동성 환경이나 신용위험 등을 반영하기 때문에 부동산 시장에도 많은 시사점을 내포합니다.

이처럼 특정 금리 하나만이 부동산 시장에 영향을 미치는 것이 아니라, 다양한 금리와 각 금리와의 차이에 따라 시장에 미치는 영향이 달라집니다. 따라서 부동산 시장을 보다 정확하게 예측하려면 여러 금리의 변화를 종합적으로 면밀히 분석할 필요가 있습니다.

금리 관련 자료를 손쉽게 얻을 수 있는 곳

금리와 관련한 정보를 어디에서 얻을 수 있을까요? 국내에서 무료로 채권금리뿐만 아니라 각종 금융 데이터와 경제지표를 확인할 수 있는 곳이 있습니다. 그중에서도 한국은행의 ECOS 경제통계시스템(ecos.bok.or.kr)을 추천합니다. 항목별로 원하는 경제 및 금융 데이터를 한눈에 찾아볼 수 있고, 시계열 데이터와 차트로 살펴보기에도 수월합니다.

사이트의 검색창에 원하는 통계를 키워드로 간단히 조회할 수 있습니다. GDP, 소비자물가지수, 기준금리 등 주요 경제지표나 특정 연도, 기관명을 입력해 빠르게 자료를 찾을 수 있습니다. 원하는 지표를 선택한 후 데이터 가공 메뉴를 활용해 시

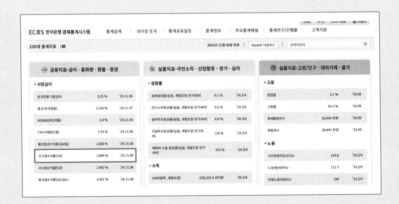

계열 비교, 연도별 증감률 계산, 평균값 도출 등 다양한 연산을 할 수 있는 것도 특장점입니다. 이러한 그래프와 표 형태로 시각화된 결과를 제공해주므로 데이터를 한눈에 파악하기가 쉽습니다. ECOS의 다양한 기능을 활용하면 누구나 수월하게 경제 상황을 깊이 있게 이해하고 분석할 수 있습니다.

예를 들어 국고채 3년 금리의 과거 추이가 궁금하다면, 다음과 같이 ECOS 한국은행 경제통계시스템에 접속해서 아래 박스로 표시한 국고채 3년 금리를 클릭하기만 하면 됩니다. 그러면 다음과 같이 국고채 3년 금리의 과거 데이터와 시계열 데이터를 열람할 수 있습니다. 국고채 3년 금리뿐만 아니라 각종 여수신 금리들도 쉽게 조회할 수 있으니 지금 당장 접속해보기를 추천합니다.

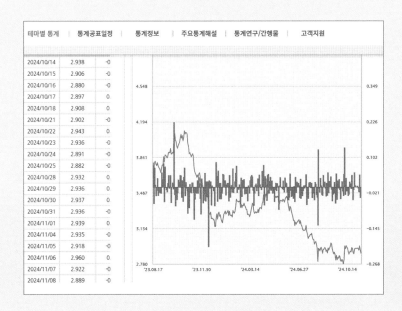

금리는 여러 가지 속성을 지니고 있다

경제적 의사결정에서 금리를 이해하고 활용하는 것은 필수입니다. 금리의 속성을 이해하려면 먼저 '화폐의 시간가치'라는 개념을 빼놓을 수 없습니다. 화폐의 시간가치란 쉽게 말해서 지금 내 손에 있는 100만 원과 1년 후에 받게 되는 100만 원의 가치가 다르다는 것입니다. 금액은 똑같은 100만 원이더라도 지금 내 손에 있는 100만 원이 1년 뒤에 받게 되는 100만 원보다는 더 가치가 높다는 것으로, 100만 원의 현재가치와 미래가치는 엄연히 다르다는 의미입니다.

일반적으로 소비자들은 미래의 현금보다는 현재의 현금을 더 선호합니다. 이는 크게 다음의 4가지 특징으로 설명할 수 있습니다.

첫째, 소비자들은 미래의 소비보다는 현재의 소비에 대한 만족도가 더 큽니다. 따라서 현재의 소비를 당장 가능하게 해주는 현재의 돈을 당연히 미래의 돈보다 더 선호합니다.

둘째, 새로운 투자를 통해 현재의 현금으로 추가 수익이 발생할 수 있습니다. 가장 단순하게는 은행에 돈을 맡기면 이자를 받을 수 있고, 주식이나 부동산 등에 투자해 시세차익을 기대할 수도 있습니다. 물론 투자손실의 위험도 있지만, 투자할 기회 자체를 제공한다는 점에 가치를 부여합니다.

셋째, 미래의 현금은 인플레이션에 따른 구매력이 감소할 수 있는 위험이 존재합니다. 즉 향후 인플레이션이 발생해 돈의 가치가 떨어지면 같은 액수의 현금이더라도 미래의 현금은 현재와 동일한 구매력을 지니지 못합니다.

넷째, 미래의 현금은 불확실성으로 인해 온전히 돌려받지 못할 위험이 있습니다. 즉 돈을 떼일 수도 있고, 당초 예상과는 달리 돈을 돌려받는 시점이 늦어질 수도 있습니다.

이처럼 '화폐의 시간가치' 개념을 장황하게 설명한 이유가 있습니다. '금리'란 바로 이러한 화폐의 시간가치를 나타내는 척도이기 때문입니다. '시간은 돈이다'라는 말은 시간이 그만큼 소중하다는 것을 강조하는 말이지만, 시간에 따라 돈의 가치가 달라진다는 사실 역시 의미합니다. 결국 금리(또는 이자율)란 '시간별로 다른 화폐의 가치'를 구분해주는 것으로, 미래가치를 현재가치로, 또는 현재가치를 미래가치로 바꾸어주는 매개체가 됩니다.

현재가치와 미래가치의 차이를 나타내는 '화폐의 시간가치'가 클수록 금리는 높아지며, '화폐의 시간가치'가 작을수록 금리는 낮아집니다. 화폐의 시간가치가 크다는 것은 현재의 돈이 미래의 돈보다 훨씬 더 가치 있다는 뜻입니다. 예를 들어 현재의 100만 원이 미래의 100만 원보다 훨씬 더 많이 선호된다면 현재의 돈을 빌려주고 미래에 돌려받는 대가로 더 많은 이자율을 요구하게 됩니다. 거꾸로 현재의 돈이나 미래의 돈이나 차이가 없다면 이자율은 거의 0에 가깝게 형성됩니다.

한편 돈을 빌려주는 사람과 돈을 빌리는 사람 입장에서 생각해보면 금리는 다음과 같은 의미를 지닙니다. 먼저 돈을 빌려주는 사람에게 금리란 '현재의 구매력을 포기하고 돈을 빌려준 대가로 원하는 요구수익률'입니다. 반대로 돈을 빌리는 사람에게는 '돈을 빌려서 어딘가에 투자(사용)할 때 얻을 수 있는 기대수익률의 최저치'입니다.

돈을 빌려주는 사람 처지에서는 향후 물가 상승률이 올라갈 것으로 예상한다면 똑같은 금액으로 소비할 수 있는 구매력이 현재보다 미래에 줄어들어 돈을 빌려줄 때 물가 상승률을 감안하여 더 높은 금리를 요구하게 됩니다. 예를 들어 1년 동안 7% 이자를 주는 예금상품이 있다고 하더라도, 같은 기간 물가 상승률이 5%를 보인다면 실제 구매력 기준으로 보전받는 이자율은 2%(= 7% - 5%)밖에 되지 않습니다.

반대로 돈을 빌리는 사람 처지에서는 빌린 돈을 어딘가에 투자할 때 얻을 수 있는 기대수익률이 높을수록 기꺼이 높은 금리를 내고서라도 돈을 빌릴 유인이 생깁니다. 즉, 금리는 한 단위의 자금을 조달해서 투자할 때 기대할 수 있는 기대수익률의 최저치와 같은 수준에서 형성됩니다.

또한 금융위기와 같이 신용경색이 발생하면 기대수익률의 여부와 상관없이 일단 유동성을 확보해야 하는 유인이 커지기 때문에 이때의 금리는 자금이 얼마나 부족한가에 따라 결정됩니다. 과거 1997년 외환위기 사태 때 한국 경제가 위기 상황을 겪으면서 대규모 외국 자본 이탈이 발생했고, 이로 인해 돈을 빌리려는 수요가 급증해서 당시 시장금리가 20%를 넘어섰던 것이 대표적인 사례입니다.

이처럼 금리의 속성에는 돈의 시간가치, 물가 상승에 따른 구매력을 보전하기 위한 대가, 어떠한 투자에 대한 기대수익률의 최저치, 유동성 경색의 정도를 나타내는 척도 등 여러 가지가 있습니다. 따라서 금리의 움직임을 예측하기 위해서는 이러한 금리의 속성부터 이해하는 것이 첫걸음입니다.

기준금리와 시장금리는 산책하는 주인과 개의 관계

일반인들이 가장 많이 혼동하는 것이 바로 기준금리와 시장금리의 관계입니다. 먼저 기준금리란 말 그대로 모든 금리의 기준이 되는 금리로 중앙은행이 결정합니다. 기준금리를 부르는 명칭에는 여러 가지가 있는데, 정책적으로 정하는 금리라고 해서 '정책금리'라고도 불리며, 예전에는 콜금리를 대표 삼아 '콜금리'라고도 불렀습니다.

하지만 현재 기준금리는 은행 간 거래에서 사용되는 하루짜리 콜금리가 아니라, 중앙은행과 시중은행 간에 담보채권을 맡기고 거래하는 7일물 RP금리를 사용하고 있습니다. RP란 환매조건부채권Repurchasing Agreement의 약자로, 채권을 팔고 자금을 받는 대신, 반드시 약정기간 이후에 기존에 팔았던 채권을 되사오겠다는 약속을 하는 것입니다. 결국 이것은 거래하는 채권을 담보로 자금을 조달하는 것과 같습니다. 현재 한국은행뿐만 아니라 미국 연방준비제도 이사회FRB도 중앙은행과 시중은행 간에 거래되는 7일 만기의 RP금리를 정책금리로 삼고 있습니다.

중앙은행은 고유의 목표에 따라 기준금리를 올리거나 내리면서 유동성을 조절하는 수단으로 삼고 있으며, 한국과 미국에서는 1년에 8번 통화정책 회의를 개최합니다. 중앙은행이 유동성을 조절하는 수단으로는 1) 기준금리 조절, 2) 지급준비율 조절, 3) 재할인율 조절 등이 있으나, 기준금리 조절이 가장 대표적이고 효과적인 유동성 조절의 수단으로 사용됩니다.

중앙은행의 가장 큰 목표는 물가 안정입니다. 전 세계적으로 주요국 중앙은행은 자국의 물가 상승률이 2%가 되게 하려고 기준금리를 조절합니다. 한국은행 역시 제1의 목표가 2% 수준으로 물가를 안정시키는 것이며, 그다음으로 고려하는 변수가 금융 안정입니다.

미국의 경우에는 2가지 목표Dual Mandate를 갖고 있는데, 물가 안정과 고용 안정입니다. 물가 상승률이 2%가 되도록 노력하는 동시에 고용 극대화를 추구합니다. 언뜻 보면 물가 상승률을 2%로 유지하면서 고용 극대화를 동시에 추구한다는 것이 상충되는 정책 목표로 여겨지지만, 물가 안정과 고용 안정이라는 2가지 목표에서 통화정책 결정이 균형을 이룬다고 볼 수 있습니다.

미국이나 영국, 일본, 유로존과 같이 기축통화를 사용하는 국가들은 기준금리 외에도 양적완화Quantitative Easing 또는 양적긴축Quantitative Tightening 과 같이 직접적으로 중앙은행이 시중은행으로부터 채권을 사들이거나 매각하면서 유동성을 조절하기도 합니다. 2008년 미국 서브프라임발 금융위기 당시 기준금리 인하만으로는 유동성 공급이 충분하지 않았을 때 사용되었던 이른바 비전통적인 통화정책이지만, 최근에는 이러한 통화정책의 사용빈도가 높아지고 있습니다.

기준금리는 중앙은행이 정책 목표를 달성하기 위해서 인위적으로 결정하는 반면, 시장금리는 말 그대로 시장에서 수요와 공급에 의해 자율적으로 결정됩니다. 시장금리가 결정되는 곳이 바로 채권시장입니다. 채권시장에서는 1년 이하 단기물에서 50년 만기의 장기물까지, 그리고 무위험채권인 국고채부터 부도 위험이 큰 투기 등급의 채권까지 다양한 만기와 신용 등급의 채권들이 거래되면서 해당 만기와 신용위험을 반영하여 금리가 결정됩니다.

기준금리와 시장금리와의 관계는 어떨까요? 기준금리가 모든 금리의 기본이 되는 만큼 기준금리의 움직임에 따라 시장금리는 비례해서 움직일까요? 실제로 기준금리와 시장금리의 움직임을 살펴보면, 동행하는 경우가 일반적이지만 따로 움직이거나 때로는 반대로 움직이는 경우도 많습니다.

기준금리와 시장금리의 움직임을 쉽게 설명하자면, 마치 산책하는 주인과 개의 움직임과 같다고 할 수 있습니다. 매일 정해진 코스로 반려견을 산책시키는 주인이 있습니다. 이 이야기에 나오는 개 주인은 집을 나와 정해진 목적지로 향했다가 목적지에 다다르면 다시 집으로 돌아오는 루틴을 갖고 있습니다. 주인은 늘 그렇듯이 집을 나와 목적지를 향해 직선 코스로 갔다가, 다시 집으로 반듯하게 돌아오곤 합니다.

주인을 따라 산책하는 반려견은 어떤 모습일까요? 주인과 달리 강아지는 산책코스 중간에 멈춰 서서 냄새도 맡고, 볼일을 보기도 하고, 벌레나 꽃에 한눈이 팔려서 멈춰 있는 시간도 있습니다. 한참 앞서 나간 주인과 거리가 크게 멀어졌다가 주인이 빨리 오라고 목줄을 당기면 그제야 주인 곁으로 급히 뛰어갑니다. 언젠가는 주인보다 뒤처졌던 강아지가 이번에는 평소에 자주 가던 길이기에 자기가 먼저 주인을 앞서서 가기도 합니다.

때로는 강아지가 멀리 앞서 나가서 주인이 서둘러 강아지 곁으로 가기 위해 발길을 재촉하는 일이 생길 수도 있습니다. 그러면 이번에는 강아지가 주인이 자기 곁으로 올 때까지 기다리는 경우도 있습니다. 주인이 목적지에 도달한 후 다시 집으로 돌아오는 모습을 반복해서 보게 되면, 강아지는 주인을 끝까지 따라가는 대신 주인이 돌아오기를 현재 위치에서 기다리기도 할 것입니다. 강아지는 늘 주인이 이 정도 수준에서는 다시 되돌아오는 것을 경험했기에 군이 주인과 함께 목적지까지 가는 대신 주인이 갔다 오기를 기다리는 것입니다. 또는 주인과는 반대 방향으로 집 쪽을 향해서 자기가 먼저 되돌아가는 모습을 보일 때도 있습니다.

이같이 주인과 강아지의 움직임을 기준금리와 시장금리로 치환해서 생각해보면 두 금리의 차이를 쉽게 이해할 수 있습니다. 기준금리는 주인의 움직임처럼 한번 방향이 정해지면 꾸준히 나아가는 속성을 가지고 있습니다. 반면에 시장금리는 한쪽 방향으로 나아가는 기준금리를 때로는 앞서기도 하고, 뒤처지기도 하면서 반영합니다. 기준금리의 방향이 바뀔 것이라는 생각이 들면, 오히려 기준금리의 방향성과 달리 역행하는 모습을 보이기도 합니다.

시장금리란 향후 기준금리의 움직임이 어떠할 것인지를 반영하면서 움직인다고 볼 수 있습니다. 기준금리가 인상되는 기간이라 하더라도 이미 시장금리가 기준금리 인상 흐름을 충분히 반영했다면, 시장금리는 더 이상 오르지 않고 오히려 거꾸로 하락하기도 합니다. 단기금리인 기준금리보다 만기가 훨씬 긴 장기채권 금리가 기준금리를 밑도는 일이 빈번하게 발생하는 이유가 바로 이 때문입니다.

지금 당장은 기준금리가 높은 수준이기 때문에 단기금리도 높게 형성되지만, 일정한 시간이 지난 후에는 기준금리가 더 낮아질 것으로 보인다면 만기가 긴 장기채권의 금리는 이러한 기준금리의 인하 가능성을 예상해서 미리 낮은 수준에서 형성될 수 있는 것입니다. 따라서 향후 시장금리의 방향과 움직임을 예측하기 위해서는 지금 현재의 시장금리가 기준금리의 움직임을 얼마나 반영했는지 그리고 향후 기준금리의 움직임은 어떠할 것인지를 종합적으로 고려해야 합니다.

모든 금리는 따로따로 움직인다

여기까지 알 수 있는 점은 여러 금리가 서로 수준도 다르지만, 저마다 다르게 움직인다는 사실입니다. 주식시장의 개별 종목에 비하면 채권시장의 개별 채권금리는 상관성이 훨씬 높지만, 그렇다고 모든 금리가 같은 방향과 폭으로 움직이지는 않습니다. 심지어 같은 시점에서 어떠한 금리는 올라가고 어떠한 금리는 떨어지는 차별화가 나타나기도 합니다.

예를 들면 다음 그림에서 보는 바와 같이 2008년 금융위기 직후에 안전자산 선호Flight to quality 심리가 극에 달하면서 국고채 금리는 급락하고, 회사채 금리가 급등하는 모습을 확인할 수 있습니다. 이후 금융위기가 진정된 2009년 초반부터는 다시 위험 선호 심리가 살아나면서 국고채 금리는 상승하지만, 회사채 금리는 오히려 하락하는 모습을 보입니다.

장기금리와 단기금리, 국고채 금리와 회사채 금리의 차별화 사례

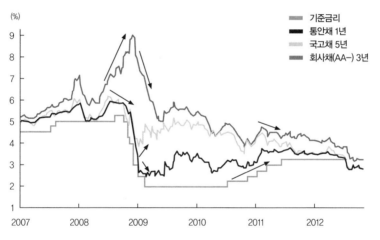

*자료: 금융투자협회

장기금리와 단기금리도 마찬가지입니다. 2008년 금융위기 직후 한국에서도 공격적인 기준금리 인하가 시작되었고, 2009년 1월과 2월에는 각각 0.5%포인트씩 기준금리를 낮추면서 금리 인하 사이클이 정점을 찍었습니다. 이 당시 2009년 1월과 2월에 도합 1%포인트의 기준금리 인하로 인해 단기금리는 급락했지만, 오히려 5년 이상 장기채권 금리는 향후 경기회복을 예상하며 급등하는 모습을 보였습니다. 반대로 2010년 중순 이후 기준금리가 인상되기 시작할 때 단기금리는 기준금리에 맞추어 상승했지만, 장기금리는 향후 경기 둔화를 우려하며 오히려 하락했습니다.

금리에 영향을 주는 요인에 절대 공식은 없다

앞에서 살펴봤듯이 금리가 가진 속성이 여러 가지인 만큼 금리를 예측하기 위해 살펴봐야 할 요인도 무수히 많습니다. 따라서 금리의 방향에 영향을 미치는 요인들을 앞에서 살펴본 금리의 속성과 연결해서 다시 한번 정리하면 다음과 같습니다.

첫째, 미래의 소비보다 현재의 소비에 대한 소비자 욕구가 커지면 금리는 상승 압력을 받습니다. 돈을 빌려주는 대여자 처지에서는 돈을 빌려주고 구매력을 포기한 대가로 요구하는 수익률이 바로 금리이기 때문입니다. 돈을 빌리는 대출자 입장에서도 지금 당장 소비에 대한 욕구가 크다면 높은 금리로 돈을 빌려서라도 현재의 소비를 늘리려고 합니다. 반대로 현재의 소비에 대한 욕구가 감소한다면 금리는 하락 압력을 받게 됩니다. 지금 자금이 여유롭더라도 당장 소비하지 않고 미래를 위해 저축하거나, 또는 미래에는 현금흐름이 중단되리라고 예상한다면 현재의 소비를 기꺼이 미래로 미뤄둘 만한 동기가 생깁니다.

둘째, 한 단위의 자본을 빌려서 투자했을 때 얻을 수 있는 기대수익률이 커지면 금리는 상승 압력을 받습니다. 돈을 빌리는 대출자 처지에서는 어떠한 사업에 대한 전망이 밝아 기대수익률이 높다면 대출을 받으려는 마음이 커질 테고, 시장에서 자금 수요가 늘어나면 자연히 금리는 상승하게 됩니다. 돈을 빌려주는 대여자 입장에서도 자신이 직접 투자해서 얻을 수 있는 기대수익률이 높다면, 돈을 빌려줄 때 요구하는 요구수익률도 기회비용 관점에서 높아집니다.

이상의 2가지 요인이 작용하면서 근본적으로 금리는 경기 흐름과 밀접한 연관을 맺습니다. 경기가 회복세라면 사람들은 현재 소비에 대한 욕구가 커지며, 어떠한 투자에 대한 기대수익률도 높아지므로 금리는 상승 압력을 받습니다. 반대로 경기가 불황이라면 현재 소비를 줄여 미래의 불확실성에 대비하려는 저축의 필요성이 커지고, 투자에 대한 기대수익률이 낮아지기 때문에 자금 수요도 낮아지면서 금리는 하락 압력을 받습니다.

셋째, 향후에 인플레이션이 발생해 구매력이 떨어지리라고 예상된다면 금리는 상승 압력을 받습니다. 돈을 빌려주고 현재의 구매력을 포기한 대가로 이자를 받았는데 미래 시점에서 인플레이션율이 이자율이상으로 발생한다면 오히려 미래의 구매력은 감소합니다. 이 경우에는 미래에 예상되는 인플레이션율보다 이자율이 높아야 대여자 입장에서는 돈을 빌려줄 이유가 생깁니다. 돈을 빌리는 입장에서 지금 당장은 구매력이 부족하지만, 향후에는 인플레이션이 발생해 구매력이 더욱 감소할 것 같다면 지금 당장 돈을 빌려서라도 소비에 나서는 것이 이득입니다. 예를 들어 향후 부동산 가격이 계속 오를 전망이라면 지금 당장 대규모의 대출을 받아서라도 먼저 아파트를 매입하는 것이 낫습니다.

넷째, 돈을 빌려주고 향후에 못 받을 위험이 커진다면 금리는 상승 압력을 받습니다. 대여자 입장에서는 과연 빌려준 돈을 향후에 제대로 받을 수 있을지 고민하게 됩니다. 아무리 높은 이자를 받더라도 원금 자체를 떼일 위험이 있다면 자금을 빌려주는 일이 꺼려질 수밖에 없습니다. 그렇기 때문에 돈을 떼일 위험이 크면 클수록 그에 합당한 더 많은 이자율을 요구하게 됩니다.

과거에 있었던 1997년 외환위기나 2008년 글로벌 금융위기를 떠올리면 이해하기가 쉽습니다. 당시 경제위기가 발생하면서 신용위험이 크게 높아졌으며, 현금을 우선 확보해야 하는 상황이다 보니 금리는 천정부지로 치솟았습니다. 근본적으로 금리는 돈을 빌리거나 빌려주는 대가이기 때문에, 신용위험이 발생할 경우 이는 다른 어떤 요인보다도 우선적으로 고려됩니다. 신용위험이 높아질수록 대출자는 손실 가능성을 반영해 더 높은 금리를 요구하게 되며, 이는 금리 결정에 큰 영향을 미칩니다.

이 밖에도 금리에 영향을 미치는 요인은 많습니다. 예를 들면 중앙은행이 통화량을 늘리거나 줄이면 전체 유동성에도 영향을 미치기 때문에 금리가 상승하거나 하락 압력을 받게 됩니다. 또한 해외 자금의 유입이 크게 늘어나거나, 반대로 해외 자금이 급격하게 빠져나가도 금리에 영향을 끼칩니다.

금리와 관련해서 한 가지 명심해야 할 점이 있습니다. 시장에서는 항상 금리 상승 요인과 하락 요인이 동시에 존재하는데 A가 발생하면 상승 요인, B가 나타나면 하락 요인이라고 수학 공식처럼 결론을 내릴 수는 없습니다. 실제로 금리가 결정되는 과정은 생각보다 훨씬 복잡하며, 결국 금리 상승 요인과 금리 하락 요인 중 어느 쪽의 힘이 더 센지에 따라 달라집니다.

예를 들면 국내 경기가 좋아져서 자금 수요가 늘어난다면 일반적으로는 금리 상승 요인이지만, 외국인 투자자들이 국내 경제를 보고 원화 자산에 대한 수요를 늘리고자 국내 채권을 대규모로 매입하면 오히려 금리는 하락할 수 있습니다. 반대로 인플레이션이 발생하면 일반적으로 금리 상승 요인이지만, 물가 상승이 원자재 가격 상승 등 공급 측 요인에 기인한다면 오히려 경기 활력을 떨어트릴 수 있습니다. 이 때문에 민간의 자금 수요가 줄면서 시장금리가 하락할 수도 있습니다.

금리를 예측하는 2가지 방법

앞에서 언급한 것처럼 금리에는 종류가 많고, 모든 금리가 동일한 방향이나 폭으로 움직이는 것은 아닙니다. 심지어 개별 금리가 서로 다른 방향성과 움직임을 보이는 경우도 부지기수입니다. 따라서 모든 금리의 움직임을 함께 살펴보는 습관을 들여야 합니다. 금리를 예측하는 정해진 공식은 없지만, 크게 톱다운Top-down 방식과 바텀업Bottom-up 방식의 금리 예측 방법론이 있습니다.

1. 톱다운 방식의 금리 예측

금리에 영향을 미치는 요인으로는 크게 경제성장률, 물가, 통화정책, 채권수급, 유동성 상황, 신용위험 여부, 자금 이동 등 다양한 거시적 요인들이 많습니다. 따라서 금리 흐름을 예측하기 위해서는 이러한 거시적 경제 상황에 대한 전망이 필수적입니다.

그중에서도 결국 경제성장률과 물가 상승률 전망이 금리를 예측하는 가장 핵심 요인이라 할 수 있습니다. 먼저 경제성장률을 예측하기 위해서는 경제성장에 기여하는 각 항목들을 알아야 합니다. 일반적으로 국민소득 방정식에 따르면, 성장률(Y) = 민간소비(C) + 설비투자(I) + 정부지출(G) + 수출(X) - 수입(I)의 구조를 가집니다.

이때 유의해야 할 점은 우리 경제가 수출 의존도가 높고, 이른바 '소규모 개방경제Small Open Economy'라는 구조적 특성을 지니고 있다는 사실입니다. 이러한 구조적 한계로 인해 외부 경제 환경의 변화에 상대적으로 큰 영향을 받습니다. 이 중에서도 미국 경제와 중국 경제에 대한 의존도가 특히 높습니다.

최근에는 제조업의 본국 회귀를 의미하는 미국의 리쇼어링 정책으로 생산기지와 소비처가 모두 미국에 집중되면서 중국 경제보다는 미국 경제에 대한 민감도가 더욱 높아지는 추세입니다. 따라서 우리 경제성장률을 예측하려면 먼저 미국과 중국의 경제성장률 전망을 주의 깊게 살펴봐야 합니다. 이후 국내 소비, 설비 투자, 정부 지출 등의 요인이 추가적으로 영향을 미치면서 국내 경제에 대한 전반적인 전망이 형성됩니다. 또한 물가 상승률은 국내 경제 상황에 따른 수요 측면의 물가 상승 압력보다 원자재 가격이나 환율 등 대외적인 공급 측면의 요인에 더 민감하게 반응합니다. 따라서 국내 물가 상승률을 예측할 때도 대외 변수의 영향력이 크다고 할 수 있습니다.

금리에 영향을 미치는 핵심 변수인 경제성장률과 물가 상승률이 모두 대외 경제에 대한 의존도가 높은 만큼 금리 흐름을 예측하는 데에도 대외 금리의 전망이 큰 영향을 미치며, 이후 국내적인 요인이 일부 금리 변동 폭과 속도에 영향을 미치는 형태로 작용합니다. 따라서 국내 금리를 예측하기 위해서는 결과적으로 세계 경제와 글로벌 금리의 흐름을 예측하는 과정이 필요하며, 이를 다음과 같은 톱다운 방식의 금리 전망 과정으로 개념화할 수 있습니다.

1단계: 글로벌 경기 흐름 및 유동성 흐름 예측

2단계: 국내 성장률 및 물가 흐름 예상

3단계: 실물경제의 자금 수요와 통화당국의 통화정책 예측

4단계: 채권의 수요와 공급에 영향을 미칠 요인 전망

위의 과정을 도식화해보면 다음과 같습니다.

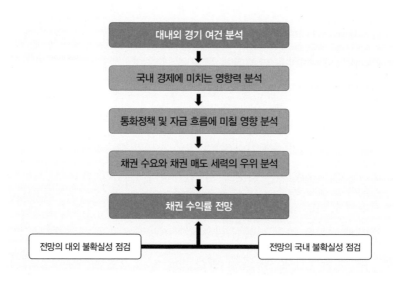

중요한 것은 어떠한 전망이든 불확실성이 존재하므로 최종적으로 금리를 예측하기 위해서는 대내외적인 불확실성까지도 고려해야 합니다.

2. 바텀업 방식의 금리 예측

톱다운 방식이 장기적인 금리 방향성 예측에 적합하다면, 바텀업 방식은 단기적인 금리 예측에 좀 더 유용합니다. 톱다운 방식은 금리 예측에 영향을 주는 변수들의 근원지를 추적해 올라가는 과정이라면, 바텀업 방식의 금리 예측은 지금 현재 금리에 영향을 미칠 만한 요인들을 쭉 나열한 이후에 이 중에서도 핵심 변수가 무엇인지를 찾아내는 과정입니다.

구체적으로 바텀업 방식의 금리 예측은 다음과 같은 과정을 거칩니다.

1단계: 현재 채권 수익률에 영향을 미치는 변수 나열

2단계: 각 변수가 금리 상승 요인인지 하락 요인인지 구분한 후 주 요인 도출하기

3단계: 주 요인이 장기적 요인인지, 단기적 요인인지 구분하기

4단계: 개별 채권에 대한 각각의 주 요인을 통해 개별 채권 수익률 전망하기

예를 들어 다음과 같이 현재 금리에 영향을 미치는 변수가 경제 펀더멘털, 통화정책, 수급 요인, 대외 요인, 파생상품 시장 영향, 심리 및 기술적 분석 같은 요인이 있다고 한다면, 각각의 요인들이 현재 금리에 상승 요인인지, 하락 요인인지를 분석하고 이에 대한 가중치를 부여합니다. 이때 주 요인에 대해서는 가장 높은 가중치가 부여됩니다. 이처럼 이른바 Scoring System(점수 체계)을 통해 현재 금리에 상승 요인이 우세한지, 하락 요인이 우세한지를 분석하여 향후 금리를 예측합니다.

금리에 영향을 미치는 변수 평가 예시

요인 구분	주요 내용	현재 평가	향후 전망
펀더멘털	경기 흐름이 상승 추세에 있는지, 하락 추세에 있는지 점검	-2	-1
	주요 국내외 경제지표를 통해 경기 흐름 분석		
통화정책	대내외 통화정책 변화 점검	-1	-1
	각국 중앙은행의 정책 스탠스를 분석해 향후 통화정책 변화 예측		
수급 요인	국내 채권 수요와 공급은 물론 해외 자금 유입까지 점검	0	0
	채권 발행 일정, 채권 관련 상품 수탁고 변화, 외국인의 거래 동향 점검		
대외 요인	펀더멘털 외 대외 유인 점검	0	-1
	유럽 재정위기에서 이란의 지정학적 리스크에 이르기까지 경기 부문 외의 대외 요인 점검		
파생상품	선물시장과 스왑시장에서의 수급 변화 점검	-1	-1
	외국인의 국채 선물 거래 동향, 스왑시장의 변화 등 파생상품 전반에 대한 점검		
심리 및 기술 분석	기술적 지표를 통한 세력 분석	+1	+2
	이동평균선, MACD, RSI 지표 등 각종 기술적 지표를 통해 매수와 매도 간의 세력 분석		
금주 시사점	요인 분석을 종합한 금리 전망	-3	-2

*각 요인별 영향력은 -3~+3으로 구분, +와 - 부호는 채권 수익률에 미치는 압력 표시

금리 전망은 부동산 시장 분석과 투자를 결정하는 데 핵심 요소입니다. 톱다운 방식과 바텀업 방식의 금리 전망 방법론은 향후 금리 흐름을 예측할 때 유용한 도구입니다. 이를 통해 대략적인 금리 동향을 파악하고, 부동산 시장에 미칠 잠재적 영향을 추론할 수 있습니다.

물론 금리를 정확하게 예측하는 것은 어렵습니다. 경제는 복잡한 시스템이며, 예상치 못한 변수가 언제든 발생할 수 있기 때문입니다. 그러나 이러한 금리 예측 방법론에 익숙해지면 그 자체로 가치가 있습니다. 주변 환경의 변화를 신속하게 인식하고, 그 변화가 금리에 미칠 영향을 즉각적으로 분석할 수 있는 능력을 기를 수 있기 때문입니다.

각자 자기만의 고유한 금리 예측 방법론을 개발해보기를 권합니다. 자신의 경험, 지식, 그리고 이 책에서 소개한 방법론을 바탕으로 자신만의 독특한 분석 틀을 만들어보세요. 이는 금리 예측을 넘어 경제 전반에 대한 이해도를 높이고 더 나은 투자 결정을 내리는 데 도움이 될 것입니다.

금리 예측은 하나의 기술이자 예술입니다. 정확한 수치보다는 전반적인 흐름을 파악하고 대응 전략을 수립하는 것이 더 중요합니다. 지속적인 학습과 경험 축적을 통해 각자의 방법론은 계속 진화하고 정교해질 것입니다. 이를 바탕으로 더 나은 투자 결정을 내리고, 변화하는 시장 환경에 유연하게 대응할 수 있을 것입니다.

대출금리가 결정되는 과정

기준금리의 움직임이 전체적인 시장금리의 방향을 결정하지만 우리가 대출을 받을 때 적용되는 대출금리에 미치는 영향은 복합적입니다. 우리가 금융기관에서 대출을 받을 때 적용되는 대출금리는 크게 '준거금리 + 가산금리'의 구조로 이뤄져 있습니다. 따라서 향후 대출금리의 추이를 알기 위해서는 각각의 요인에 대한 분석과 전망이 필요합니다.

먼저 대출금리의 기준이 되는 준거금리는 주로 금융기관이 조달하는 조달금리를 반영합니다. 은행의 경우에는 은행채 금리와 CD금리, 예적금 금리 수준 등이 종합적으로 반영됩니다. 일반적으로 금융채 금리나 KOFIX 금리 등이 준거금리로 활용될 때가 많습니다. 이러한 준거금리는 다시 '국고채 금리 + 금융채 신용스프레드'로 구성됩니다. 국고채 금리와 금융기관의 신용위험도에 따라 준거금리가 결정됩니다.

다음으로 준거금리가 결정되면 대출자의 신용도와 금융기관의 대출정책에 따라 신용도가 결정됩니다. 대출자의 신용도는 각종 신용점수와 해당 금융기관에서의 거래 내역, 기타 부가서비스(카드 사용, 급여 이체 여부 등)가 반영됩니다. 담보대출은 담보력의 정도에 따라 가산금리가 크게 줄어드는 경우도 있습니다. 또한 대출자의 신용도에 큰 변화가 없더라도 금융기관이 자체적으로 설정하는 대출정책에 따라 가산금리에 영향을 미칠 수 있습니다.

이를 종합해보면 결과적으로 개인의 대출금리는 '국고채 금리 + 금융채 신용스프레드 + 개인의 신용위험도 − 담보가치의 정도 − 부가서비스 이용 혜택'으로 결정된다고 볼 수 있습니다. 이 중에서도 국고채 금리의 움직임이 전체 대출금리의 방향을 결정하고, 여기에 각종 가산금리가 붙거나 차감되면서 개인의 대출금리 수준이 결정되는 구조입니다. 결국 대출자의 노력 여하에 따라 금리 수준이 달라질 수 있지만, 큰 방향은 국고채 금리, 즉 시장금리의 움직임에 민감할 수밖에 없습니다.

개인의 대출금리 구성 요소

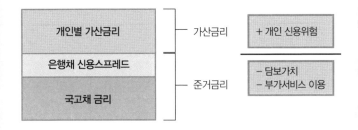

정책을 알면
시장이 보인다

수요대책이냐, 공급대책이냐?

2020년 10월 주택가격이 가파르게 상승하던 시기, 당시 김현미 국토부 장관은 국회 대정부 질의에서 "아파트가 빵이라면 제가 밤을 새워서라도 만들 텐데…"라는 발언을 한 적이 있습니다. 주택은 통상 공급하는 데 시간이 걸리는데, 이를 제빵에 빗대어 표현한 말이었습니다. 특히 아파트의 경우 공사기간만 3년 이상 걸릴 정도로 시간이 오래 걸리기 때문에 항상 적절한 공급대책을 수립하는 데 어려움이 있다는 점을 토로한 말이었습니다. 그러나 이는 동시에 당시 주택의 수요공급 관리의 실패를 의미하는 말이기도 했습니다.

정부는 수많은 정책을 통해 주택시장에 적극적으로 개입합니다. 지난 수십 년간 활용해온 우리나라 부동산 정책은 한두 가지가 아니었습니다. 그러나 이렇게 복잡해 보이는 정책도 결국은 크게 4/4분면으로 나누어 생각하면 이해하기 쉽습니다.

	수요정책	공급정책
활성화	거래 규제 완화, 세금 감면, 대출 확대, 보유세 완화	정비사업 규제 완화, 분양가 자율화, 분양권 거래 완화
안정화	투기과열지구, 주택거래신고제, 대출 규제, 보유세 강화	신도시 건설, 정비사업 규제 강화, 분양가 상한제

이러한 기준을 가지고 있으면 정부의 정책이 발표될 때, 그 정책의 성격을 대략적으로 판단할 수 있습니다. 보통 시장이 과열되면 안정화 대책이, 침체되면 활성화 대책이 나오기 마련입니다. 그리고 수요-공급 대책은 거의 항상 패키지로 나올 때가 많습니다. 예를 들어 시장 상황이 과열 중이라면 안정화 대책을 낼 것이고, 이때 수요를 억제하고 공급을 확대하는 형태의 정책 조합을 짭니다. 반대로 시장 상황이 침체 중이라면 활성화 대책으로 수요를 촉진하고 공급을 억제하는 대책을 냅니다.

수요정책의 종류에는 무엇이 있을까요? 또 공급정책의 종류에는 무엇이 있을까요? 먼저 수요정책에서 수요의 개념을 명확히 할 필요가 있습니다. 수요Demand란 인간이 선호하는 것Wants에 대해 돈을 지불할 수 있는 구매력이 있는 상태를 의미합니다. 자동차를 예로 들어볼게요. 누구에게나 자신이 선호하는 드림카가 있는데, 이것이 바로 '선호'입니다. 그러나 모두가 그 차를 타고 다닐 수는 없습니다. 대개 그런 차는 매우 비싸기 때문이죠. 그러니 선호가 현실이 되려면 구매력이 필요합니다. 이것이 선호와 수요의 차이입니다.

주택시장에서도 마찬가지입니다. 예를 들어 역세권 신축 대단지를 선호한다는 것은 단순한 선호일 뿐, 실제로 수요가 많다고 할 수는 없습니다. 선호하는 대상을 위해 실제 지불할 구매력을 확보했는지에 따라 진정한 수요가 됩니다. 대부분 사람은 크고 좋은 새집에 살고 싶어 하지만 이 또한 단순히 선호가 그렇다는 것일 뿐, 수요로 이어지는 것은 아닙니다. 그러니 수요대책은 이런 인간의 선호가 무엇인지를 설명하는 대책이 아니라, 직접적으로 구매력에 영향을 주는 대책을 의미합니다. 대출을 더 쉽게 받게 하면서 완화적으로 정책을 푼다거나, 혹은 반대로 대출을 옥죄는 형태의 대책이 수요대책이 됩니다. 전자는 수요 활성화 대책이고, 후자는 수요 안정화 정책이 됩니다.

그간 우리나라의 많은 부동산 전문가가 수요와 선호를 구분하지 않고 설명하는 경향이 있었습니다. 역세권 신축 대단지, 학군이 좋은 아파트, 자연환경이 좋은 단지를 선호한다는 의미는 수요가 아니라 말 그대로 선호를 의미하는 것이고, 수요대책은 구매력에 관한 내용이 일반적입니다.

공급대책은 무엇일까요? 이는 수요대책보다 좀 더 직관적입니다. 주택의 공급을 확대하는 형태의 정책은 공급 확대 정책이고, 공급을 옥죄는 형태의 정책은 공급 위축 정책이 됩니다. 그럼 공급 확대 정책은 언제 할까요? 주택시장이 과열되기 시작하면 정부는 공급정책을 손봅니다. 주택을 더 지을 수 있도록 제도를 개선하거나 혹은 단기간에 주택을 공급할 수 있도록 사업을 독려합니다. 반대로 주택시장이 침체 중이고 주택가격이 하락하고 있다면 정부는 공급 축소 정책을 씁니다. 이때는 신도시를 짓겠다는 계획을 다시 원점으로 돌리거나 주택을 공급하기 어렵게 만듭니다.

주택을 신규로 짓는 것이 공급대책이라는 데에는 시장에 이견이 없습니다. 그러나 간혹 구도심의 노후 아파트를 재건축하거나 혹은 노후 주택을 재개발하는 경우, 이를 촉진하는 것이 활성화 대책인지 안정화 대책인지에 대해서는 시장에 이견이 많습니다. 직관적으로 구도심에 주택을 추가로 건설하는 것은 공급 확대 정책이 됩니다. 그러나 재건축 사업의 경우, 신규로 주택이 공급되는 시점, 즉 준공 시점까지는 3~5년 이상이 걸리고 이 기간 동안 기존 주택은 멸실되어 사라집니다. 이로 인해 해당 기간은 사실상 단기적 공급 축소 정책이 강력하게 실행되는 시기라고 볼 수 있습니다. 따라서 구도심의 정비사업(재건축, 재개발)을 통한 주택 공급은 그 정책적 성격이 매우 복합적인 경향이 있습니다. 같은 정책이라 하더라도 어떤 정부에서는 재건축·재개발 활성화를 공급 확대 정책으로 보고, 시장이 과열되었을 때 이를 더 추진해야 한다고 판단합니다. 반면, 어떤 정부는 재건축과 재개발이 완공되기까지 3년 이상 걸리면서 그 기간 동안 주택 공급이 줄어들어 집값이 급등할 수 있다고 봤습니다. 그래서 이를 억제하는 것은 주택 시장을 안정시키는 방법이라고 판단했습니다. 따라서 신도시 공급에 대해서는 역대 어느 정부에서도 큰 이견이 없었으나, 구도심 정비사업에 있어서만큼은 정부마다 바라보는 시각이 다소 달랐던 것이 특징 중 하나입니다.

수요대책과 공급대책 중 무엇이 부동산 시장을 해석하는 데 더 중요할까요? 과거에는 수요정책보다는 공급정책을 더 중요하게 인식하던 시기가 있었습니다. 특히 2010년대 주택가격이 상승하던 시점(2015~2019)이나, 혹은 2000년대 초반에도 주택가격이 급등하던 시기(2001~2006)에는 예외 없이 2기 신도시 혹은 3기 신도시 등이 추진되었기 때문에 이런 신도시 공급은 공급 확대 정책의 일환으로 여겨졌으며, 공급 부족을 문제로 인식했으므로 이를 해결하려면 공급을 늘려야 한다고 해석했습니다.

2022년 급격한 금리 변화와 함께 찾아온 하락장세를 경험하면서부터 현재 시장에서는 공급정책보다는 다시 수요정책에 좀 더 무게를 두고 시장을 바라보려는 시각이 증가하는 추세입니다. 특히 수요정책에서는 금리를 포함한 대출제도 등 금융정책이 중요한 역할을 합니다. 금리 전망이나 변화하는 대출제도의 시행, 예를 들어 2023년부터 시행된 특례보금자리론이나 2024년의 신생아특례론과 같은 새로운 대출제도의 등장 같은 금융정책이 곧 수요정책이라 할 수 있습니다. 이러한 금융정책을 통해 시장을 전망하는 전문가들이 크게 증가하고 있으며, 그만큼 금융정책이 부동산 시장에 미치는 영향력이 커졌다는 것을 보여줍니다. 그것은 아마도 2020~2023년의 흐름에서 제로금리 수준에서 순식간에 고금리로 변경되다 보니, 금융 환경에 급박한 변화가 발생하면서 나타난 흐름이기도 합니다. 향후 금융 환경이 안정적으로 변한다면, 그때는 정책의 해석에서 공급 분야를 보다 더 중요하게 바라보는 시기가 올 수도 있습니다. 특히 2023년부터는 저출산, 고령화, 인구 감소가 화두가 되기 시작하면서 적절한 공급량에 대한 사회적 관심도가 높아져 앞으로 주택시장에서 공급이 큰 화두가 될 가능성이 있습니다.

정책에서 무엇을 봐야 할까?

백브리핑Back Briefing은 공식적인 보고가 끝난 뒤, 기자단 등을 불러서 별도로 하는 설명을 말합니다. 주로 비공식 혹은 비공개를 전제하거나 추가설명을 위해서 공식 발표 이후에 자세한 질의응답을 하는 것을 의미합니다. 언제부턴가 이 용어가 우리 사회에서 자주 사용되기 시작했는데, 최근에는 유튜브 채널에서도 종종 들립니다. 그런데 백브리핑이 있다는 것은 그 이전에 공식적인 브리핑이 있었다는 것을 말해줍니다. 브리핑은 발표의 정석으로 핵심을 요약해서 발표하는 것을 의미하는데, 정부 등 공공기관 등에서는 부동산 대책을 발표한다면 거의 항상 기자단 등을 불러서 브리핑을 합니다. 언론사를 상대로 하는 브리핑에 일반인이 실제 참여할 수는 없지만, 브리핑 자리에서 배포하는 보도자료를 우리 같은 개인들도 쉽게 접할 수 있는 시대가 되었습니다. 바로 정부가 제공하는 '정책브리핑' 사이트를 통해서입니다.

정부가 어떤 부동산 정책을 발표하면, 거의 모든 정부 정책은 '정책브리핑'이라는 사이트를 통해서 보도자료가 공개됩니다. 정책브리핑 사이트는 www.korea.kr입니다. 사이트 구성을 보면 주로 소통 창구로서 기능합니다.

'정책브리핑' 첫 화면에서 부동산 정책을 볼 수 있습니다. 메뉴 중에서 '브리핑룸' 하단에 '보도자료'가 있으며, 여기에 우리나라의 모든 보도자료가 공개되어 있습니다.

정부의 보도자료는 하루에도 수백 개가 나올 정도로 거의 모든 부처에서 열심히 업로드하기 때문에 모든 부처의 보도자료를 볼 필요는 없습니다. 부동산 정책 부문의 보도자료 중에서 부처를 선택해서 살펴봅니다. 이 중 부동산 정책의 주요 부처는 단연코 국토부이므로 부처 체크에서 '국토부'를 선택하고, 추가로 주택 관련 대책 중 수요를 다루는 대출정책 등은 금융위원회에서 자료를 내므로, 금융위원회도 같이 선택해서 살펴보는 것이 좋습니다.

　두 부처를 선택하고 어떤 내용을 보도하는지 보도자료를 살펴보는 것이 부동산 정책 공부의 시작입니다. 실제로 국토부는 해당 사이트를 통해서 부동산 정책을 포함해 다양한 보도자료를 냅니다.

　보도자료들도 성격이 있습니다. 먼저, 정기적으로 반복해서 올리는 형식이 있고, 그때그때 새롭게 만들어서 올리는 자료가 있습니다. 이 중 정기적으로 올리는 자료 중 특히 부동산의 공급과 관련한 내용이 있는데, 이러한 자료는 '00년 00월 주택통계 발표'라는 제목으로 올라옵니다. 주로 월말에 발표하며 주택 착공, 주택 준공, 미분양과 관련한 통계들이 담겨 있습니다. 착공은 공사를 시작했다는 말이고, 준공은 주택을 다 지어서 완성했다는 의미입니다. 분양은 공동주택인 경우에만 해당하는데 공동의 소유권을 각 개인에게 나눠주는 것을 뜻합니다. 따라서 월말에 이런 보도자료를 보면, 직전 월의 부동산 시장 지표들을 확인할 수 있어, 이를 바탕으로 시장 분위기를 스스로 판단해볼 수 있습니다. 특히 해당 보도자료에는 미분양 수치가 같이 발표되는데, 미분양은 주택시장의 현재 상태를 비춰주는 거울과 같습니다. 미분양이 증가하고 있다면 시장에 수요가 부족하고 공급이 과잉으로 가는 상황임을 나타냅니다. 반면에 미분양이 감소하고 있다면 수요가 살아나면서 공급이 해소되는 구간이라고 판단할 수 있습니다. 즉, 시장 상황을 해석하는 데 있어서 이러한 공급 통계들이 중요한 역할을 합니다. 공급 통계를 통해 주택 시장의 공급 현황을 파악하고, 향후 시장의 변동성을 예측해볼 수 있습니다.

실제 2021년 11월부터 미분양 수치가 감소세에서 증가세로 전환한 바 있는데, 이 시점을 기점으로 우리나라 주택시장이 침체기에 진입하였습니다. 그만큼 미분양 데이터가 시장의 변화를 잘 나타내는 지표임을 입증한 사례입니다. 또한 2023년에는 정부가 청약과 관련된 다양한 완화책을 시행하면서 청약시장이 살아나기 시작하고 미분양이 감소했습니다. 이는 2023년 한 해 동안 다소 완화적인 분위기가 지속되었음을 보여주는 지표입니다. 반대로 2023년 12월부터는 미분양이 다시 급증하기 시작했는데, 이는 2023년 말부터 주택시장에 다시금 수요 위축 혹은 공급 과잉 상황이 나타나기 시작했음을 의미합니다. 이처럼 주택 시장의 공급, 거래량, 미분양과 관련한 정보를 한 달에 한 번 보도자료를 통해서 모두 확인할 수 있다는 점에서 국토부의 '주택통계 보도자료'를 꾸준히 살펴봐야 합니다.

수요와 관련된 정책이나 통계도 정책브리핑을 통해서 볼 수 있습니다. 특히 최근 들어 주택의 수요대책은 주로 금융대책을 의미하는 경우가 일반적입니다. 그리고 금융대책 중 대출과 관련한 통계는 금융위원회가 매월 발표합니다. 통상적으로 금융위원회는 주식 같은 증권시장을 다루기 때문에 평소에는 주식시장과 관련된 정보를 더 많이 보도합니다. 그러나 정기적으로 발표하는 '00년 00월 가계대출 통계' 보도자료는 수요의 변화를 파악하는 데 매우 중요한 자료입니다.

금융위원회는 매월 둘째 주 주말 전에 전월의 대출통계를 발표합니다. 해당 자료에서는 총 가계의 직전 월 대출총액을 보여주는데, 이 금액을 통해 한국 가계가 은행과 비은행을 통해서 얼마의 대출을 일으켰는지를 확인할 수 있습니다. 이를 정리하면 장기 시계열로도 정리할 수가 있습니다. 대출 자료를 살펴보는 것이 중요한 이유가 있습니다. 주택을 구매할 수 있는 능력, 즉 구매력은 결국 돈과 관련이 있습니다. 대출을 통해 사람들이 집을 살 수 있는 능력을 키우거나 줄일 수 있기 때문에 대출정책은 주택 수요에 큰 영향을 미쳐 수요정책의 근간이라 할수 있습니다. 물론 주택 수요가 단순히 돈만으로 결정되는 것은 아닙니다. 인구 변화나 가구 수, 주택의 노후화 등도 중요한 역할을 합니다. 하지만 구매력은 결국 대출을 통해 형성되기 때문에 가계대출은 주택 수요의 핵심적인 지표라고 할 수 있습니다. 금융위원회는 대출을 크게 주택담보대출과 비주택담보대출로 나눠서 발표합니다. 주택담보대출 대출금액이 매월 어느 정도 규모로 증가하는지를 꾸준히 살펴보기만 해도 시장의 흐름을 빠르게 파악할 수 있습니다.

장기적으로 보면 가계대출이 확장세를 보였던 기간에는 주택가격이 강세를 기록한 경우가 많았습니다. 반면, 대출이 위축되던 시기에는 주택시장도 하락하거나 보합세를 보이는 경향이 있었습니다. 이는 대출의 확대가 구매력을 증가시켜 주택 수요를 자극하는 반면, 대출이 제한되면 구매력이 줄어들어 시장이 침체되는 모습을 보입니다. 따라서 매월 발표하는 가계대출 데이터만 잘 살펴봐도 현재 주택시장이 강세장인지 약세장인지를 확인할 수 있는 셈입니다. 물론 주택가격과 거래량 같은 통계를 직접 보는 것이 더 직관적일 수 있습니다. 하지만 대출 데이터를 분석하면 시장의 성격이나 전망을 좀 더 깊이 이해할 수 있습니다. 예를 들어 가계의 소득 증가에 따른 자연스러운 강세장이 나타나는 것인지, 아니면 가계가 대출 한도까지 늘려가며 무리하게 강세장이 이어지는 것인지를 판단할 수 있기 때문에, 대출 데이터는 시장의 실질적인 흐름을 파악하는 데 중요한 지표가 됩니다.

이처럼 부동산 정책은 수요정책인지 공급정책인지를 파악하고, 그 대책의 성격이 활성화 정책인지 안정화 정책인지를 판단하는 것이 중요합니다. 이를 통해 정책 그 자체를 공부하거나, 혹은 정책을 통해서 시장을 해석하거나, 혹은 자신의 여러 전략을 수립하는 데 중요한 기준으로 삼을 수 있습니다. 정책브리핑을 통해서 수요-공급대책이 어떻게 모두에게 공개되는지를 접했다면, 앞으로 뉴스를 볼 때 단순히 뉴스를 보는 데서 그치지 말고 정책브리핑 사이트에서 어느 부처에서 발표한 내용인지 확인하고 보도자료를 검색하는 습관을 들이면 좋습니다. 그렇게 한다면 보다 더 자세한 내용, 또 브리핑 내용 그대로를 가감 없이 받아들일 수 있습니다. 이를 꾸준히 해나가다 보면, 부동산 정책과 시장에 대한 이해도가 비약적으로 높아질 것입니다.

실전! 정책 활용하기

1877년 미국의 가난한 농가에서 태어난 제시 리버모어는 미국 주식시장에서 큰 성공을 거둔 인물로 유명합니다. 특히 1929년 대공황 시기에 그는 주식시장에 대한 공매도를 통해 상상을 초월하는 큰 수익을 올렸습니다. 그가 자서전『어느 주식투자자의 회상』에서 아주 유명한 말을 남겼습니다.

"가격 상승이 최고의 마케팅이다."

사람들은 가격이 상승하면 굳이 마케팅을 하지 않아도 관심을 갖는다는 말입니다. 현대식 주식과 부동산, 코인 등 자산시장의 변화와 대중의 반응을 단 한 줄로 묘사한 통찰력 있는 발언이었습니다. 실제 2020~2021년, 전 세계 자산시장은 버블이라고 부를 수 있을 정도로 과열되기 시작했고, 특히 부동산 시장도 예외가 아니었습니다. 매일 부동산 가격이 상승했다는 기사들이 SNS나 유튜브에 광범위하게 퍼졌고, 이러한 정보를 접하는 개인들은 '급격한 가격 상승'이 주는 여러 가지 부작용에 적응해야만 했습니다. 일부는 늦게라도 뛰어들어서 주택을 취득하지 않으면 안 된다는 생각에 자신이 조달할 수 있는 최대한의 자본을 모아서(그래서 이를 영혼까지 끌어모았다고 하여 '영끌'이라고 표현합니다) 부동산에 투자했습니다. 그러나 이후 2022년 하반기가 되자 시장은 거짓말처럼 냉각되었고, 급격한 하락이 발생했습니다. 이러한 부동산 시장의 급격한 변화는 이전과는 다른 양상을 보인 패턴이었습니다. 통상 부동산은 주식보다는 적은 변동성(상승-하락률)을 보이는 자산이라고 알려졌지만, 이때만큼은 확실히 달랐던 것입니다.

자산시장은 끊임없이 변동합니다. 부동산 역시 자산시장의 한 부분으로, 초장기적으로 보면 거의 지속적으로 우상향해 왔습니다. 그러나 2000년대 이후만 보면 두 번의 대세 상승이라고 부를 만한 큰 상승이 있었고, 6년 이상의 장기 약세장이 있었으며, 또 한 번의 큰 하락장이 존재했습니다. 따라서 20년 전에 매수하고 지금까지 보유하고 있었다면 모를까, 특정 시기에 주택을 매수한 경우 지금도 매수할 때의 가격을 회복하지 못한 경우가 드물지 않습니다. 물론 주택은 단순한 투자자산이 아니라 주거서비스라는 중요한 측면도 있어, 주택시장을 지나치게 투자 관점에서만 보는 것은 부적절할 수 있습니다. 그럼에도 불구하고 주택은 자산시장의 성격을 띠기 때문에 투자 관점에서 주택시장을 이해하는 것도 중요한 부분입니다.

2020년 이후 한국 부동산 시장은 크게 요동쳐왔습니다. 2020~2021

년에는 마치 전국의 모든 주택을 지금 당장 사지 않으면 문제가 될 것 같은 분위기였지만, 2022년 이후부터는 정반대로 주택을 고점에 매수하고 고통을 겪는 가구가 폭증하기도 했습니다. 경매 건수가 급증하고 전세금을 돌려주지 못하는 임대인들이 나오면서, 임차인들의 피해 금액이 2023년 한 해에만 4조 원을 넘기기도 했습니다. 2020년 이후 이렇게 냉탕과 온탕을 급격히 오고 갔지만, 앞으로도 이러한 변화가 다시 반복될 수 있습니다. 그 때문에 변화에 따른 대응을 준비할 필요가 있습니다. 그렇다고 주택가격에만 초점을 맞춰 대응해서는 안 됩니다. 상승과 하락 등 가격에만 초점을 두면 최고점에 영끌로 매수하는 실수를 반복할 수 있기 때문입니다. 혹은 최저점에서 공포감에 주택을 모두 처분하는 일도 생길 수 있습니다. 왜냐하면 가격은 사람의 마음을 송두리째 뒤흔드는 힘이 있기 때문입니다. 언제 어떤 때라도 현재의 상황을 다소 냉정하게 해석할 수 있어야 합니다.

수요 변화를 바탕으로 시장을 전망하거나 대응하는 것은 효과적인 전략이 될 수 있습니다. 주택 수요는 구매력에 따라 결정되며, 이 구매력은 소득의 증가와 대출의 증가로 나타난다는 점을 이해한다면, 금융위원회에서 월간 발표하는 보도자료를 단순히 읽는 것에 그치지 않고 직접 정리해보는 것이 정책을 실제로 활용하는 방법입니다. 예를 들어 매월 가계대출 총액을 간략히 요약하여 정리하는 것부터 시작할 수 있습니다. 다음 그림은 금융위원회가 발표한 월간 가계대출 순증액을 시계열로 꾸준히 정리한 차트입니다.

전 금융권 가계대출 추이

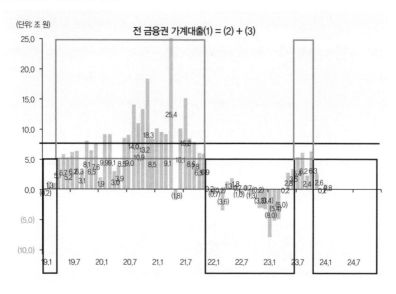

(단위: 조 원)

전 금융권 가계대출(1) = (2) + (3)

가계대출 추이를 보면 2019년 1월에는 월간 1조 원도 되지 않는 대출액이었다가, 점차 규모가 늘어나서 월간 5~6조 원대를 유지했습니다. 이후 2020년 1~2월의 코로나로 인한 경기 둔화 이후부터는 오히려 월간 10조 원대 수준까지 폭증한 것을 확인할 수 있습니다.

가계대출은 2021년 11월부터 급감하여 거의 0조 원 수준까지 감소했으며, 2022년 내내 3조 원을 넘겨본 적이 없습니다. 그리고 2022년 부동산 시장은 역대 세 번째로 큰 하락장세를 경험했습니다. 특히 2022년 하반기부터 가계대출이 증가세가 아닌 감소세로 돌아서면서 그 감소 폭이 클수록 주택시장 하락장도 심화되었습니다. 이후 정부의 정책모기지 프로그램이 시행되면서 2023년 중반부터는 가계대출이 다시 플러스로 반등하였고, 월간 5~6조 원대의 대출 증가를 보이며 가계대출이 다시 확대되기 시작했습니다. 2023년 12월부터 다시 월간 3조 원 미만의 규모를 유지하고 있습니다.

여기에 월간 5조 원을 기준으로 선을 그리고 5조 원 이상 가계대출을 받은 기간을 파란색 상자로, 그 이하를 검은색 상자로 표기했습니다. 이쯤 되면 눈치챘겠지만, 월 5조 원 이상의 순 가계대출 증가세가 나타난 기간은 주택가격이 큰 폭으로 상승하는 시기와 맞물리며, 그렇지 않더라도 강세장이 형성되는 분위기를 의미합니다. 반대로 5조 원선 아래일 때는 약세장이거나 규모에 따라 하락세가 나타나는 것을 알 수 있습니다.

대출, 즉 수요만 잘 보더라도 시장 상황을 해석하는 데 무리가 없습니다. 먼저 2019년 하반기부터 대출 증가세와 가격 강세가 나타난 것을 알 수 있고, 또 2020년 코로나 시기에도 경제적 불확실성에도 불구하고 가계대출이 역대급으로 증가하면서 소위 '버블 장세'가 형성된 것이 설명됩니다. 또 반대로 2021년 말부터 모두가 강세장이 영원하리라 착각할 즈음에 가계대출은 정반대로 제로로 급격히 낮아지면서 이후 1년 넘는 장기간의 하락장을 예고하고 있음을 보여주기도 합니다.

물론 이러한 해석들이 결과론적 해석, 혹은 사후편향이 반영된 것으로 볼 수도 있습니다. 하지만 당시 기준에서 시장을 이해하더라도 이와 비슷한 판단을 할 수 있었을 것입니다. 특히 2021년 하반기에는 '노도강 영끌'이라는 키워드로 상징되는 30~40대의 적극적인 부동산 매수가 시장을 주도했습니다. 이들은 주로 서울의 노원, 도봉, 강북 지역에서 대출을 최대한 활용한 '영끌' 매수에 나서며 시장에 큰 영향을 미쳤습니다. 그러나 이 시기에 주택대출은 서서히 감소하기 시작했고 2021년 11월부터는 급격히 내려갔기 때문에 향후의 약세장을 충분히 예고했다고도 할 수 있습니다.

물론 206쪽 그림 하나로 부동산의 모든 정책이나 국면을 설명할 수는 없습니다. 하지만 이 장에서 강조하고 싶은 점은, 시장을 설명하는 유의미한 지표들을 단순히 보도자료로 접하는 데 그치지 말고, 이를 체계적으로 정리해두는 것이 중요하다는 것입니다. 하나하나 차근히 정리하는 것이, 어떤 분야에서든 공부를 시작하는 출발점입니다. 이런 정리를 하지 않고 뉴스만 본다면, 시장의 과열을 그대로 받아들이게 되므로 FOMO에 쉽게 사로잡힐 수 있습니다.

어떤 사람들은 이런 데이터를 정리하는 일이 연구기관이나 전문가들만의 영역이라고 생각하기도 합니다. 그러나 그렇지 않습니다. 그냥 하면 됩니다. 다만, 모든 분야를 정리할 필요는 없습니다. 하나씩 정리하면 됩니다. 그러다 보면 어느새 정책브리핑에서 부동산 정책의 원본을 찾아보고, 그 영향을 점검하며, 수요와 공급의 변화를 통해 시장을 자연스럽게 전망하는 자신을 발견하게 될 것입니다.

교통을 알면
앞서간다

어디에 투자할까?

도로, 철도 등 교통망과 국토개발 계획이 부동산 투자에 어떤 중요한 의미를 가지며 왜 교통망 계획을 알아야 하는지는 누구나 알고 있을 것입니다. 교통망 등 기반시설은 해당 부동산의 편의성과 가치를 높여 부동산 수요를 늘리고 이는 다시 가격 상승으로 이어집니다. 경부고속도로의 사례를 통해 교통망이 도시 발전에 미치는 영향을 설명하고, 도로의 종류와 용어 그리고 개발 방식에 따른 투자 전략을 소개합니다. 또한 미공개 정보에 의존하지 않고, 신뢰할 수 있는 정보를 어디서 찾고 어디에 투자해야 하는지를 설명하겠습니다.

보도자료, 고시문, 공사·용역 입찰 공고문, 이사회 회의록 등이 처음에는 낯설고 이해하기 쉽지 않습니다. 개발 계획과 보도자료를 찾고 분석하는 것이 지루하고 생소한 작업일 테지만, 시간과 노력을 들여 사실관계를 꼼꼼히 확인하고 공부한다면 점차 정책을 분석하는 눈이 생기고 특정 지역에 어느 시점에 투자해야 할지 방향이 보이기 시작합니다. 도로·철도·공항건설, 도시·주택·토지 개발, 산업단지 개발 역시 유사한 형태로 진행되므로 차근차근 분석해보면 다양한 개발 정보를 어렵지 않게 파악할 수 있습니다.

경부고속도로는 흔히 '국토의 대동맥'이라 불리며, 대한민국 고도 경제성장의 대표적인 상징물입니다. 1970년 경부고속도로 개통으로 서울, 대전, 대구, 부산 등 주요 경유지와 주변 도시(수원, 천안, 구미, 포항, 울산, 창원 등)가 전기·전자, 반도체, 자동차, 조선, 제철 등 경제·산업의 중심지로 성장하면서 인구와 일자리, 교육 인프라가 집중되었고 토지, 주택 등의 부동산 가격도 다른 지역에 비해 상승했습니다.

특히 수도권의 경우 경부고속도로를 따라 좌우로 강남 개발과 더불어 양재, 판교, 용인, 수원, 화성동탄, 평택에 산업과 인구, 핵심 일자리가 집중되며 수도권 쏠림 현상이 심화되었습니다. 반면에 고속도로 접근성이 떨어지는 지방 중소도시는 현재 인구 감소와 지방 소멸의 위기를 겪고 있습니다.

그렇다면 어디에 투자해야 할까요? 앞으로 수도권, 대전·세종, 충남 천안·아산, 충북 청주와 주요 광역시 정도가 저성장, 저출산, 고령화, 그리고 제조업 쇠퇴 기조 속에서도 도시 성장과 부동산 투자의 한계선이 될 가능성이 크다고 생각합니다. 도시가 지속가능하기 위해서는 양질의 일자리, 인구, 교육, 교통 인프라가 갖춰져야 하는데 이러한 요소들의 수도권 쏠림 현상이 심화되고 있기 때문입니다.

수도권 및 비수도권 인구 변화(순유입)

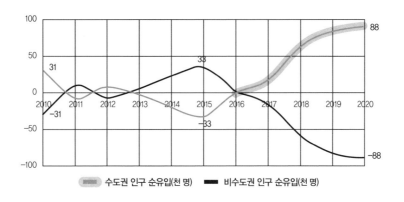

*자료: 〈국토교통부 제2차 고속도로 건설 계획〉(2022)

위 표는 수도권과 비수도권의 인구 변화를 표시한 그래프입니다. 2012~2015년은 공공기관이 지방 혁신도시로 이전하면서 비수도권 인구가 순유입되었습니다. 그러나 2016년을 기점으로 수도권 인구의 순유입 증가로 수도권 인구 집중이 심화하고 있음을 보여줍니다.

권역별 혼잡구간(2019)

단위: Km

구분	계	도시부*						지방부
		소계	수도권	부산·울산	대구권	대전권	광주권	
계	4,767	2,435	951	395	482	404	201	2,332
양호(A~D)	4,322	2,048	628	381	466	379	194	2,274
혼잡(E~F)	445	387	323	15	16	26	8	58
혼잡 비율	9.3%	15.9%	34%	3.9%	3.3%	6.3%	3.7%	2.5%

*대도시권 광역교통 관리에 관한 특별법 시행령[별표 1]에 근거한 도시권

*자료: 〈국토교통부 제2차 고속도로 건설 계획〉(2022)

고속도로 혼잡구간 비율을 표시한 표로 도시부(대도시권)가 지방부보다 혼잡 비율이 높습니다. 특히 수도권은 34%가 혼잡구간으로 교통정체가 심각한 상황입니다. 경제적 타당성 측면에서 신규 고속도로 건설은 수도권에 집중될 수밖에 없습니다. 따라서 지방부의 투자는 보수적으로 접근해야 합니다.

도로의 종류와 용어 정리

일반적으로 차량과 보행자가 통행하도록 만든 길을 모두 '도로'라고 부르지만, 관리 주체나 기능, 규모별로 관련 법령에 따라 달리 규정하고 있습니다. 우리가 도로의 종류를 알아야 하는 이유는 토지 개발과 건축 행위를 하려면 「건축법」에서의 도로 개념을 알아야 하기 때문입니다.

「건축법」에서 도로(「건축법」 제2조 제1항 제11호)

「건축법」에 의한 도로란 보행과 자동차 통행이 가능한 너비 4m 이상인 다음에 해당하는 도로나 그 예정 도로를 말한다.

1. 「국토의 계획 및 이용에 관한 법(국토계획법)」, 「도로법」, 「사도법」, 그 밖의 관계 법령에 따라 신설 또는 변경에 관한 고시가 된 도로
2. 건축허가 또는 신고 시에 특별시장·광역시장·특별자치시장·도지사·특별자치도지사 또는 시장·군수·구청장이 위치를 지정하여 공고한 도로

도로의 법적 구분 체계

법적 근거	구분 체계	도로의 구분
도로법	관리주체별	고속국도, 일반국도, 특별시도·광역시도, 지방도, 시도, 구도
	기능별 [도로구조규칙]	주간선도로, 보조간선도로, 집산도로, 국지도로 *고속도로(도시고속도로)는 주간선도로임.
국토계획법 [도시계획시설규칙]	사용 형태별	일반도로, 자동차전용도로, 보행자전용도로, 보행자우선도로, 자전거전용도로, 고가도로, 지하도로
	규모별	광로, 대로, 중로, 소로 *도로폭에 따라 1류, 2류, 3류로 구분
	기능별	주간선도로, 보조간선도로, 집산도로, 국지도로, 특수도로

　「도로법」에서 도로는 도로구역으로 지정·고시하고, 「국토계획법」에서 도로는 도시계획시설 도로로 지정·고시하며 해당 토지는 토지이음(토지이용계획, 이음지도)을 통해 확인할 수 있습니다. 물론 위 표에 나온 도로 관련 법률에 대해 자세히 알 필요는 없습니다. 우리는 「건축법」에서 규정한 도로가 저렇게 분류되는구나 하는 정도만 알면 됩니다.

도로란 크게 자동차전용도로와 일반도로로 구분합니다. 자동차전용도로는 말 그대로 자동차만이 통행할 수 있는 전용도로로서, 고속도로(고속국도)와 도시고속도로가 있습니다. 고속도로는 국토교통부가 관리청이며 공기업인 한국도로공사가 건설·관리하는 재정(사업)도로와 민자사업자가 자본을 투입하여 건설·관리하는 민자(사업)도로로 구분되며, 도시고속도로는 서울특별시, 경기도, 부산광역시 등 지자체에서 건설·관리하는 도로로 각 지자체에 관리 책임이 있습니다.

일반도로는 한국도로공사가 관리하는 고속도로와 구분되는데도 많은 사람이 그 관리 한계를 혼동하고 있습니다. 일반도로는 지방국토관

도로 종류별 계획 및 건설(관리) 주체

구분		계획주체	건설(관리)주체	재원
고속국도		국토교통부장관	국토교통부장관 (도로공사대행)	공사비: 국고/도로공사 용지비: 국고
일반국도	동(洞)지역 외	국토교통부장관	국토교통부장관	지방비
	동 지역	시장	시장	지방비
특별·광역시도		특별·광역시장	특별·광역시장	지방비
지방도		도시자(시구역: 시장)	도지사(시구역: 시장)	지방비
시·군·구도		시·군·구 지자체장	시·군·구 지자체장	지방비
국도대체우회도로		국토교통부장관	국토교통부장관	공사비: 국고 용지비: 지방비
국가지원지방도		국토교통부장관	도지사(시구역: 시장)	공사비: 국고 용지비: 지방비
혼잡도로		국토교통부장관	지자체	공사비: 국고/지방 용지비: 지방비

*자료: 국토교통부

리청(일부 구간 지자체)에서 관리하는 일반국도와 지자체에서 관리하는
특별시도·광역시도, 지방도, 시도, 군도, 구도가 있습니다.

해당 사업의 주체(관리청)가 어디인지를 알아야 사업 추진 단계·정보(공
고·고시문, 보도자료 등)를 찾아보고 실현 가능성을 예측해볼 수 있습니다.
예를 들어 국토교통부는 '민생토론회'에서 '도로 및 철도 지하화'를
추진한다는 계획을 발표하면서 "지하고속도로는 경부선 '기흥~양재'
구간에 대해 예타가 진행 중이며 예타 통과를 최우선으로 해 지자체
등과 구축한 협의체 운영을 활성화할 계획이다"라고 발표했습니다(대
한민국 정책브리핑 2024.01.25.).
서울시는 "한강 변을 따라 형성된 '강변북로(가양대교~영동대교)'와 도
심 중앙을 관통하는 '경부간선도로(양재IC~한남IC)'의 지하화를 본격 추

국토교통부 양재~기흥 vs. 서울시 한남~양재 도로 지하화 사업

진한다"고 발표했습니다(서울시 보도자료 2022.10.27.).

경부고속도로는 '서울-부산' 전 구간을 국토교통부(한국도로공사)에서 관리한다고 알고 있는 사람들이 많지만, '기흥(동탄)-양재' 구간 지하화는 국토교통부에서, '양재~한남' 구간 및 강변북로 지하화는 서울시에서 추진합니다.

아울러 고속도로 관련 용어도 정확히 알아둡니다.

고속도로 관련 용어

용어	설명	특징
IC (Interchange)	나들목으로 국도나 일반 도로에서 고속도로로 진입하거나 고속도로에서 나오는 출입구 지점	IC가 만들어지면 인근 지역에 고속도로 접근성이 좋아져 도시개발, 상업시설, 물류창고, 산업단지 등 수요가 생기면서 땅값도 상승하게 된다. IC와 연결되는 도로 주변 지역을 눈여겨봐야 한다. 지자체에서 IC와 연계한 도시계획을 같이 수립하기 때문이다.
JC (Junction)	분기점(입체교차로)으로 두 고속도로가 만나서 연결되는 지점	고속도로 건설 계획이 발표되면 IC와 JC를 혼동하여 JC가 설치되면 인근 지역이 수혜를 입을 것이라고 잘못 생각한다. 하지만 JC는 일반도로와 연결되지 않으므로 투자에 유의해야 한다.
TG (Tollgate)	요금소(영업소)로 고속도로의 통행료를 결제하는 지점	보통은 IC에 설치되나 양재IC처럼 요금소가 없는 경우도 있고 서울요금소처럼 본선에 있는 경우도 있다. 앞으로 무인 무정차 스마트톨링(Smart Tolling)이 전면 도입되면 요금소 부지에 복합환승센터 등 개발이 이뤄질 것이므로 요금소(영업소) 인근 지역에 관심을 가져보자.
하이패스IC	하이패스 단말기를 부착한 승용차, 버스, 4.5t 미만 화물차가 이용할 수 있는 하이패스 전용 나들목	4.5t 이상 화물차나 하이패스 단말기를 부착하지 않은 일반 차량은 이용할 수 없다는 한계가 있으나, 정규 IC에 비해 공사비가 적게 들어 교통량 분산이나 지역의 고속도로 접근성 향상을 위해 지자체에서 적극적으로 한국도로공사에 제안하고 있으므로 설치 예정지에 관심을 가져보자.

면개발과 선형개발에 따른 인근 토지지가

국토개발은 토지 이용 형태에 따라 2가지 방식으로 나눌 수 있습니다. LH나 지방공사에서 시행하는 택지개발사업 같은 '면개발' 방식과, 한국도로공사나 국가철도공단에서 시행하는 교통망 건설사업 같은 '선형개발' 방식입니다. 개발 방식의 차이는 인근 토지 가격에 영향을 미치므로, 이를 이해하고 투자에 활용하면 도움이 됩니다.

택지개발사업은 주택난을 해결하기 위해 넓은 면적의 택지를 조성하여 주거, 상업, 업무시설과 도로 등 기반시설을 건설하는 사업입니다. 신도시건설, 산업단지, 공공주택지구, 도시개발, 역세권개발 사업 등이 있습니다. 대표적인 사례가 평택고덕국제신도시로, 면개발 방식 특성상 해당 사업에 편입된 토지는 사업시행고시 당시 표준지 공시지가를 기준으로 감정평가한 금액으로 보상하므로, 해당 사업으로 발생한 개발이익(지가 상승)은 배제됩니다. 이 때문에 미래의 개발이익이 선반영된 인근 토지 시세보다 보상액이 낮습니다.

반면 사업 구역에 편입되지 않은 주변 지역은 개발이 완료되고 나면 인구가 유입되고 접근성이 좋아져 상업 활동이 활발해집니다. 나아가 공원, 학교, 병원 등 편의시설이 확충됩니다. 이러한 변화는 주변 토지 가치를 끌어올리므로 개발 지역 주변의 토지에 투자하는 것이 좋습니다.

선형개발은 도로, 철도, 하천 등 국토 또는 도시를 개발할 때 특정 축이나 선을 따라 이루어지는 개발 방식입니다. 나들목이나 역 인근 토지는 교통망 개선으로 접근성이 향상되어 주변 토지의 매력도가 높아져 지가가 상승합니다. 반면 차량이 지나가는 본선 인근 토지는 차량 소음과 진동 및 분진으로 인해 주민 불편이 발생합니다. 선형시설 주변 지역 간 단절로 도시 확장이 어렵고 지역 불균형이 심화됩니다. 또한 접도구역 등의 규제로 개발 행위까지 제한되어 지가에 악영향을 미치므로 투자할 때 주의해야 합니다.

고속도로는 단순한 이동수단을 넘어, 지역 경제 활성화와 부동산 가치 상승에 큰 영향을 미치는 중요한 기반시설입니다. 「도로법」에 따르면 도로구역과 접도구역이 있는데 일반인들에게는 생소한 개념입니다. 국가나 지자체에서 도로를 개설하거나 확장하면서 본인의 토지를 지나간다면 보상을 받을 수도 있고, 보상은커녕 개발도 못하게 되어 토지 가치가 하락할 수도 있습니다.

도로구역은 도로를 구성하는 일단의 토지로서 도로관리청이 「도로법」 제25조에 따라 지정하는 구역으로 「공익사업을 위한 토지 등의 취득 및 보상에 관한 법률」에 따라 보상 대상입니다. 반면 접도구역은 도로 설계상의 안전, 환경 보호, 미관 유지 및 향후 도로 확장에 대비해 도로 경계선으로부터 5미터(고속국도의 경우는 30미터) 이내에 설정한 구역으로, 일반적으로 보상 대상이 아니며, 건축물의 신축, 개축, 증축 등에 제한이 있을 수 있습니다. 「도로법」 제41조에 '접도구역에 있는 토지의 매수 청구' 조항을 두고 있으나 현실적으로 보상받기는 쉽지 않습니다.

정확한 개발 정보인지 확인하기

많은 사람이 주식시장이든 각종 개발 계획이든 투자 정보가 공개되기 전에 미리 알고 투자하면 큰돈을 벌 수 있을 거라고 생각합니다. 하지만 미공개 정보나 정확한 사실 확인 없이 소문만 듣고 하는 투자는 높은 위험성을 안고 있습니다.

첫째로 정보의 신뢰성 문제입니다. 미공개 정보는 공식적으로 공개되지 않은 정보이기 때문에 신뢰성과 정확성이 보장되지 않습니다. 반드시 정보 출처를 확인하고 팩트 체크를 해야 합니다. 둘째는 법적 문제입니다. 미공개 정보를 이용한 투자는 내부자 거래와 같은 불법 행위에 해당할 수 있습니다. 만약 불법 행위로 밝혀질 경우, 투자 손실뿐만 아니라 법적 처벌을 받을 수도 있습니다. 셋째는 시장의 변동성입니다. 미공개 정보에 반영되지 않은 다른 요인으로 인해 시장 상황은 급변할 수 있습니다. 지금처럼 공사비 상승, 고금리나 PF대출 문제로 개발 계획이 확정된 사업도 시장 상황에 따라 중단되거나 취소되는 사례가 많습니다. 미공개 정보에만 의존하여 투자 결정을 내리면, 예상치 못한 시장 변동으로 인해 큰 손실을 볼 수 있습니다.

공개된 정보를 기반으로 정보 출처의 신뢰성과 정확성을 검증하고 시장의 변동성을 고려하여 실제로 개발할 수 있는지, 적정 투자 시기는 언제인지를 판단하여 전략적으로 투자해야 합니다. 그렇게 쉽게 돈이 되는 고급 정보를 왜 굳이 나에게 알려주는지, 실제로 돈이 되는 정보인지 아닌지를 판별할 줄 아는 안목을 먼저 키워야 합니다.

요즘은 블로그나 유튜브 등을 통해 관련 정보를 쉽고 빠르게 찾을 수 있으나 본인이 직접 조사하고 정리한 정보야말로 지식이 되고 머릿속에 구조화되어 남습니다. 남이 가져다준 정보는 절대 내 것이 될 수 없으니 시간이 걸리고 다소 더디더라도 직접 손품과 발품을 팔아가며 체득하는 것이 투자의 기본입니다.

돈이 되는 개발 정보를 모아놓은 사이트

기관	인터넷 주소	주요 내용
국토교통부	www.molit.go.kr	보도자료, 공고·고시문
전자관보	gwanbo.go.kr	공고·고시문 검색하기 • 도로구역 결정, 지형 도면 • 철도 기본계획, 실시계획
토지이음	www.eum.go.kr	결정 고시, 지형 도면 고시, 실시계획 인가 고시에 특화된 검색 제공
이음지도	www.eum.go.kr	지형 도면 고시 내용을 지도로 확인 • IC, 역 위치 및 노선 확인 가능
공공기관 알리오	www.alio.go.kr	이사회 회의록, 주요 사업, 투자 현황, 입찰·계약 정보, 연구 보고서
한국도로공사	www.ex.co.kr	도로건설 정보, 사업실명제, 보도자료, 경영 공시
한국도로공사 전자조달시스템	ebid.ex.co.kr	조달 공고(발주, 공사, 용역)
국가철도공단	www.kr.or.kr	철도건설 정보, 사업실명제, 조달 공고(발주, 입찰), 보상계획 공고, 보도자료, 경영 공시
국가철도공단 전자조달시스템	ebid.kr.or.kr	조달 공고(발주, 공사, 용역)
한국토지주택공사	www.lh.or.kr	건설 정보, 사업실명제, 보도자료, 경영 공시
조달청 나라장터	www.g2b.go.kr	공공기관의 연구용역, 설계용역 및 건설공사 입찰 공고를 통합 조회 가능

환경영향평가	www.eiass. go.kr	노선도, IC·철도역 명칭, 위치 확인
KDI 공공투자 관리센터	pimac.kdi.re.kr	재정투자사업 : 예비타당성 조사, 타당성 재조사 민간투자사업 : 타당성 분석 및 적격성 조사
나무위키 위키백과	namu.wiki ko.wikipedia. org	사업 개요, 구간, 추진 단계, 개통일 등 사업 현황이 잘 정리되어 있고 관련 링크도 제공
네이버 카페 '로드클럽'	cafe.naver. com/ exwaylove	도로 관련 기사, 현장사진 등 공유
미래철도DB	frdb2.ivyro.net	국내에서 구상, 계획, 설계, 시공 중인 철도, 지하철, 경전철 노선 정보 제공
대한경제	www.dnews. co.kr	건설/부동산 관련 전문 매체 • 철도, 도로, 주택, 산업단지 등 개발 정보 제공
코리아닥스	www. koreadocs. com	부동산 정책 관련 정부 및 민간연구소의 보도자료, 연구 보고서, 시장 동향, 개발 계획, 고시문 제공
AI 검색	—openai.com —gemini. google.com —wrtn.ai —www. perplexity.ai —copilot. microsoft.com	뤼튼(Wrtn)과 퍼플렉시티(Perplexity)는 정보 출처가 링크되어 있어 편리

세금, 성공으로 이끄는 핵심 요소

2024년 이후 주택 세금은 어떻게 달라질까?

정부의 주택 세금정책은 대부분 부동산 경기에 따라 수요를 억제하거나 키우는 정책을 되풀이해왔습니다. 부동산 가격이 상승하면 투기를 억제한다는 명목으로 세금을 인상하고, 부동산 시장이 침체하면 세금 부담을 경감하고 대출을 지원하는 식의 정책을 반복해왔습니다. 정책 수단의 내용을 보면 대개가 가격 조정 정책에 해당합니다. 그렇다면 앞으로 주택 관련 세금정책에 어떤 변화가 있을지 과거 주택 세금정책의 역사를 통해 한번 유추해볼까요?

1. 김대중 정부

현재와 같은 다양한 규제와 규정을 주택정책 수단으로 적극 활용하기 시작한 것은 김대중 정부 때부터입니다. 1998년 김대중 정부 초기에는 주택가격이 큰 폭으로 하락했습니다. 이는 기업의 과다 차입으로 촉발된 외환위기가 경기 침체를 초래하면서, 일부 기업과 개인이 보유주택을 급히 매각했기 때문입니다. 그 이후 IMF 사태에 따른 비상 체제가 시작되면서 고금리 정책이 시행되었습니다. 그 여파로 기업의 파산이 이어지는 등 극심한 불황이 발생했고 실업자가 대폭 늘어났습니다. 이 상황에서 금융기관은 대출을 회수하기 시작했고 주택시장은 거래 자체가 마비되는 사실상 시스템 붕괴 상황에 이르렀습니다.

이러한 상황에서 주택가격의 폭락을 방치할 경우 경기 악화를 심화하고, 서민의 생활도 궁핍해질 수 있다고 판단한 정부는 하락하는 주택가격을 반전시킬 수 있는 정책 역량에 집중했습니다. 추가로 IMF 프로그램의 기본 목표가 자본 자유화와 시장 기능의 활성화에 있었기 때문에 이 조류에 발맞춰 부동산 시장에서도 대부분의 주택 거래 관련 규제를 완화하는 조치를 시행했습니다.

이에 정부가 출범한 지 얼마 되지 않은 1998년 5월 8일 분양권 재당첨 금지 기간 단축, 청약 자격 제한 완화 등 규제 완화 대책이 발표되었습니다. 이어 분양가 자율화, 양도세 한시 면제, 취득세 및 등록세 감면, 토지거래허가제 및 신고제 폐지, 분양권 전매 허용 등 규제 완화 대책을 연달아 발표했습니다.

이와 함께 정부는 1999년 이전에 인가된 개발사업에 대한 개발부담금을 면제하고, 2000년 이후 사업에 대해서는 부과율을 50%에서 25%로 낮추는 조치를 취했습니다. 이어서 「토지초과이득세법」을 폐지함으로써 사실상 토지공개념 제도(토지의 사용과 처분에 있어 필요한 경우 특별한 제한이나 의무를 부과할 수 있다는 것)도 폐기되었습니다.

2. 노무현 정부

노무현 정부는 주택시장 안정을 핵심 목표로 삼고, 거의 모든 정책 수단을 동원하여 다양한 대책을 강구했습니다. 정부는 사회적 불평등과 갈등이 부동산에서 발생하는 불로소득으로 인해 심화된다고 인식했으며, 과도한 개발이익이나 불로소득을 국가가 적극적으로 환수하는 것이 주택가격 안정과 사회적 정의를 실현하는 최선의 방법이라는 정책 이념을 제시했습니다.

2003년 10월 29일, 종합부동산세 도입과 보유세 현실화를 통한 수요 억제, 공급 확대, 자금 출처 조사 등 다양한 행정 규제를 포함한 강력한 정책이 시행되었습니다. 그러나 2005년 이후, 교통과 교육 여건이 상대적으로 우수한 주거 환경 덕분에 특정 지역에서 주택 수요가 지속적으로 증가하며 가격이 폭등했습니다. 반면, 수도권의 토지 이용 규제와 재건축 규제 강화로 인해 이러한 인기 지역에서의 주택 공급은 크게 위축되었습니다. 추가로 주택가격 상승을 억제하기 위해 8·31 대책이 발표되었으나, 주택가격 상승 흐름을 막는 데는 실패했습니다.

2006년 하반기 이후에는 주택가격 상승세가 수도권 전역으로 확산되었습니다. 이후 주택 수요 억제를 위한 규제 강화와 주택가격 상승이 반복되는 양상을 보였습니다. 주택시장의 인프라 확충, 총부채상환비율DTI 도입 및 강화, 실거래가 과세, 양도세 중과, 종합부동산세 도입 등 다양한 정책이 추진되었습니다.

아쉬웠던 점은, 주택 관련 세금이 결국 매수인이나 임차인에게 전가된다는 속성을 충분히 고려하지 않고 과도한 중과세 정책이 펼쳐졌다는 것입니다. 특히 선호 지역에서는 매도자 우위 시장이 형성되면서 이러한 부작용이 더욱 두드러졌습니다. 이러한 수요 억제 정책은 장기적으로 주택가격을 오히려 상승시키는 부작용을 초래했으며, 조세 저항 등의 문제에 직면하기도 했습니다.

3. 이명박 정부

2008년 글로벌 금융위기의 여파로 국내에서도 금융시장 불안, 신용경색, 실물 경기 급락 같은 현상이 나타났습니다. 이는 1998년 외환위기 당시와 유사한 상황이 재연되는 양상을 보였으며, 그 영향으로 서울 주택가격도 2008년 하반기부터 하락세로 접어들었습니다.

노무현 정부와 반대되는 입장이었던 이명박 정부는 주택정책의 중심을 '주택시장 기능 회복'에 두었습니다. 구체적으로는 공급 기반을 강화하고, 거래를 활성화하며, 수요를 확대하는 한편, 조세 체계의 합리화를 주요 정책 방향으로 설정했습니다. 실제로 건설 경기를 활성화하여 경기 부양을 도모하기 위해 외환위기 당시와 유사한 주택 경기 부양 및 규제 완화 정책을 최대한 동원했습니다. 이 과정에서 노무현 정부가 추진했던 다양한 정책을 규제로 간주하고 이를 폐지하거나 완화했습니다.

2008년 11월, 헌법재판소가 종합부동산세의 세대별 합산 방식을 위헌으로 판결한 것을 계기로 노무현 정부의 부동산 규제들을 과감히 수정했습니다. 취득세 감면, 고가 주택 기준 조정, 양도세 중과세율 완화 등 주로 세제 감면을 통해 주택 거래 정상화를 추진했습니다.

종합부동산세 외에도 재산세 등 부동산 관련 조세 부담을 완화했으며, 지방 미분양 주택(9억 원 이하) 취득 시 취득·등록세율을 2%에서 1%로 낮추고, LTV 규제를 완화하는 한편, 재건축·재개발 절차를 간소화했습니다. 또한 고가 주택 기준을 6억 원에서 9억 원으로 상향 조정하고, 서울 강남 3구를 제외한 수도권 모든 지역을 투기지역에서 해제하는 등 규제 완화와 폐지 정책을 연이어 발표했습니다. 미분양 주택 해소를 위해 양도세 감면과 LTV 완화에도 집중했습니다.

하지만 이명박 정부의 주택 규제 완화는 종합적인 계획 없이 시장 상황에 따라 임기응변식으로 처리된 면이 있었습니다. 이에 시장의 요구를 충분히 반영하지 못했다는 비판도 제기되었습니다. 규제 완화 중심의 부동산 대책을 반복함으로써 오히려 시장의 원활한 작동을 저해한 측면도 있었습니다. 결국 이명박 정부의 규제 완화 정책은 주택시장 안정 등 본래 의도한 효과를 충분히 얻지 못했으며, 적정 수준의 규제에 대한 논의나 고려가 부족했다는 점에서 한계가 있었다고 평가할 수 있습니다.

4. 박근혜 정부

박근혜 정부는 주택시장을 정상화하는 데 초점을 두고 전 정부에 비해 더욱 적극적인 정책을 시행했습니다. 주택시장의 활성화를 통해 장기 침체에 빠진 경제의 활로를 열겠다는 정책 의지를 피력했습니다. 소위 '주택매매 활성화를 통한 주택 경기 부양'이라는 정책 목표를 공식적으로 내걸 정도로 주택 경기 활성화를 추구했습니다.

정부 취임 직후인 2013년 4월 1일 '서민 주거안정을 위한 주택시장 정상화 종합대책'을 다른 어떤 정책보다 앞서 발표했습니다. 주택시장 정상화에 대한 의지를 분명히 하며, 당시 수출 감소로 경기 침체가 우려되는 상황에서 주택시장 진작을 통해 경기 활성화를 도모하려 했던 것으로 보입니다.

구체적으로는 대책 발표 이후 1년 안에 구입하는 주택에 대하여 5년 간 양도세 면제, 생애 첫 주택에 대하여 취득세 면제 등의 조세정책이 있었습니다.

5. 문재인 정부

2017년 5월, 박근혜 대통령 탄핵으로 인한 조기 대선을 치르고 문재인 정부가 출범했습니다. 당시 서울의 주택시장은 장기간의 침체에서 벗어나 본격적인 상승세에 접어드는 조짐을 보이고 있었습니다.

정부 출범 전후 시중에서는 과거 노무현 정부의 부동산 정책이 반복될 것이라는 예상이 퍼졌습니다. 이에 따라 서울 아파트 가격 상승세를 진정시키기 위해 문재인 대통령은 취임 직후 6월 19일과 8월 2일에 대책을 마련했으며, 주요 내용은 주택 관련 세금 인상과 대출 축소 등 주택 수요 억제를 위한 조치들이었습니다.

당시 주택 대책은 노무현 정부의 정책을 답습한 것이라는 평가가 많았습니다. 대책의 주요 골자는 주택 관련 세금을 인상하고, 주택 구입 자금 대출을 축소하는 등 주택 수요 억제에 중점을 둔 규제적 성격이 대부분이었습니다.

10여 년 전 효과가 미흡하다고 평가된 정책이 반복되면서 시장에서는 신정부의 주택정책 방향이 명확히 드러났고, 이에 따라 서울 주택가격이 상승할 것이라는 기대감이 커졌습니다. 이는 주택시장의 특성상, 가격 상승 기대감이 실제 수요 증가로 이어지면서 시장 전반에 걸쳐 가격이 꾸준히 오르는 대세 상승기로 접어드는 계기가 되었습니다.

결과적으로 주택정책의 최우선 목표는 사람들이 선호하는 지역의 주택가격을 안정시키는 것이 되었으며, 정책 대부분이 수요 억제 위주의 규제 대책으로 굳어졌습니다. 그러나 주택가격이 다시 상승하자, 정책 방향을 수정하기보다는 더 강력한 대책을 내놓는 악순환이 이어졌습니다.

주택가격 상승에 대한 기대감이 형성되면서 매도자들은 매물을 회수하기 시작했습니다. 반면 매수자들은 가격이 더 오르기 전에 주택을 매입해야 한다는 심리로 인해 추격 매수가 본격화했습니다. 여기에 전세를 매개로 한 '갭투자'가 확산되면서 주택 매수 수요가 급증하였고, 결과적으로 서울에서는 매도자 우위의 시장이 형성되었습니다.

특히 2017년 8·2 대책의 주요 내용 중 하나인 2018년 4월 1일부터 다주택 보유자의 양도세 중과가 주택가격 상승을 촉발하는 요인으로 작용했습니다. 매도자들이 매물을 내놓기보다는 보유 전략을 선택하면서 시장의 매물은 더욱 감소했습니다. 양도세 부담에도 불구하고 가격 상승으로 인한 시세차익을 노리려는 의도가 있었기 때문입니다.

결국 2018년 8월 서울 아파트 가격이 급등했습니다. 주택가격 상승에 대한 기대감이 확산되면서 결혼 적령기를 맞은 베이비붐 세대의 20~30대 자녀들이 주택 구입에 나섰고, 주택임대사업자들도 매수세에 가세하였습니다. 그 결과, 8월 하순부터 9월 중순까지 약 5주 동안 서울 아파트 매매가격은 매주 1%에 가까운 상승률을 기록했습니다.

이 급격한 서울 아파트 가격 상승에 대응하여 정부는 8월 27일 첫 공급 확대 대책을 발표하고, 이어 9월 13일 보유세와 양도세 강화, 대출 억제를 포함한 종합대책을 내놓았습니다. 나아가 2019년 12월 16일 발표된 '주택시장 안정화 방안'에서는 종합부동산세 세율 상향 조정, 공시가격 현실화율 제고, 1세대 1주택자 장기보유특별공제에 거주기간 요건 추가, 일시적 1세대 2주택 비과세 요건 강화, 조정대상지역 내 다주택자 양도세 중과에 분양권 포함, 2년 미만 단기 보유 주택의 양도세율 상향 등 강력한 세금 인상 정책이 이어졌습니다.

이후 2020년 2월 20일과 6월 17일 대책을 통해 조정대상지역을 69개로 확대하였고, 7월 10일 '주택시장 안정 보완대책'에서는 다주택자에 대한 취득세 중과까지 도입했습니다. 이어 12월 17일에는 전북 전주 덕진구, 경북 경산, 충남 논산, 전남 광양 등 전국의 거의 모든 지역이 조정대상지역으로 지정되었으며, 111개 지역이 세금 중과세를 적용받는 지역으로 편입되었습니다.

6. 윤석열 정부

2022년 5월 10일 윤석열 정부가 시작되면서 다주택자 양도세 중과 한시 배제 등 다양한 완화 정책이 쏟아졌습니다. 주택 세금의 중과세율이 적용되는 조정대상지역도 대폭 해제하여 2023년 1월 5일부터는 서울특별시 서초구, 강남구, 송파구, 용산구 등 전국에 4곳만 남아 있는 상황입니다.

이러한 윤석열 정부의 세금 완화 정책은 주택시장의 흐름에 맞춘 것이라고 볼 수 있을까요? 노무현 정부는 주택가격 상승에 주택 세금 억제책을 내놓았고, 실물 경기 하락에 따라 이명박 정부는 각종 세금정책 완화 및 세제 감면을 도입하여 주택 거래 정상화를 추구하였습니다. 문재인 정부도 노무현 정부가 주택가격 상승에 따라 내놓은 세금 억제책을 업그레이드하여 도입한 바 있습니다. 과연 주택시장의 흐름에 맞춰 이런 정책 기조는 앞으로도 계속 되풀이될까요?

주택 취득세 중과의 문제

현재 주택 취득세는 주택 보유 수에 따라 중과세율이 적용되고 있습니다. 중과세란 부동산 거래를 억제하기 위해 일정 조건에 따라 세금을 높게 부과하는 제도를 의미합니다. 다음 표는 주택 보유 수에 따른 취득세 중과세율의 적용 기준을 보여줍니다.

조정대상지역 내 주택 매매 취득세율

구분	전용면적 85㎡ 이하			전용면적 85㎡ 초과	
	취득세	지방교육세	합계	농특세	합계
1주택	1~3%	0.1~0.3%	1.1~3.3%	0.2%	1.3~3.5%
2주택*	8%	0.4%	8.4%	0.6%	9.0%
3주택 이상	12%	0.4%	12.4%	1.0%	13.4%

*일시적 1세대 2주택으로 신규 주택 취득 후 종전 주택을 3년 이내 처분하는 경우에는 1주택과 같이 일반세율 적용

비조정대상지역 내 주택 매매 취득세율

구분	전용면적 85㎡ 이하			전용면적 85㎡ 초과	
	취득세	지방교육세	합계	농특세	합계
1주택	1~3%	0.1~0.3%	1.1~3.3%	0.2%	1.3~3.5%
2주택					
3주택	8%	0.4%	8.4%	0.6%	9.0%
4주택 이상	12%	0.4%	12.4%	1.0%	13.4%

위 표와 같이 조정대상지역은 2주택부터, 비조정대상지역은 3주택부터 매매 취득세 중과세율을 적용하고 있습니다. 매매에만 국한하여 취득세 중과세를 적용하는 것은 아닙니다. 무상으로 부를 이전하는 방식인 증여에 대해서도 증여자가 2주택자 이상인 다주택자이면서 조정대상지역 내 시가표준액 3억 원 이상의 주택을 증여한다면 증여를 받는 수증자는 중과세율을 적용하여 증여 취득세를 내야 합니다. 다음 표는 주택을 증여할 경우 취득세율을 보여줍니다.

주택 증여 취득세율

구분		취득세	농특세	지방교육세	합계
증여 취득	85㎡ 이하	3.5%	–	0.3%	3.8%
	85㎡ 초과	3.5%	0.2%	0.3%	4.0%
조정대상지역 내 시가표준액 3억 원 이상 주택 증여 취득	85㎡ 이하	12%	–	0.4%	12.4%
	85㎡ 초과	12%	1%	0.4%	13.4%

결국 이 취득세 중과 제도로 인해서 주택을 추가로 취득하는 것에 대한 부담이 상당히 커진 상황입니다. 조정대상지역은 2주택부터, 비조정대상지역은 3주택부터 중과세를 적용받으니 주택 수를 늘리는 것이 사실상 부담이 되기 때문입니다. 취득세가 얼마나 영향이 크겠냐고 생각하는 사람은 없겠지만 간단한 예시를 들어 살펴보겠습니다. 현행 일반 매매 취득세는 취득가액에 따라 다음의 적용을 받습니다.

주택 취득가액에 따른 적용 취득세율

취득가액	취득세율
6억 원 이하	1%
6~9억 원	1.01 ~ 2.99%
9억 원 초과	3%

국민주택 규모 이하이면서 6억 원의 주택을 취득하면 취득세 및 지방교육세 포함 1.1%의 세율을 적용받아 660만 원을 취득세로 납부합니다. 그러나 3주택자 이상의 다주택자가 똑같은 주택을 취득한다면 12.4%의 세율 적용으로 7,440만 원의 취득세를 납부해야 합니다. 자금

적 여유가 되고 이 주택을 꼭 취득해야 한다면 12.4%의 취득세를 감당하면서 취득할 수밖에 없겠지만 6,780만 원 이상의 취득세를 더 납부한다는 건 쉽지 않은 결정입니다. 한발 더 나아가 주택을 투자 목적으로 취득했다면, 취득 시점에서 이미 11.3%의 수익률 손해를 보고 시작한 주택에 대해 이익을 얻을 확률이 높을지에 대해서도 신중히 생각해 볼 필요가 있습니다. 일반적인 사업을 하면서 영업이익률 10%를 꾸준히 유지하는 것도 힘든데, 시작부터 11.3%의 수익률을 밑진다는 건 정말 좋지 않은 의사결정입니다. 게다가 주택을 취득하기 위해 대출까지 받는 경우, 대출 이자와 취득세를 감안하면 미래에 주택을 매도할 때 최소 7억 원 이상의 가격을 받아야 손익분기점을 맞출 수 있다는 계산이 나옵니다. 반면, 1.1%의 취득세만 납부했던 소유자가 6억 5,000만 원으로도 매도하려 한다면, 중과세를 적용받았던 소유자는 상대적으로 높은 매도가를 요구하게 되어 시장에서 경쟁력을 잃을 가능성이 큽니다.

그래서 이러한 취득세 중과세가 풀리기를 바라는 잠재적 주택 수요자가 많은 것이 현실입니다. 윤석열 정부 차원에서도 이미 취득세를 완화하기 위해 입법 발의를 했지만 입법기관인 국회를 통과하지 못하고 계류 중인 지 벌써 1년이 넘었습니다. 입법안대로 통과되었다면 현재 주택시장은 어땠을까 하는 생각을 해봅니다. 어찌 되었든 현재 시장에서 가장 바라는 개정안은 취득세 중과 규제의 완화입니다. 이 개정이 이뤄지지 않으면 주택 수를 늘리는 것에 대한 부담이 상당하기 때문입니다.

해당 입법이 통과된다면 취득세 중과에 대한 부담이 완화되겠지만 하나의 고민이 더 남아 있습니다. 지역에 관계없이 2주택까지는 취득세 부담이 크지 않지만, 3주택 이상 보유자에게는 여전히 취득세가 4% 또는 6%로 적용되어 상당한 부담이 됩니다. 특히, 4%의 취득세는 어느 정도 감당할 수 있지만, 6%의 중과세율은 투자자들에게 큰 부담이 될 수 있습니다. 따라서 이러한 중과세가 완전히 폐지되지 않는 한, 앞으로 주택 수를 늘리는 투자 방식에 대해서는 신중히 고민해야 할 필요가 있습니다. 정부 측에서도 지속해서 주택가격에 대한 과열 양상을 우려하는 시각이 있기 때문에 6%의 중과세는 주택 경기와 상관없이 계속 유지될 가능성이 큽니다.

마지막으로 취득세 중과세가 지속해서 이어지면 점점 알짜 주택으로 수요가 몰릴 것으로 예상됩니다. 이는 조정대상지역 외 핵심지의 주택가격 상승으로 이어져 추가 조정대상지역 설정이 이루어질 수도 있습니다. 이러한 시장 변화는 주택 관련 세금정책의 변화를 촉발할 수 있으므로, 관련 동향을 면밀히 살피고 대응 방안을 마련합니다.

보유세와 종합부동산세

2022년 종합부동산세 개정으로 인해 다행히도 중과세율이 완화되어 세금 부담이 상당히 줄어든 상황입니다. 특히 조정대상지역에 대해 중과세율을 적용했는데 지역에 따른 중과세율 적용은 사라졌고, 3주택자 중 과세표준 합계 12억 원 이상자에 대해서만 중과세율을 적용하고 있습니다. 2023년도에는 공시지가 현실화로 인해 종합부동산세 과세표준이 되는 공동주택가격과 개별주택가격이 약 20% 가까이 낮아져세 부담이 눈에 띄게 줄어들었습니다.

그러나 3주택자 중 과세표준 합계가 12억 원이 될 때는 과세표준 12억 원 초과 부분에 대해서 일반세율보다 2배 가까이 높은 중과세율을 적용받게 됩니다. 그래서 중과세율이 부담된다면 주택 수를 줄이는 전략을 고민해봐야 합니다. 2주택 보유자와 3주택 보유자가 과세표준이 12억 원을 초과할 경우, 종합부동산세 부담에서 큰 차이가 날 수 있기 때문입니다.

주택 종합부동산세율표

과세표준	일반세율	3주택자 중 과세표준 합계 12억 원 이상자
3억 원 이하	0.5%	
3억 원 초과~6억 원 이하	0.7%	
6억 원 초과~12억 원 이하	1.0%	
12억 원 초과~25억 원 이하	1.3%	2.0%
25억 원 초과~50억 원 이하	1.5%	3.0%
50억 원 초과~94억 원 이하	2%	4.0%
94억 원 초과	2.7%	5.0%
법인	2.7%	5.0%

2023년도에는 공동주택가격 및 개별주택가격이 대폭 낮아졌지만 2025년에는 과연 어떻게 될까요? 2023년에는 종합부동산세 부담이 줄어서 괜찮았지만 2024년부터 공동주택가격과 개별주택가격이 물가 상승률 정도로 꾸준히 상승했고, 이런 추세로 주택가격이 계속 상승한다면 2025년 이후에는 다시 종합부동산세가 주택 자산을 관리하는 데 있어 부담으로 다가올 수 있습니다.

앞으로 종합부동산세에 대한 개정은 어떻게 될까요? 2022년 종합부동산세 개정 시 여야의 의견이 합치되지 않아 현재 적용되고 있는 3주택자 중 과세표준 12억 원 이상자에 대한 중과세율이 유지되었습니다.

해당 세법 개정 이후 중과세율을 전부 완화하는 방향으로 개정하지 못한 데 대한 아쉬움이 있다고 기획재정부 장관이 밝힌 바 있습니다. 이에 따라 2023년에 종합부동산세 중과세율이 완전히 폐지되지 않을까 기대했으나 종합부동산세 중과세율에 대한 개정 언급은 없었으며, 2024년에도 없었습니다.

왜 개정이 이뤄지지 않았을까요? 여야가 합의점을 찾지 못한 이유는 중과세율 완화로 인한 세수 부족과 부자 감세라는 반발에 막혀 대국민 차원의 공감대를 형성하기 어렵다는 우려 때문입니다. 그러므로 취득세 중과세가 완화되더라도 6%의 완화된 중과세율이 유지될 것으로 예측되듯이 3주택자 중 과세표준 합계 12억 원 이상자에 대한 중과세도 당분간은 유지될 것으로 보입니다.

처분할 때 내는 양도소득세

조정대상지역에서 양도세는 여전히 발목을 잡는 부분이 있습니다. 첫째, 조정대상지역에서 취득한 주택을 나중에 양도하면서 비과세 혜택을 받기 위해서는 보유기간 중 2년 이상 거주 요건을 추가로 충족해야 합니다.

주택 양도세 절세의 핵심은 1세대 1주택 비과세를 받는 것입니다. 양도가액이 12억 원까지는 비과세 혜택을 받아 양도세가 전혀 부과되지 않으며, 12억 원을 초과하더라도 초과분에 대해 양도세를 부과받는데, 이 경우에도 보유 및 거주기간에 따라 최대 80%까지 장기보유특별공제를 적용받을 수 있어서 사실상 세 부담이 매우 적다고 볼 수 있습니다.

1세대 1주택 비과세를 받기 위해서는 거주자인 1세대가 양도 시점에 1주택만을 가지고 있고, 양도 주택 취득 후 2년 보유 요건을 충족해야 합니다. 여기서 취득 당시에 조정대상지역이었다면 보유기간에다 2년 거주 요건도 추가로 충족해야 합니다.

양도소득세법의 적용은 양도 시점의 법을 따라가지만 1세대 1주택 비과세 2년 거주 요건은 취득 당시 조정대상지역이었는지 여부가 중요하다는 점을 잊지 말아야 합니다. 즉, 과거 조정대상지역일 때 취득하였다면 현재 조정대상지역이 아니어도 주택 취득 후 보유기간에 2년 거주 요건을 충족해야만 비과세 적용을 받을 수 있습니다. 이 점을 혼동하여 현재 조정대상지역이 해제되었으므로 본인 주택은 취득 당시 시점에 조정대상지역 유무와 상관없이 비과세 적용이 가능한 것으로 알고 있는 납세자가 많습니다. 잘못된 세법 판단은 큰 자산 손실로 이어질 수 있다는 점을 절대 잊지 말아야 합니다. 지금 당장 등기필증 등 속칭 집문서를 찾아서 맨 앞에 '취득 당시 조정대상지역이어서 2년 거주해야 비과세 가능'이란 메모를 써놓는 것도 좋은 방법입니다. 어차피 내가 기억하고 있으니 괜찮다고 생각할 수 있으나 조정대상지역 내 취득한 주택을 지금 바로 팔지 않는다는 점을 고려해야 합니다.

예를 들어 다가올 2034년에 해당 주택을 양도한다고 가정해보면 세법을 개정하여 '조정대상지역 내 취득 주택의 2년 거주 요건'을 일괄 무효로 하는 법이 통과되지 않는 이상 비과세를 적용받기 위해서는 2년 거주 요건이 필요합니다. 만약 과거 비과세 요건을 모르는 세무 대리인이 해당 양도세 업무 수임을 맡게 되어 실수로 비과세 처리를 한다면 어떻게 될까요? 비과세는 취소되고 오히려 세금 추징에 고액의 가산세까지 붙게 됩니다. 본인 자산을 가장 잘 아는 건 결국 자기 자신입니다.

다음으로 조정대상지역 내 다주택자는 주택 양도 시 원래 양도세 중과세를 적용받습니다. 현행 「소득세법」상 중과세율은 2주택자는 기본세율에 20%포인트 추가, 3주택자는 기본세율에 30%포인트 추가 적용을 합니다. 이에 더해 장기보유특별공제를 하나도 적용받을 수 없으므

양도가액 15억 원, 취득금액 7억 원의 중과세율, 일반세율, 비과세 세액 비교표

	3주택자 중과세	2주택자 중과세	일반과세	1세대 1주택 비과세
양도가액	1,500,000,000			
취득가액	700,000,000			
기타 필요경비	0			
양도차익	800,000,000			160,000,000*
장기보유특별공제	0%**		30%**	80%**
양도소득금액	800,000,000		560,000,000	32,000,000
양도소득 기본공제	2,500,000			
양도소득 과세표준	797,500,000		557,500,000	29,500,000
세율	기본+30%	기본+20%	기본세율	
국세	538,260,000	458,510,000	198,210,000	3,165,000
지방소득세	53,826,000	45,851,000	19,821,000	316,500
합계	592,086,000	504,361,000	218,031,000	3,481,500

*(15억 − 12억)/15억 × 양도차익 8억 = 1.6억
**주택의 보유 및 거주는 15년 이상이라고 가정

로 양도세는 급격히 증가합니다. 아주 간단한 계산 예시를 통해 양도세 중과세율, 일반세율, 그리고 비과세 차이를 확인할 수 있습니다.

세액 비교표에서 보듯이 그 차이는 상상 이상으로 큽니다. 극단적으로 3주택 중과세와 비과세의 세액 차이는 100배 이상 납니다. 그러므로 중과세율을 적용받는 주택을 양도하는 것은 적절한 의사결정이라고 볼 수 없습니다. 그러나 주택을 양도하지 않고 보유하기에는 주택

보유세인 종합부동산세의 중과세율이 매우 높아 여간해서는 버티기 어려운 것 또한 사실입니다. 그래서 주택의 취득, 보유, 처분 단계에서 강력한 중과세율이 적용되었던 문재인 정부 시절에는 독립한 자녀에게 주택을 증여하는 열풍이 불었던 적이 있습니다.

2024년 현재는 중과세율을 적용받는 경우가 거의 없습니다. 먼저 중과세율의 적용 대상은 다주택자가 조정대상지역 내 주택을 양도했을 때만 발생하는데, 현재 대부분 조정대상지역이 해제되어 4곳만 남아 있기 때문입니다. 나아가 현재 정부에서는 주택시장의 안정화 지원 정책의 하나로 보유기간 2년 이상인 주택을 양도하면 중과세율을 2022년 5월 10일부터 2025년 5월 9일까지 한시적으로 배제하고 있습니다. 이 한시적 중과 유예는 윤석열 정부 시작부터 적용되어 매년 1년씩 연장되고 있습니다. 그러므로 2022년 5월부터 중과세율 적용 주택은 거의 제로에 가까워졌다고 말할 수 있습니다. 오히려 조심해야 하는 점은 2년간 보유하지 않고 양도하는 바보 같은 실수입니다. 2년 이내에 분양권, 주택 또는 입주권을 팔게 되면 단기양도세율로 아주 고율의 세금을 납부해야 하기 때문입니다. 이에 대한 부담을 줄이기 위해 윤석열 정부에서는 경제정책을 완화하는 방향으로 개정 의지를 펼친 바가 있었지만 입법까지 하지는 못했습니다.

보다시피 2년 미만 보유한 분양권, 주택 또는 입주권을 양도할 때는 높은 단기양도세율을 적용받습니다. 그래서 주택은 주식처럼 단기로

2년 이내 단기양도소득세율

구분	현행	개선(예정)
분양권	1년 미만 70%	1년 미만 45%
	1년 이상 60%	1년 이상 → 폐지
주택 및 입주권	1년 미만 70%	1년 미만 45%
	1~2년 60%	1년 이상 → 폐지

투자할 수 없다는 말이 나오는 것입니다.

예를 들어 1년 미만 보유하고 양도하여 과세표준이 1억 원 생겼다고 가정하면 양도세가 무려 77%(지방소득세 포함)의 단일세율이므로 7,700만 원의 양도세를 납부해야 합니다. 이렇게 고율의 세금을 납부하면서까지 주택을 양도하는 사람은 어쩔 수 없는 상황에 부닥친 경우를 제외하고는 없을 것입니다.

앞으로 양도세에는 어떠한 변화가 있을까요? 결국 부동산시장의 분위기에 맞춰 세금이 개정될 터인데 중과세율에 대한 부담이 한시적으로 사라진 상황에서 기대할 수 있는 바는 1년 이상 단기양도소득세율이 일반세율로 변경되는 것입니다. 그리고 침체한 주택 경기에 활력을 불어넣을 수 있는 양도세 감면 정책이 나오길 기대하는 목소리가 커지고 있습니다.

양도소득세를 줄이는 전략

2024년 1월 10일 나온 '주택공급 확대 및 건설경기 보완 방안'에서는 소형 신축과 기축 주택 구입에 대한 주택 수 제외 혜택 및 인구 감소 지역 주택 구입 시 1주택자 특례 적용과 지방의 준공 후 미분양 주택 취득에 대한 주택 수 제외 혜택 등 다양한 세제 지원 정책이 나왔습니다.

이 중 지방의 준공 후 미분양 주택 최초 구입 시 주택 수 제외 혜택에 대해서 알아보고 과거 정책과 비교하여 앞으로 어떤 대책이 나왔을 때 실질적인 주택 추가 구매를 고민해야 할지 그 시점에 대해서 살펴보겠습니다.

지방에서 준공된 후 미분양 주택에 대한 세 부담을 경감하는 조치는 지방 건설사업 환경을 개선하려는 노력의 일환으로 도입되었습니다. 대책 이후 2년간 지방에서 준공 후 미분양 주택(85㎡, 6억 원 이하)을 최초로 매수하는 경우 해당 주택은 과세 대상 주택 수에서 제외하겠다는

대상 주택	• 전용면적 85㎡ 이하, 취득가격 6억 원 이하*의 준공 후 미분양 주택으로, 2024년 1월 10일부터 2025년 12월 31까지 최초로 구입한 경우 *(취득세) 취득가격(양도소득세·종합부동산세) 공시가격
주택 수 제외 효과	• 신규 취득하는 해당 주택부터 세제 산정 시 주택 수에서 제외하여, 기존 보유 주택 수에 해당하는 세율 적용[단, 취득세는 3년('24.1~'26.12) 동안 제외하고, 추후 연장 검토] • 기존 1주택자 1세대 1주택 특례는 유지

것이 골자입니다. 기존 1주택자가 최초 주택을 매수하는 경우 1세대 1주택 특례도 적용받는데 이는 비과세에 영향을 미치지 않습니다.

해당 대책은 주택의 취득, 보유, 처분의 모든 단계에서 혜택을 제공합니다. 그러나 이 혜택을 적용할 때 주의해야 할 점은 '주택 수 제외'가 곧 비과세를 적용한다는 의미는 아니라는 것입니다.

먼저 취득세에서 지방의 준공 후 미분양 주택을 취득하면 취득세 산정 시 해당 주택은 주택 수에서 제외되어 기존 보유 주택 수에 해당하는 세율이 적용됩니다. 예를 들어 세대의 주택 수가 2주택이고 추가로 비조정대상지역 내 일반주택을 취득한다고 가정하면 3주택자가 되므로 취득세는 중과세율 8%가 적용됩니다. 일반 취득세율보다 높은 중과 취득세가 적용되기 때문에 그 부담은 커집니다. 그러나 지방의 준공 후 미분양 주택을 추가로 취득한다면 주택은 총 3주택이 되지만 '주택 수 제외' 혜택을 적용받아 기존 보유 주택 수인 2주택에 해당하는 일반 취득세 1~3%를 적용받게 됩니다. 여기서 주의해야 할 점이 있습니다. 이미 본인의 주택이 4주택자라고 한다면 추가 취득 시 5주택이 아니라 4주택자의 취득세율을 적용받습니다. 주택 수에서 제외가 되더라도 이미 4주택자 취득세는 중과세율인 12%를 적용받으므로 '주택 수 제외'가 주는 혜택이 없습니다. 그러므로 해당 대책은 결국 지역에 따라 다르지만 1주택 혹은 2주택자에게만 그 이점이 발생한다는 점을 명심해야 합니다.

종합부동산세에서도 '주택 수 제외'는 유사하게 적용됩니다. 2주택자가 주택 하나를 추가하면 3주택자가 되어서 종합부동산세 중과세율 적용을 받을 수 있습니다. 그러나 지방의 준공 후 미분양 주택을 취득하여 '주택 수 제외'에 해당하면 2주택자가 되어 종합부동산세 중과세율 적용을 받지 않게 됩니다. 그러나 주택 수가 3채가 되어도 과세표준이 12억 원 이하라면 중과세율 적용을 받지 않으므로 결국 공동주택가격 또는 개별주택가격의 합에 따라 종합부동산세 혜택이 의미가 없을 수도 있습니다.

그나마 긍정적인 효과는 종합부동산세에서는 기존 1주택자의 1세대 1주택 특례를 적용받을 수 있으므로 1주택자가 지방의 준공 후 미분양 주택을 취득하더라도 2주택자로 종합부동산세를 적용받는 것이 아니라 1주택자로 적용받아서 기본공제를 9억 원이 아닌 12억 원, 그리고 고령자 및 장기보유에 따른 세액공제를 최대 80%까지 적용받을 수 있게 됩니다.

고령자 세액 공제

연령	공제율
60세 이상~65세 미만	20%
65세 이상~70세 미만	30%
70세 이상~	40%

장기보유자 세액 공제

보유기간	공제율
5년 이상~10년 미만	20%
10년 이상~15년 미만	40%
15년 이상~	50%

*고령자 세액 공제와 장기보유자 세액 공제의 중복 적용으로 한도 80%까지 가능

양도세에 대한 혜택은 종합부동산세와 아주 유사하게 적용됩니다. 첫째로 조정대상지역 내 다주택자 중과세 적용 시 주택 수에서 제외됩니다. 그러나 앞서 살펴보았듯이 현재 2년 이상 보유한 주택을 양도할 때 2025년 5월 9일까지는 어차피 중과세율 적용을 한시적으로 배제받고 있으므로 중과세율에 대한 혜택은 의미가 없습니다. 오히려 양도소득세 핵심 혜택은 기존 1주택자가 지방의 준공 후 미분양 주택을 추가로 취득하여 2주택자가 되어도 새로 취득한 주택은 '주택 수 제외'가되어 종전 주택을 양도할 때 1세대 1주택 비과세를 적용받을 수 있다는 것입니다.

해당 대책이 실효성을 갖추기 위해서는 「조세특례제한법」의 개정이 반드시 필요합니다. 관련 법안이 국회를 통과하지 않으면, 대책이 발표되더라도 실제로 시행되지 않거나 효력이 제한될 수 있습니다. 이렇게 조세정책을 효율적으로 수행함으로써 국민경제의 건전한 발전에 이바지함을 목적으로 하는 세목을 「조세특례제한법」이라고 합니다.

그렇다면 이러한 주택시장 부양을 위한 과거 「조세특례제한법」에는 어떤 것들이 있었을까요? 과거 유사 대책들을 돌이켜 보면 이번에 나온 지방의 준공 후 미분양 주택에 대한 '주택 수 제외'가 그다지 매력적인 세제 지원 정책으로 생각되지 않습니다. 그 이유는 과거 유사 정책보다 세제 혜택이 약해서입니다. 지금의 주택시장과 유사한 상황은 이명박-박근혜 정권을 대표적으로 들 수 있습니다. 이명박 정권 시절, 전

세계는 미국의 서브프라임 모기지론 사태로 인한 글로벌 경제위기를 맞이한 상황이었습니다. 대외 환경의 악화는 대한민국 경제에도 즉각적인 영향을 미쳤고, 주택시장 역시 그 영향을 피할 수 없었습니다.

2008년 당시에도 전국에 총 16만 5천여 가구의 미분양 물량이 쌓여 있었습니다. 물론 이때는 공급 과잉이 빚어졌던 상황이기는 하지만, 현재 2024년에도 미분양 아파트가 쌓이고 있다는 점에서 정부는 과거와 비슷한 정책 완화를 통해 주택시장의 경착륙을 막고자 할 것입니다. 그렇다면 당시 어떠한 조세정책으로 미분양 아파트의 분양을 촉진하였을까요? 다음은 2008년부터 2015년까지 거의 매년 쏟아진 「조세특례제한법」 제98조의 2부터 제98조의 8까지, 그리고 제99조의 2의 과세특례들입니다.

「조세특례제한법」 제98조의 2~제99조의 2

번호	법령	제도 개요
1	98조의 2 지방 미분양 주택 취득에 대한 양도소득세 등 과세특례	지방의 미분양 주택 해소를 지원하는 취지에서 거주자가 2008. 11. 3.부터 2010. 12. 31.까지의 기간에 취득한 수도권 밖에 소재하는 미분양 주택을 양도함으로써 발생하는 소득에 대하여는 기본세율을 적용하고 1세대 1주택자의 장기보유특별공제율을 적용하며, 법인은 추가 법인세 과세를 배제한다.
2	98조의 3 미분양 주택의 취득자에 대한 양도소득세 과세특례	2009. 2. 12.부터 2010. 2. 11.까지 취득하는 미분양 주택은 과밀억제권역을 제외한 모든 지역에서 5년간 양도세를 전액 면제하고, 수도권 과밀억제권역에서는 5년간 양도세 60%를 감면한다. 다주택자에 해당하더라도 장기보유특별공제를 적용하며, 세율을 적용함에서는 단기양도에 해당하거나 다주택자에 해당하더라도 일반 누진세율을 적용한다. 또한, 해당 지방 미분양 주택은 다른 일반주택의 1세대 1주택 비과세 판정 및 다주택 중과 시 주택 수를 계산하면서 주택 수로 보지 아니한다.

3	98조의 4 비거주자의 주택 취득에 대한 양도소득세 과세특례	1. 미분양 주택 2009. 5. 21. 조특법 98조의 3을 개정하여 거주자뿐만 아니라 비거주자도 미분양 주택에 대한 과세특례를 적용받을 수 있도록 하였다. 2. 미분양 주택 이외 2009. 5. 21. 신설하여 비거주자의 경우 미분양 주택 외의 주택을 취득하여 양도함으로써 발생하는 소득에 대하여 10%의 양도소득세액을 감면한다.
4	98조의 5 수도권 밖의 지역에 있는 미분양 주택의 취득자에 대한 양도소득세 과세특례	조특법 98조의 3 미분양 주택 취득자에 대한 과세특례의 연장 조치로 수도권 밖의 미분양 주택에 대하여 2010. 5. 14.부터 2011. 4. 30.까지 취득하는 미분양 주택에 대하여 분양가격 인하율에 따라 양도소득세 감면을 적용하는 특례
5	98조의 6 준공 후 미분양 주택의 취득자에 대한 양도소득세 과세특례	2011. 3. 29. 현재 준공 후 미분양된 주택을 2011. 12. 31.까지 최초로 매매계약을 통해 취득하여 5년 이상 임대한 후 양도하거나, 사업주체가 준공 후 미분양 주택을 2011. 12. 31.까지 임대계약을 체결하여 2년 이상 임대한 주택을 최초로 매매계약을 통해 취득한 주택을 양도하는 경우에는 해당 주택의 취득일부터 5년 이내에 양도함으로써 발생하는 소득에 대하여는 양도소득세의 50%를 감면한다.
6	98조의 7 미분양 주택의 취득자에 대한 양도소득세 과세특례	2012. 9. 24. 현재 미분양 주택으로서 취득가액이 9억 원 이하인 주택을 2012. 9. 24.부터 2012. 12. 31.까지 해당 사업주체 등과 최초로 매매계약을 체결하거나 그 계약에 따라 취득한 경우에는 취득일부터 5년 이내에 양도함으로써 발생하는 소득에 대하여는 양도소득세를 100% 감면한다. 또한, 1세대 1주택 비과세 및 중과세율을 적용할 때 해당 미분양 주택은 해당 거주자의 소유 주택으로 보지 않는다.
7	98조의 8 준공 후 미분양 주택의 취득자에 대한 양도소득세 과세특례	준공 후 미분양 주택을 해소하고 임대주택 활성화를 지원하기 위하여 2014. 12. 23. 신설되어 2015. 1. 1.이후 양도분부터 적용하는 것으로, 거주자가 2014. 12. 31. 현재 준공 후 미분양 주택을 사업주체 등과 2015. 1. 1.부터 2015. 12. 31.까지 최초로 매매계약을 체결하고, 소득세법상 사업자등록과 민간임대주택에 관한 특별법상 임대사업자등록을 하고 2015. 12. 31. 이전에 임대계약을 체결하여 5년 이상 임대한 후 양도하는 경우 해당 주택의 취득일부터 5년간 발생하는 양도소득금액의 50%를 해당 주택의 양도소득세 과세 대상 소득금액에서 공제한다. 또한, 1세대 1주택 비과세를 적용할 때 해당 주택은 해당 거주자의 소유 주택으로 보지 않는다.

8	99조의 2 신축 주택 등 취 득자에 대한 양 도소득세 과세 특례	2013. 4. 1.~2013. 12. 31. 기간 동안 신축 주택·미분양 주택·1세대 1주택자가 소유한 주택을 취득하는 경우 취득일부터 5년 이내에 양도함으로써 발생하는 소득에 대하여는 양도소득세 100%를 감면한다. 또한, 해당 주택은 1세대 1주택 비과세 규정을 적용하면서 거주자의 주택에 포함되지 않고, 중과세를 배제한다.

*조특법 정책 제도에 대해서는 간단히 개요만 작성하였으므로 상세 내용와 사후관리 등은 해당 법–시행령–시행규칙을 살펴보면 제도에 대해서 더욱 자세히 알 수 있다.

먼저 현재 발표된 대책에 따라 지방에서 준공 후 미분양된 주택을 취득하는 경우, 해당 주택은 1세대 1주택 비과세 규정을 적용할 때 기주자의 주택 수에 포함되지 않습니다. 비교 대상으로 삼기 좋은 과거 대책으로는 「조세특례제한법」 제99조의 2에 규정된 '신축 주택 등 취득자에 대한 양도소득세 과세특례'가 있습니다. 이 대책은 주택 취득자에게 3가지 주요 세제 혜택을 제공합니다.

1. 1세대 1주택 비과세 규정 적용 시 거주자의 주택 수 제외

2. 취득일부터 5년 이내 양도소득에 대해서 양도세 100% 감면

3. 해당 주택의 중과세 배제

이번에 나온 지방의 준공 후 미분양 주택에 제공되는 혜택은 1번에만 국한되어 있고 나머지 2가지는 이번 대책에서 빠져 있어 아쉬운 부분으로 보입니다. 사실 이 대책의 입법 여부는 아직 확실하지 않지만, 법안이 통과되더라도 '주택 수 제외'만 적용되는 세제 혜택이 획기적이라고 보기 어렵습니다. 따라서 악성 미분양 문제 해결에 얼마나 실질적

인 도움이 될지에 대해서는 지켜볼 필요가 있습니다.

추가로 지켜볼 사항은 이명박-박근혜 정부 시절에 「조세특례제한법」 정책이 시차를 두고 지속해서 나왔다는 점입니다. 당시에는 미분양 주택의 해소에 어려움이 있었기 때문에 기한을 정해 주택 구매 시 세제 혜택을 주었고, 그 혜택의 강도도 점점 강화되었습니다. 그러므로 현 정부 또한 2024년의 주택시장 상황에 맞추어 위기의 정도에 따라 더 강도 높은 유사 세제 혜택이 나올 가능성이 있습니다.

결국은 시장 상황의 심각성에 대한 정부의 인식 차에서 세제 지원 정책이 나옵니다. 과거 이명박 정부에서 대책이 나왔을 시점의 전국 미분양 주택은 16만 5천 호에 육박했지만, 현재 미분양 주택은 약 6만 7천 호, 준공 후 미분양 주택은 약 1만 6천 호로, 과거와 비교해 훨씬 적은 수치입니다(2024년 10월 기준).

2024년 이후 부동산 세금정책 변화 예측

2023년 당시 원희룡 국토교통부 장관은 전국적으로 미분양 주택이 증가한 이유가 주로 분양이 어려운 지역에 과도하게 건설된 결과라고 지적했습니다. 그는 또한 건설사들이 미분양 주택 문제를 해결하기 위한 노력과 희생을 충분히 하지 않고 있다며, 정부가 성급하게 과도한 지원 대책을 실행하지는 않을 것이라고 밝혔습니다. 이에 따라 정부는 지방의 준공 후 미분양 주택에 대해서만 제한적인 혜택을 제공할 가능성이 높으며, 더 광범위한 세제 혜택을 담은 대책은 시간이 걸릴 것으로 예상됩니다.

현재 주택시장에서 거래량이 예전만큼 활발하지 않은 핵심 원인 중 하나는 취득세 중과세가 꼽힙니다. 취득세 중과세의 '완화'는 주택시장 상황에 맞춰 이루어질 가능성이 있지만, 취득세 중과세의 '완전 폐지'는 쉽지 않을 것으로 보입니다. 또한, 양도세 감면 정책과 관련해서도 단계적으로 더 폭넓은 세제 혜택이 나올 수는 있지만, 이 역시 주택시장의 상황에 따라 추후 반영될 것으로 예상됩니다.

결국 취득세 중과세 폐지와 양도세 감면과 관련된 2가지 세금 지원 정책은, 주택시장이 정부의 추가 지원이 필요할 정도로 어려운 상황에 처했을 때만 시행될 가능성이 높습니다. 그렇다면 정부가 개입하는 시점에 주택시장이 다시 반등할까요? 이에 대해서는 과거의 주택 세금정책만으로 판단하기는 어렵습니다. 주택 자산 관리의 방향성을 설정할 때는 다양한 요소를 종합적으로 고려하는 것이 바람직합니다.

4단계

어디에
어떻게
투자할 것인가

구축이 신축되는 마법, 재개발

재개발 투자 공부를 위한 키워드

어떤 분야든 처음 공부를 시작할 때는 어디서부터 시작해야 할지 막막할 수 있습니다. 특히 재개발 투자는 부동산 투자 중에서도 대중적이지 않고, 정보도 많지 않아 더욱 어렵게 느껴질 수 있습니다. 그렇다면 재개발 투자를 이해하는 몇 가지 핵심 키워드를 먼저 살펴보는 것이 좋습니다.

부동산 공부를 한다고 할 때, 간혹 시험공부하듯이 용어나 단계를 외우려는 분들이 있습니다. 학창 시절의 학습 경험 때문인지, 암기하고 시험을 보는 방식으로 공부를 하려는 경향이 자연스럽게 이어지는 것입니다. 하지만 부동산 공부의 목표는 자격증을 따기 위한 시험 준비가 아니라, 실제로 부동산 투자에 성공하는 데 있습니다. 부동산 투자는 매우 구체적인 사례별로 다양한 변수가 발생할 수 있기 때문에 모든 경우의 수를 외워서 적용하는 것은 불가능합니다.

특히 재개발 투자는 각종 법률, 절차, 자격 요건 등이 복잡하기 때문에 전체적인 흐름과 개념 위주로 이해하는 것이 효율적입니다. 어디에 어떤 정보가 있는지 대략적으로만 알아두고, 개별 상황이 발생할 때마다 필요한 정보를 찾아보는 방식으로 접근하는 것이 좋습니다. 그리고 그때 정보를 쉽게 찾을 수 있도록 중요한 키워드를 기억해두는 것이 필수적입니다.

1. 재개발 추진 절차

재개발은 절차에 따라 진행되며, 각 절차는 법에서 정한 요건과 규정이 있습니다. 재개발이 진행되려면 '정비구역 지정' 절차를 거쳐야 합니다. 정비구역 지정을 위해서 충족해야 하는 주민 동의율이 중요합니다. 최근에 이 동의율에 대한 기준을 낮춘다는 말이 있습니다. 그다음은 '조합 설립'을 거쳐야 합니다. 조합 설립은 정비구역 지정보다 높은 동의율이 필요합니다. 조합 설립 이후에 본격적인 사업을 진행하기 위한 인허가 절차가 시작됩니다. 조합 설립 이후에는 '사업시행인가'를 받아야 합니다. 사업시행인가를 통해 어떤 규모로 몇 세대를 지을 것인지가 결정됩니다. 이 시기부터는 대략적인 사업성을 평가해볼 수 있습니다. 사업시행인가 이후에는 조합원들의 종전 자산에 대한 자산평가를 하게 되고, 이를 바탕으로 조합원 분양 신청이 이루어집니다. 이 분양 신청을 기반으로 구체적인 수익, 비용 계획을 수립하는 '관리처분인가' 단계를 거치게 됩니다. 사업에 대한 규모와 사업성의 윤곽이 결정되고, 사업성이 '비례율'이라는 숫자로 표시됩니다. 관리처분인가 이후에는 이주가 개시되고, 착공 및 일반분양을 거치게 됩니다. 통상 착공 3년 이후에는 준공 및 입주를 하게 되고, 조합이 청산되면 마침내 사업은 마무리됩니다.

대략적으로 이런 단계가 있구나 하고 가볍게 이해하고 넘어가면 됩니다. 실제 투자 대상을 검토하면서 그때마다 단계별 특징을 검색해서 찾아보면 나도 모르게 기억하게 됩니다. 사실 각 절차의 명칭을 외우는 것보다는 진행 단계 사이에 있는 투자 포인트를 충분히 숙지하는 것이 더 중요합니다. 재개발 구역 지정 전에는 노후도와 동의율을 기준으로 어떻게 투자해야 하는지, 조합 설립 전에는 재개발추진위원회를 찾아가서 무엇을 물어보면 되는지, 사업시행인가가 통과될지 아닐지를 어떤 기준으로 판단하는지, 종전 자산 감정평가 단계에서는 어떤 투자 포인트가 있는지를 따져볼 수 있어야 합니다.

2. 비례율

재개발 투자를 하다 보면, 가장 자주 듣는 단어가 비례율입니다. 비례율을 이해하려면 비례율에 대한 공식을 알아야 합니다. 비례율을 구하는 공식은 다음과 같습니다.

총수익 − 총비용 / 종전 자산평가액

쉽게 풀어서 얘기하면, 조합원들이 각자 종전 자산을 출자하여 새 아파트를 지어 얼마나 이익을 얻는지를 구하는 것입니다.

총수익은 조합원들이 조합원 분양가에서 종전 자산을 뺀 만큼 납부하는 조합원 분양 수입이 있고, 추후 일반분양을 통해 얻는 일반분양 수입이 있으며, 그 외 기타 임대아파트, 상가 등을 분양하여 얻는 수익이 있습니다.

총비용은 가장 크게 차지하는 것이 공사비이고, 그리고 사업을 진행하기 위한 사업비(각종 인허가 비용, 금융비용 등)가 있습니다.

종전 자산평가액은 기존에 가지고 있는 주택, 아파트, 토지 등에 대한 감정평가금액입니다. 각자가 가진 자산의 형태가 달라서 평가를 통해 종후 자산에 대한 분담금을 결정합니다.

비례율을 이루는 요소는 크게 위 3가지이고, 이에 따라서 사업성을 나타내는 지표인 비례율이 100% 이상으로 올라가거나, 100% 이하로 내려가게 됩니다. 일반적인 사업장의 경우 비례율을 대부분 100% 전후로 맞춰서 사업을 진행하고, 때에 따라 공사비나 예상하지 못한 비용이 증가하면 비례율이 떨어지거나, 예상했던 일반 분양가 이상으로 분양해서 비례율이 크게 상승하는 경우도 있습니다.

3. 종전 자산 감정평가, 조합원 분양가, 분담금

재개발 사업은 각 참여자가 제공한 토지나 자산을 바탕으로 사업을 진행한 후, 사업 진행에 따른 위험과 개발이익을 함께 공유하는 구조입니다. 그런데 각자 소유하고 있는 자산의 모양과 크기가 다르기 때문에 감정평가를 통해 종전에 가지고 있는 자산의 크기를 공평하게 평가받아야 합니다. 그 절차가 종전 자산 감정평가입니다.

종전 자산에 대한 평가가 끝나면, 조합원 분양 신청을 위해 조합원 분양가를 정해야 합니다. 조합원 분양가는 말 그대로 조합원에게 아파트를 분양하는 가격입니다. 보통 일반분양자들에게 분양하는 가격보다는 더 낮게 책정됩니다. 각 평형대별로 대략적인 평균 가격이 설정됩니다. 조합원들이 자신의 종전 자산과 조합원 분양가를 보고 분양을 신청합니다. 자신이 신청한 평형에 대한 조합원 분양가와 종전 자산 금액의 차이만큼을 분담금으로 부담해야 합니다. 조합원 분양가보다 종전 자산이 큰 경우 그 차액을 환급금으로 돌려받기도 합니다. 보통은 종전 자산보다는 추후에 지어질 아파트의 가격이 더 높기 때문에 분담금을 납부하는 것이 일반적입니다.

4. 프리미엄

　재개발 관련 글을 읽어보면, 가장 많이 등장하는 단어가 아마도 프리미엄일 것입니다. 약자로 P(피)로 많이 불립니다. 프리미엄은 우리말로 하면 '웃돈'으로 해당 매물이 가진 가치(종전 자산 감정평가액)보다 더 얹어서 주는 돈입니다. 종전 자산 평가금액이 3억인데, 4억을 주고 매매했다면 프리미엄을 1억을 주고 샀다는 뜻입니다. 이 프리미엄은 (일반적으로) 매물의 크기가 작을수록 비싸고, 신청한 평형이 클수록 비싸다는 특징이 있습니다. 매물 크기가 작을수록 접근 가능한 수요층이 넓어지면서 상대적으로 높은 가격이 형성될 수 있습니다. 또한, 신청한 평형이 클수록 일반 분양가와 조합원 분양가 간의 가격 차이만큼 프리미엄이 붙는 현상이 발생하는 것으로 보입니다.

5. 조합원 자격

　재개발 조합원 자격은 입주권을 확보하기 위한 '쪼개기'와 같은 편법과 이를 방지하기 위한 규제들로 인해 매우 복잡하게 규정되어 있습니다. 또한 이 내용이 시·도의 조례로 정해지기 때문에 지역별로 상당히 다릅니다. 예를 들어 서울시 조례에 따르면 일정 크기 이하의 토지만 가진 소유자는 입주권 부여 자격을 못 받는 반면, 전주시의 경우에는 $1m^2$의 땅만 소유해도 입주권 자격을 보장받습니다.

　이런 조합원 자격에 대해서 시·도별로 정리해서 모든 사례를 외운다는 것은 불가능합니다. 매물의 유형과 그 유형에 따라서 대략 어떤 기준이 있을 수 있는지 정도만 알아두고, 상세 매물에 따라 역으로 추적하는 방법으로 조합원 자격의 여부를 따져봐야 합니다.

매물의 유형 중에서 토지는 크기에 대한 제한이 있습니다. 대부분의 시도에서는 일정 크기 이상일 때 입주권을 부여한다는 기준을 가지고 있습니다. 건물이 있는 단독주택이나 빌라는 대부분 입주권 자격이 부여됩니다. 그러나 주거용 근린생활시설의 경우 주택으로 분류되지 않기 때문에 입주권을 받으려면 특정 조건을 충족해야 합니다. 특히 건물만 있는 이른바 '뚜껑'의 경우 건축 연도가 중요한데, 이 연도를 입증하려면 항공사진이나 토지 관련 세금 납부 내역을 통해 해당 건물이 특정 시점 이전에 존재했다는 증빙이 필요합니다. 가끔 재개발 구역 지정시점에 준공된 빌라의 입주권 자격을 둘러싸고 분쟁이 발생하는 경우가 있습니다. 입주권을 안전하게 보장받으려면 권리산정일 이전에 등기가 완료된 빌라인지를 확인해야 합니다. 이 정도 내용을 숙지한 후, 실제 매물을 접하게 되면 시·도 조례를 확인하고, 해당 재개발 조합 및 구청에 직접 문의하여 조합원 자격 여부를 교차 확인하는 것이 중요합니다.

실전 투자를 하려면

재개발 입주권에 실전 투자를 하려면 명확한 의사결정 기준을 세우는 것부터 시작합니다. 이때 기준으로 삼을 수 있는 것은 주변에 비교 가능한 랜드마크 아파트의 시세입니다. 시세를 기준으로 재개발한 아파트 가격을 추정하여 그보다 현재 매입하는 가격이 현저히 싸다면 매입을 고려해볼 수 있습니다.

1. 총매입가격

총매입가격은 재개발을 통해 신축이 되는 아파트를 구입하는 데 들어가는 총비용을 말합니다. 앞에서 언급했던 매매가격(감정평가금액+프리미엄)과는 다른 개념입니다. 예를 들어 프리미엄을 주고 빌라를 매입했다 하더라도, 이후 신축 아파트를 분양받기 위해선 조합원 분양가와 감정평가금액의 차액만큼 추가 비용을 부담해야 합니다. 즉, 신축 아파트를 확보하기 위해서는 최초 매입 금액에 분담금을 합해야 총매입가격이 나옵니다.

간단하게 정리하면, 최초에 종전 자산 감정평가액+프리미엄을 주고 매물을 매입한 후에 분담금(조합원 분양가－종전 자산 감정평가액)을 내고 새 아파트를 사는 것입니다. 이 2가지를 더해주면 종전 자산 감정평가액+프리미엄+조합원 분양가－종전 자산 감정평가액이 됩니다. 더 간략히 하면 조합원 분양가+프리미엄만 남습니다.

결국 총매입가격은 '조합원 분양가+프리미엄'입니다. 물론 비례율에 따라 종전 자산가가 늘었다 줄었다 하지만 대부분 비례율을 100%에 맞추고 사업을 진행하므로 비례율은 100%로 고정되어 있다고 가정합니다.

2. 랜드마크 아파트 시세 추정

랜드마크 아파트는 재개발이 진행되는 해당 지역에서 단지 크기, 건축 연도, 브랜드, 입지 면에서 대표성을 지니는 아파트를 말합니다. 투자를 결정할 때 시세를 참고하는 기준이 됩니다. 보통은 지역 내에서 가장 비싼 아파트가 랜드마크 아파트일 가능성이 큽니다. 다만 최근 1~2년 내에 입주한 아파트는 매매와 전세 가격 데이터가 충분히 축적되지 않았으며, 분양권 등은 '손피'(분양권을 팔 때 양도세 등 추가 비용을 빼고 매도자가 얻는 웃돈) 거래 등의 영향으로 가격에 왜곡이 있을 가능성이 큽니다. 따라서 이러한 아파트는 비교 대상으로 활용하지 않도록 유의해야 합니다.

주로 '호갱노노'의 필터 기능을 통해서 아파트를 찾으면 손쉽습니다. 국민평형(84㎡), 10년 이상(매매가, 전세가, 전세가율 데이터를 참고할 수 있는), 500세대 이상(일정 규모 이상의 단지) 단지 중 가장 비싼 아파트를 찾으면 됩니다.

3. 총매입가격과 랜드마크 아파트 시세 추정 비교

이제 랜드마크 아파트와 총매입가격을 비교해서 싸다고 판단되면 매입을 고려해봐도 좋습니다. 그런데 문제는 이 랜드마크 아파트의 현재 가격이 적정한지 판단하기가 쉽지 않다는 것입니다. 만약에 2021년에 주변 랜드마크 아파트 가격으로 판단했다면, 그 시점이 대부분 아파트 단지의 최고가였기 때문에 결과적으로 잘못된 판단을 내릴 수 있습니다. 그리고 재개발 입주권 투자를 해서 새 아파트가 되는 시점은 빠르면 4년 혹은 더 나중의 먼 미래일 수 있는데, 그때의 입주 시점 가격은 지금 가격과 많이 다를 수 있습니다.

기준이 되는 랜드마크 아파트의 가격을 추정하기 하기 위해서는 ① 현재의 랜드마크 아파트의 적정 시세 판단하기, ② 그 시세를 통해 미래 시세 예측하기 등 2가지 작업이 필요합니다. 적정 시세의 판단은 PIR_{Price to Income Ratio}(가구소득 대비 주택가격 비율)을 활용하거나, 전세가율을 활용하는 등 다양한 방법이 있습니다. 정답이 딱히 정해져 있는 것은 아니지만, 밸류에이션 평가를 위한 다양한 자료를 참고하여 나만의 기준을 설정하는 과정은 반드시 필요합니다.

투자를 위해 여러 구역을 비교할 때 투자금이 적고 수익이 큰 대상을 선택합니다. 즉, 랜드마크 아파트의 미래 시세 예측과 입주권 총매입가격의 차이가 큰 대상 중 투자금이 작은 구역을 선택하여 투자 여부를 결정하면 됩니다. 위의 내용을 충분히 익혔다면 재개발에 대한 용어와 흐름이 머릿속에 있고, 나아가 투자 여부를 판단할 수 있는 수준에 이르렀을 것입니다. 이제 실전 투자를 위해서 재개발 각 구역에 대한 정보를 얻고 수집하는 방법을 알아볼까요?

재개발 투자 정보를 수집하는 방법

재개발은 일반 기축 아파트 투자와 달리 정보가 대중적으로 널리 알려져 있지 않으며, 표준화된 데이터를 찾기 어려운 경우가 많습니다. 기축 아파트의 경우, 네이버나 호갱노노와 같은 포털 사이트나 프롭테크 앱에 다양한 정보가 정리되어 있어 누구나 쉽게 접근하고 활용할 수 있습니다. 이러한 플랫폼들은 거래 내역, 시세 변화, 주변 환경 등과 같은 중요한 데이터를 손쉽게 제공하기 때문에, 투자 결정을 내리기에 유용한 자료를 얻을 수 있습니다. 오픈된 포털 사이트를 통해 누구나 똑같은 매물 정보를 조회할 수 있습니다.

그러나 재개발 구역에 대한 정보는 구체적인 범위조차 확인하기 어려울 정도로 접근하기가 쉽지 않습니다. 매물의 유형이 워낙 다양하고 복잡해 네이버 부동산 같은 포털 사이트에서 다 검색되지도 않습니다. 부동산별로 서로 매물을 공유하지 않는 예도 있어서 발로 뛰어다니면서 현장에서 찾아야 하는 매물도 있습니다. 그렇다면 어떻게 재개발 투자 정보를 수집할 수 있을까요?

1. 입지 선정을 위한 정보

성공적인 투자를 위해서 아무 지역에 있는 재개발 구역에 투자하는 것이 아니라, 최소한 발전 가능성이 있는 입지에 위치한 재개발 구역을 선택해야 투자 효과를 극대화할 수 있습니다. 거듭 강조하지만, 재개발은 낡은 빌라나 단독주택을 신축 아파트로 바꾸는 과정이기 때문에, 입지가 개선되는 지역에 투자한다면 그 효과는 더욱 크게 나타납니다. 미래가치가 있는 입지의 특징을 정리하면 다음과 같습니다.

① 주요 업무지구로 가는 교통 노선이 새로 생겨 출퇴근이 편리하거나, 직접적인 일자리가 생기는 지역
② 정비사업이 여러 구역을 모아 대규모로 진행되는 지역, 즉 적어도 3,000세대 이상의 규모로 추진되는 지역
③ 비선호 시설이 이전하여 주거 편의시설(대형 복합쇼핑몰 등)이 새로 생기거나, 기존에 주거 편의시설이 있는 지역
④ 주민들이 즐길 수 있는 자연환경이 있는 지역

이런 지역을 어떻게 쉽게 찾을까요? 요즘에는 프롭테크 앱이 상당히 잘 만들어져 있어 쉽게 찾을 수 있습니다. 간단하게 설명하면 아래와 같습니다.

아파트실거래가앱(이하 '아실')을 통해 예를 들면, 아실 〉 지도로 검색하기 메뉴에 들어가서 단지 정보를 가리기 하면, 교통망 정보와 정비사업 진행 현황만 남습니다. 교통망 정보 중에 현재 착공되어 진행 중인 노선을 조회합니다. 설정에서 착공과 준공 예정만 선택합니다. 요즘 기사에 많이 나오는 GTX-D같이 언제 진행될지 모르는 상상 속의 노선보다는, 이미 착공되어 진행 중인 확실한 노선만 봐도 투자 대상은 차

고 넘칩니다. 현재 착공되어 공사 중인 노선 중에 주요 일자리(강남, 종로, 여의도, 판교, 가산디지털, 구로디지털 등)와 연결된 노선을 찾습니다. 여의도로 가는 신안산선도 보이고, 강남과 이어지는 GTX A노선도 보입니다. 일자리가 지속적으로 증가하고 있는 잠실로 가는 8호선 별내 연장선도 있습니다.

1. 교통망 진행 현황을 조회한다.

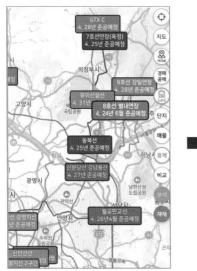

2. 주요 일자리와 연결된 노선을 찾는다.

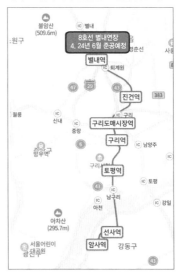

이 중에서 2024년 개통 예정인 8호선 별내 연장선을 보니, 구리를 지나 남양주까지 이어져 있습니다. 신규로 신설되는 역 중에 구리역 주변을 보니, 정비사업이 여러 군데 진행 중입니다. 향후 대규모의 신축 단지들이 입주할 예정입니다. 이 단지들이 입주하면 주변이 정비되고, 교육 여건 등이 좋아질 것입니다(우리나라 학군지라고 하는 곳들은 모두 신축이 대규모로 입주한 지역입니다). 마지막으로 구리에는 왕숙천이라는 자연환경이 있고, 한강 접근성도 좋은 편입니다. 지금까지 좋아지는 입지를 찾아보았습니다. 이 작업을 할 때 자기가 생활하는 생활권 부근부터 시작하는 것이 이해가 빨라 투자에 필요한 정보와 흐름, 특성을 파악하는 데 유리합니다.

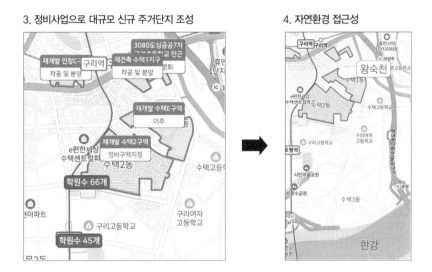

3. 정비사업으로 대규모 신규 주거단지 조성

4. 자연환경 접근성

2. 재개발 구역별 정보

입지를 선정했다면 이제부터 대상 입지에서 진행되는 재개발 구역들을 상세히 찾아봐야 합니다. 과거에는 네이버 지도 〉지적도 기능 중에 재개발 구역을 세밀하게 구분해서 표시해주는 서비스가 있었는데, 몇 년 전에 지도 서비스를 개편하면서 이 서비스가 없어졌습니다. 요즘에는 위에서 소개한 아실(아파트실거래가 앱)의 정비구역 표시가 가장 정확하고 업데이트가 빠릅니다. 아실 외에도 '리치고'라는 앱에서도 정비구역 정보와 진행 현황을 한눈에 보기 쉽게 정리해서 제공합니다.

아실   리치고

3. 구청, 시청을 통한 재개발 공식 현황 확인

이제는 어느 정도 감이 생겼을 것입니다. 관심 있는 구역의 진행 현황 정보를 얻기 위해 구청 또는 시청(또는 도청)에 정비사업 현황을 참고합니다. (간혹 업데이트가 느리기도 하지만, 가장 공식적인 정보를 확인할 수 있습니다.) 구청·시청마다 메뉴 구성이 다르므로 홈페이지에 들어가서

'정비사업'이라고 검색해 찾는 것이 빠릅니다. 구청·시청 정보를 통해 현재까지 진행 내역, 용적률·건폐율 현황, 토지 등 소유자 현황, 분양 계획, 조감도 등 여러 내용을 확인할 수 있습니다.

4. 블로그, 카페 검색을 통한 구역 정보 수집

관심 있는 구역이 몇 군데 생기면 구역명으로 네이버 등 포털에서 조회를 해봅니다. 누군가가 각종 정보를 정리해놓은 글이 있게 마련입니다. 부동산 카페에도 해당 구역에 대한 문의가 올라와 있을 것이며, 그에 대한 답변이 생생하게 달려 있을 것입니다. 구역에 대한 정보는 사업 진행에 따라 지속적으로 업데이트되므로, 최근 6개월 내의 정보를 중심으로 탐색하는 것이 좋습니다. 10개 정도 글을 읽다 보면, 해당 구역에 대한 화제가 무엇인지, 어떤 상태인지, 사업성은 어떤지, 주변 시세 대비 수익성은 어떤지에 대한 내용을 대충 파악할 수 있습니다.

특히 앞에서 얘기했던 실전 투자를 위해 공부했던 내용 위주로 정보를 탐색합니다. 해당 구역의 랜드마크 아파트의 시세는 얼마인지, 조합원 분양가와 현재 거래되는 프리미엄은 얼마인지, 현재 매물 기준 투자금은 얼마가 필요한지, 그리고 이를 통해 내가 얻을 수 있는 수익은 얼마인지에 대한 정보를 찾은 다음 표로 정리할 수 있어야 합니다. 요즘에는 정비사업의 경우 급등한 공사비로 인해 사업성 자체에 문제가 발생하는 구역들이 생겨나고 있습니다. 따라서 사업이 진행될 수 있는지 여부뿐만 아니라 사업성이 확보되는지까지도 함께 살펴봐야 합니다.

5. 카톡방을 통한 실시간 정보 수집

오픈 카톡방이 유행하면서 한창 정비사업 투자가 활황이던 2018년을 전후하여 전국의 각 정비사업장별로 카톡방이 만들어졌습니다. 카톡방의 성격에 따라 소유자임을 입증해야 들어갈 수 있는 폐쇄형도 있지만, 관심 있는 사람들이 구역에 대해 자유롭게 토론할 수 있는 오픈형 카톡방도 있습니다. 검색을 통해 해당 카톡방에 들어가서 현재 가장 중요한 이슈가 무엇인지, 구역의 흐름이나 최신 정보를 수집합니다. 그리고 내가 앞서 확인한 정보가 정확한지, 틀린 정보는 없는지도 카톡방의 대화에 참여하면서 검증해봅니다. 몰랐던 정보가 나오면 검색을 통해 추가로 찾아보는 작업을 반복합니다.

카톡방은 '구역명'으로 찾거나, 검색이 안 되면 '지역명+재개발', '지역명+부동산'으로 다시 찾아봅니다.

'구역명'으로 검색	'지역명' + 재개발'으로 검색	'지역명' + 부동산'으로 검색

이제 관심 구역에 대해 정보를 충분히 수집해 공부가 되었으니 이를 바탕으로 구역별 또는 구역 내에 있는 매물별로 비교하는 표를 작성해 장단점을 시각적으로 분석할 수 있습니다. 또한 다양한 가설을 설정하여 투자 시나리오를 그려보는 작업도 할 수 있습니다. 이 과정을 통해 예상 수익, 리스크, 미래 시세 등을 추정하면 최적의 투자 결정을 내릴 수 있습니다.

투자 시나리오는 앞서 얘기했듯이 지역 내 랜드마크 아파트를 설정하고, 그 아파트를 기반으로 적성 시세를 판단하는 작업부터 시작합니다. 그 이후 수집된 조합원 분양가 등 사업에 대한 정보와 매물 정보를 기반으로 얼마에 신축 아파트를 매입할 수 있는지, 총매입가를 계산합니다. 마지막으로 이 2개의 차익(예측 시세 – 총매입가)과 실제 투자금을 기준으로 표를 작성합니다. 아울러 그동안 수집한 정보를 바탕으로 사업 진행 현황이나 사업성에 대해서 점검할 내용을 정리합니다. 이 정도 정보 수집과 자료를 준비했으면 마지막으로 현장을 방문합니다.

6. 현장 및 조합 방문을 통한 정보 확인

누군가는 "부동산은 현장에 답이 있다"며 임장의 중요성을 강조합니다. 임장은 충분한 자료 조사를 통해 세운 가설을 실제로 확인하는 과정입니다. 즉, 현장에 나가기 전에 이미 결론을 내려놓고, 마지막으로 놓친 부분이 없는지 점검하는 단계라고 할 수 있습니다. 현장에 답이 있다고 해서 무작정 돌아다니면 어떤 정보도 얻지 못합니다. 그동안 프롭테크 앱, 지도, 검색, 구청이나 시청 등 관공서, 오픈 카톡방 등을 통해 얻은 수많은 정보를 종합적으로 고려하여 가설과 투자 시나리오를 만든 다음 현장에 가서 그 가설이 맞는지 확인해봅니다.

예를 들어 40평대 아파트가 배치되는 동이 영구 조망이 확보될 것으로 가설을 세웠다면, 현장에 가서 해당 동이 들어설 자리를 확인하고 주변 환경과 실제 현황을 파악해봅니다. 전용 $59\,m^2$의 프리미엄이 전용 $84\,m^2$ 대비 과도하게 저평가되어 있다고 판단된다면 $59\,m^2$에 대한 투자 시나리오를 세우고 현장에 가서 전용 $59\,m^2$가 인기가 있을 만한 입지인지를 판단합니다($59\,m^2$의 주요 수요층인 신혼부부, 집 크기를 줄여나가는 노년층이 선호하는 입지인지 등).

특히 재개발 현장을 직접 확인하다 보면 뜻밖의 소중한 매물을 발견하기도 합니다. 부동산 관련 블로그나 온라인 플랫폼에서 매물 정보를 홍보하지만 현장을 직접 돌아다니며 살펴보면 온라인에서 찾기 어려운 '보물 같은 매물'이 눈에 띄기도 합니다. 현장 방문을 통해 매물의 실제 상태나 주변 환경, 개발 계획 등을 더 잘 파악할 수 있으며, 이는 투자 결정을 내리는 데 중요한 역할을 합니다.

현장에 가면 조합 방문은 필수입니다. 간혹 비조합원이라는 이유로 적대적으로 대하는 경우도 있지만, 대부분은 입주권을 매입해 해당 지역에 들어와 살고 싶다는 의사를 밝히면 친절하게 응대해줍니다. 그동안 수집한 정보를 바탕으로 사업 관련하여 조합에 확인해야 할 사항이 있다면 체크리스트를 만들어 빠짐없이 확인해봅니다. 예를 들어 평면 변경 계획이 있으면 어떤 방식으로 진행할 것인지, 일정은 어떻게 되는지 상세히 물어봅니다. 공사비 규모와 비용 계획이 적절한지, 분양 수입 계획은 합리적인지 점검해봅니다.

요즘은 특히 정비사업 자체의 사업성에 대한 리스크가 커지는 시기이므로, 조합이 정상적으로 굴러갈 수 있는 구조를 갖추고 있는지 사무실에 방문하여 그 느낌이라도 확인해야 합니다. 물론 조합이 일부러 감추고 있는 내용을 몇 번의 방문으로 확인할 길은 없습니다. 그러나 조합장이나 사무장을 만나 얘기해보면 '일은 하고 있구나', 아니면 '전혀 진행 상황을 모르고 정비업체에 휘둘리고 있구나' 정도는 파악할 수 있습니다.

경기 구리 수택 E 구역
투자 분석

지금까지 재개발 투자를 위해서 필수적으로 알아야 하는 몇 가지 키워드와 재개발 투자를 위해 정보를 얻는 방법을 알아봤는데요. 이제 앞서 살펴보았던 구리의 수택 E 구역을 대상으로 실제 투자 분석을 해보겠습니다(2023년 6월 1일 기준).

1. 입지

구리시는 잠실이라는 일자리와 연결된 8호선이 2024년 개통을 앞두고 있으며, 제2경인고속도로라고 불리는 구리-세종 간 고속도로 또한 개통을 앞두고 있습니다. 구리시 전체적으로 재개발과 재건축이 활발하게 진행되고 있으며, 기존에 해제되었던 구역들도 다시 정비사업이 추진되고 있습니다. 전형적으로 좋아지는 입지라고 할 수 있습니다.

2. 기본 정보 파악

구리시 홈페이지에서 현재 진행 상태를 확인해보니 관리처분인가를 받은 상태로, 이주가 개시되어 이주 중입니다. 블로그 등을 검색해보면 최근에 조합장을 해임하고, 새로운 조합장과 임원이 선출된 상태로 보입니다. 철거를 위한 석면 조사 등 절차가 차례차례 진행되고 있습니다. 현재는 착공을 위한 공사비가 아직 협상이 끝나지 않은 상태로, 조합원 분양가의 상승 또는 비례율의 하락이 있을 수도 있습니다. 물론 일반 분양가를 얼마나 받을 수 있느냐에 따라 사업성이 조정될 수도 있습니다. 그러나 계획상 일반분양 비중이 전체 분양 물량의 50%로 공사비가 오른다고 해도 사업 진행이 어려울 요소는 없어 보입니다.

시공사는 DL, GS, SK 콘소시엄으로 3,000세대의 대규모 단지입니다. 주변에 시세를 비교할 만한 단지로는 수택동 대림 한숲아파트가 있습니다. 물론 최근에 입주한 아파트도 있는데, 가격의 편차가 있고 전세가에 대한 자료가 축적되지 않아 채택하지는 않습니다.

3. 수익률 판단

시세를 조사했던 2023년 6월 기준으로 수익률을 계산해보았습니다. 앞서 주요 키워드에서 설명했듯이, 조합원 분양가 + 프리미엄을 계산하게 되면 재개발로 인한 신축 아파트를 매입하는 데 들어가는 총 매입가가 산출됩니다.

전세가에 물가 상승률을 적용하여 적정 전세가를 추정하고(전세가는 거품이 없다고 하나, 정책이나 일시적인 입주량 증가로 인하여 거품이 끼기도 하고, 저평가되기도 합니다. 따라서 현재 전세가가 유효한 가격인지 검증합니다), 이

전세가를 기반으로 평균 전세가율을 적용하여 적정 매매가를 추정합니다. 이 값이 벤치마크 아파트의 매매 추정가입니다. 적정하다고 추정되는 매매가를 구했으면, 해당 매매가를 기반으로 입주 시점에 새 아파트의 시세를 예측해봅니다. 보통 연차에 따라 시세 차이가 납니다.

새 아파트의 예상 가격에서 총매입가를 빼면 내가 얻을 수 있는 수익이 계산됩니다. 이 수익률을 대략 투자에 걸리는 기간으로 나누면 연수익률이 나옵니다. 이를 기반으로 구역 간 비교 또는 매물 간 비교를 해가며 투자 대상을 선정하는 작업을 합니다.

4. 현장 방문

현장을 방문해 구리역과의 거리, 구리역에서 구역까지 유해시설 유무, 주변 왕숙천 환경, 왕숙천과의 접근성, 한강 뷰가 나오는 동은 주변에 가리는 것이 없는지 등 정보를 수집하면서 생긴 의문점에 대해서 하나하나 점검합니다. 가능하면 조합에 방문하여 현재 사업 진행은 어떻게 되고 있는지, 사업성과 관련된 정보를 얻을 수 있는지 물어봅니다.

5. 최종 의견

수택 E 구역의 입지 가치 개선은 정해진 내용으로 변수가 거의 없습니다. 관리처분 내용을 기반으로 현재의 분양 상황, 공사비 증가를 고려했을 때 사업 수지는 양호할 것으로 생각되며 공사비 상승이 예정되어 있음에도 불구하고 사업이 멈출 가능성은 없다고 생각됩니다.

수익성을 분석할 때 특히 84㎡ 입주권은 다른 평형에 비해서도 저평가된 상태라고 판단됩니다. 매입할 때 84㎡ 입주권을 중점적으로 고려해봐야겠습니다. 110㎡(42평)은 조합원이 몇 명 신청하지 않아서 고층 배정이 보장된다고 합니다. 앞에서도 봤듯이 왕숙천과 멀리 한강이 온전히 조망되는 라인에 배치되기 때문에 앞으로 가치는 더 올라갈 것으로 생각됩니다.

재개발 투자를 위한 키워드부터 시작해서 투자를 결정하는 과정에 대해 간략히 설명했는데, 이런 방식을 토대로 관심 있는 지역을 살펴보면 충분히 재개발 입주권 투자에 도전할 수 있습니다.

고수는 수익형 부동산에
투자한다

수익형 부동산의 종류

부동산 투자는 대상이 무엇이든 수익이 목적입니다. 크게는 먼저 매매를 목적으로 시세차익을 기대하는 '시세차익용 부동산'과 기간에 따른 현금 수입이 생기는 '수익형 부동산'으로 분류할 수 있습니다. 수익형 부동산은 실거주 주택을 제외한 수익을 얻기 위해 활용하는 모든 부동산입니다.

수익형 부동산은 주거용, 상업용, 업무용, 토지 등 종류를 가리지 않습니다. 하지만 예전처럼 단독주택에서 월세방을 주거나 아파트 2채를 매수하여 월세 임대차계약을 체결하는 주거용 수익 모델은 대출 규제와 다주택자에 대한 중과세 등의 정책으로 어려움이 많아졌습니다. 그로 인해 비주택 상품인 근린생활시설에 투자하는 시대가 되었음에도 많은 사람이 생각보다 주택 외의 부동산 상품에 대한 이해도가 낮습니다. 가장 기본적인 공실 리스크에 대한 대비도 하지 않아 투자 이후 이어지는 손실로 인하여 고통을 받는 일도 흔히 발생합니다.

정년퇴직 이후 퇴직금을 수익형 부동산에 투자했으나 지속적인 손실에 힘들어하거나, 높은 레버리지를 활용한 젊은 직장인들의 투자가 매출보다 이자 부담과 월 손실액의 합이 더 높아 버티기 힘들어하는 사람들의 이야기가 심심찮게 들려옵니다. 시장 평가가 좋은 물건에 투자했다고 해도 해당 부동산이 가지고 있는 기본적 특성이 어떤 업종에 활용될 수 있는지 또 나의 조건과 맞는지를 살펴봐야 한층 더 안정적으로 투자할 수 있습니다.

실제 투자에 나서기 전에 나에게 적합한 방식을 찾기 위해 수익형 부동산의 종류 및 수익률 공식 그리고 상권에 따른 부동산 상품과 상권 분석 방법 등을 알아야 합니다.

투자 대상을 고르기 전에 가장 먼저 고려할 사항은 상권입니다. 상권이 충분히 활성화되지 않아 임차인이 입주하지 않으면 소유한 구분상가에서 발생하는 관리비를 매달 지급해야 하는 부담이 발생합니다. 매달 꼬박꼬박 빠져나가는 돈의 무게는 단순히 금액으로만 표현하기 어렵습니다. 현금흐름이 발생한다는 건 계속해서 돈이 멈추지 않고 움직이는 것으로 투자자에게 수익 아니면 손실이 발생합니다. 따라서 상품마다 가지고 있는 특성과 차이를 이해하면서 내가 투자할 입지에 적합한 유동인구가 있는지 아니면 사람을 끌어와야 하는 입지인지 분석해야 합니다.

1. 주거용 수익형 부동산

주거용 부동산은 대체로 공실 위험이 낮아 비교적 안정적으로 운영할 수 있는 특징이 있습니다. 반복적인 생활형 민원이 번거로울 수 있지만, 건물 관리업체를 활용하면 이러한 문제를 효과적으로 관리할 수 있습니다. 또한, 전세를 놓으면 초기 투자금 부담을 줄이고 안정적인 임대 수익을 확보할 수 있습니다. 가장 많은 사람이 알고 있는 보편적인 상품입니다.

아파트나 다세대주택, 주거용 오피스텔, 다가구빌라, 원룸 건물 등을 주거 목적으로 임대차하여 수익을 만들어내는 형식입니다. 일반적으로 주거용 부동산은 1~2년 이상 장기 계약을 통해 관리 부담이 적은 방식으로 운영할 수 있습니다. 한편, 월세를 받는 원룸 형태는 특히 공단이나 직장인이 밀집한 지역에서 안정적인 수익을 기대할 수 있습니다. 이러한 지역에서는 여전히 약 7% 전후의 수익률을 보이는 매물도 찾아볼 수 있습니다. 하지만 중심지가 아니면 시세차익이 낮고 다주택자가 되어 세금 문제로 어려움을 겪을 수도 있습니다.

2. 근린생활시설 부동산

상업용 수익형 상품이라고 하면 언뜻 구분상가를 생각하기 쉬우나 아파트형 공장이나 업무시설처럼 주거용이 아닌 모든 용도의 부동산을 포함합니다. 보통 유동인구가 몰리는 자리, 지역의 중심부이거나 교통여건이 좋은 곳, 배후 인구가 많은 지역의 구분상가는 위치만 좋다면 상대적으로 높은 수익도 가능합니다. 특히 1층의 경우 권리금이 형성되고 임차인이 다음 임차인을 구하는 관행으로 이어져 선호도가 높습니다.

구분상가는 신축 단계부터 수익 창출을 목표로 상권, 유동인구, 건물 입지 등을 고려하여 계획됩니다. 따라서 투자금액은 위치와 조건에 따라 크게 달라질 수 있습니다. 오피스와 지식산업센터는 업무용 사무실을 위한 공간으로, 상권보다는 교통 여건과 업종 네트워크가 중요한 요소입니다. 이런 상품들은 개별 상가보다는 업무지구 단위로 접근하는 것이 리스크를 낮추는 데 유리합니다.

3. 숙박형 부동산

코로나 엔데믹 이후 숙박업소는 호텔과 모텔뿐 아니라 에어비앤비 같은 임대형 숙박업으로 다양해졌습니다. 이들은 초기 투자 부담이 적어 증가하는 추세입니다. 특히 여행객이 머물기 좋은 입지라면 수익성이 높지만, 매일 새로운 손님을 맞이해야 하므로 잔업무가 많고 지속적인 관리가 필요합니다. 게스트하우스를 비롯해 다양한 숙박용 부동산 상품들이 등장하면서 적은 자본으로도 투자가 가능해졌습니다. 이와 같은 숙박 상품은 현금흐름에는 유리하지만, 대체 상품으로 변형하기 어렵고 중심 상권 외곽에 위치한 경우가 많아 시세차익 측면에서 매력도가 낮을 수 있습니다.

4. 토지 임대

소액 토지 투자의 경우 캠핑장, 주말농장, 주차장으로 임대하여 수익을 얻는 경우가 일반적입니다. 향후 개발 호재로 시세차익을 기대하며 주요 입지에 선점 투자하는 것은 넓은 면적과 높은 매매금액으로 인해 쉽지 않습니다. 또한 개발 시점까지 오랜 시간이 걸리므로 현실적인 투자 난이도가 높습니다. 농지 매입도 자격 조건이 필요해 일반인에게는 진입장벽이 있으며, 투자가 성공하면 큰 시세차익이 가능하지만, 진입 난이도와 긴 대기기간으로 현실적 어려움이 큽니다.

투자 상품군으로 분류해서 초기 투자비용, 시세차익, 안정적 월수입 등 자금 흐름에 대한 분석과 안정적 임대차를 위한 상권의 차이에 따르는 장단점을 세분화해서 확인하는 것이 투자의 시작입니다.

상권에 따라 부동산의 상품성을 따져보자

수익형 부동산 투자를 위해서는 업무시설이 집중된 지역을 중점적으로 살펴봅니다. 출퇴근을 위해 사람들이 많이 몰리는 지역에 주목합니다. 특히 이들은 고정소득이 보장된 우량 소비자들이기 때문입니다. 처음 수익형 부동산 투자를 시작하는 개인 투자자들은 대개 부동산 매물에만 초점을 맞추는 오류를 범하기 쉽습니다. 그보다는 유동인구가 얼마나 되는지와 우량 소비자들이 자주 오가는 길목, 특히 그중에서도 어느 위치에서 지갑을 쉽게 열고 소비에 나서는지에 주목해야 합니다.

업무시설이 집중된 지역은 사무실이 몰려 있다고 해서 오피스 권역 Business District이라고 부릅니다. 대기업과 금융사의 사무실이 모여 있어 법인카드 매출이 높고 주말보다는 평일 중심으로 상권이 활성화되는 입지입니다. 서울의 오피스 권역은 다시 다음과 같이 세 지역으로 분류할 수 있습니다.

• CBD(Central Business District)

말 그대로 서울의 중심 지역입니다. 종로를 기준으로 광화문과 중구 일대의 업무지구입니다. 서울시청과 공공청사들이 모여 있으며 외국계와 대기업이 주로 위치합니다. 종로 젊음의 거리 상권의 흥망성쇠에 대한 이야기가 많으나 실소비층인 직장인은 그대로 있어 먹자 상권은 유지가 되고 있으며 익선동, 힙지로 등 인근 지역까지 상권이 확장되고 있습니다. 정치와 경제의 중심지이며 종로 중심상권과 을지로 공구상 거리 노포들이 주상복합과 대규모 오피스 빌딩으로 개발 중이어서 향후 평일 매출은 더 상승할 것으로 예상됩니다.

- YBD(Yeouido Business District)

대한민국 금융의 중심지로 증권거래소, 금융감독원 등 유명 금융 기업들이 집중해 있습니다. 대형 증권사를 포함한 금융사들이 모여 있어 업무지구 중에서도 고소득 직장인들이 많습니다. 물가 역시 높게 형성되어 있어 '여의도 물가'라고 표현하기도 합니다. 규모를 보면 다른 지역과 다르게 좁은 지역에 집중된 모습을 보입니다. 주 5일 상권이긴 하지만 출퇴근하는 직장인의 소득만큼 소비 수준도 높게 형성되어 있어 어떤 곳보다도 탄탄한 상권을 유지하고 있습니다.

- GBD(Gangnam Business District)

강남은 영동대로, 테헤란로, 도산대로, 강남대로를 중심으로 형성된 서울의 대표적인 업무 및 주거지입니다. 서초구와 송파구를 포함하기도 하지만, IT 기업과 스타트업이 모여 있는 업무지구로서 강남은 서초, 송파와 차별화됩니다. 또한 압구정, 대치동 등 고가 아파트 밀집 지역으로 내재 인구가 충분하며, 강남역과 코엑스 등 유명 상권으로 인해 평일과 주말 모두 활발한 인구 이동이 있습니다. 특히 삼성역 복합환승센터 개발 등 미래가치까지 갖추어 서울의 오피스 권역 중 가장 높은 평가를 받고 있습니다.

1. 해당 지역의 특성 고려하기

같은 오피스 권역이라고 하더라도 위와 같이 구분해서 살펴보는 이유가 있습니다. 권역마다 소비를 주도하는 사람들의 특성과 행태가 다르기 때문입니다. 평균 연봉이 가장 높고 법인카드 사용 비율이 높은 여의도는 상대적으로 높은 단가의 고급 식당이 회식 장소로 선호됩니다. 하지만 주말에는 유동인구가 없어 매출을 기대하기 어렵습니다.

종로는 대형 사무실이 밀집되어 있어 점심시간에는 많은 직장인이 여러 식당 앞에 길게 줄을 섭니다. 저녁이 되면 여전히 많은 사람이 술자리를 즐기고 최근에는 젊은 인구들도 많이 모여들고 있습니다. 주거지가 섞여 있긴 하나 거주민들의 경우 소비 비중이 낮습니다. 반면에 주말에도 관광객의 쇼핑 수요가 이어져 일정 매출을 기대할 수 있습니다. 강남 상권은 업무시설과 주거시설이 적절하게 혼재되어 있어 상권이 안정적으로 유지됩니다. 예를 들어 대치동은 학원이 밀집된 1등 학군일 뿐 아니라 테헤란로 인근에는 대형 사무실도 몰려 있어 주 7일 상권이 유지됩니다.

내가 투자하려는 지역이 단지 유명하고 번화한 곳이라는 단순한 이유만으로는 안정적이면서 꾸준한 수익을 기대할 수 없습니다. 사람들이 아무리 많이 몰려다니더라도 그 지역의 소비 형태에 적합하지 않은 시설이나 업종에 투자한다면 안정성이나 장기적 지속가능성은 떨어질 수밖에 없습니다. 이렇게 각 권역의 특성을 살펴보고 소비가 이루어지는 구조와 시간에 따른 흐름을 파악해야 합니다. 그리고 각 권역에 알맞은 투자 방향을 고민해야 합니다.

2. 소규모 개인 투자자라면 항아리 상권에 주목하기

항아리 상권은 신도시 개발 시 지역 내 수요와 공급을 예측해 형성된 상권으로, 상가가 집중되어 소비자가 다른 상권으로 빠져나가지 않는 특징이 있습니다. 그러나 항아리 모양 구조 특성상 외부 유입이 제한적이어서 상권 확장이 어려운 측면도 있습니다. 대표적인 예로 일산이 있습니다.

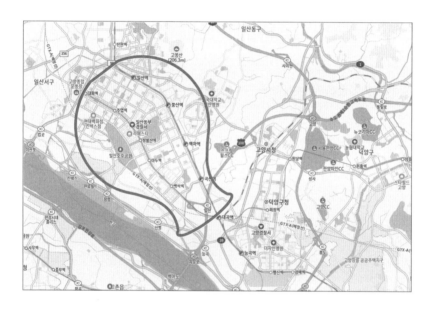

대부분의 신도시는 서울 방향으로 교통이 개발되는 유사한 모습을 보입니다. 일반적으로 배후에 최소 5,000세대 이상의 인구를 보유하며 초등학교, 중학교, 고등학교 시설을 만들어 학군이 형성되고 가족 단위 소비층으로 베드타운 성향의 상권을 이룹니다. 이곳의 상가시설은 상업지구로 지정된 이후, 개발 부지를 분양하여 신축하고 재분양한 형식의 프라자 빌딩들이 많습니다. 상대적으로 작은 금액을 보유한 개인 투자자들이 주를 이루는 시장입니다. 상권의 확장이 어려운 만큼 항아리 안의 소비층도 밖으로 흘러나가기 어려워 충성고객이 많으며 주거지역 편의시설과 작은 규모의 상점이 많습니다. 프라자 상가의 경우 1층과 2층은 음식점 등 실시간 소비를 하는 업종이 많고 3층 이상부터는 학원과 병의원이 많은 공간을 채우고 있습니다.

이렇게 다양한 업종들이 공실 없이 안정적인 수익을 만들 수 있지만 상대적으로 추가 개발 호재를 찾기 어렵고 인구나 소비 증가가 어려워 물가 상승에 따른 부동산 가격 변화가 대부분이어서 폭발적인 시세차익을 기대하기는 어렵습니다. 하지만 앞에서 얘기했듯이 충성고객이 많고 투자비용 부담이 낮으며, 때로는 인건비 걱정이 없는 무인점포 활용으로 높은 수익성을 보여주기도 합니다.

3. 고수가 노리는 유명 먹자골목 상권

유명 먹자골목은 이미 전문 식당가로 자리 잡은 특화된 상권입니다. 진입하려면 많게는 수억 단위의 권리금이 필요하지만, 주변에 사무실과 주택이 밀집되어 언제든 지갑을 열 의사가 있는 실제 소비층이 많아 탄탄한 수요가 형성되어 있습니다. 아래는 특별한 문화적 명소나 교통의 중심지는 아니지만, 24시간 내내 활발하게 운영되는 잠실새내역(구 신천역) 인근 상권에 대한 예시입니다.

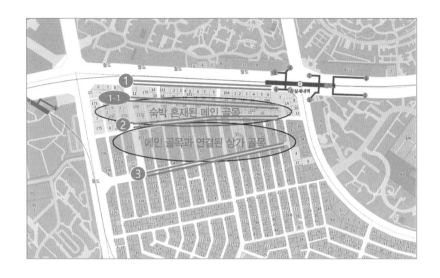

이 지역은 유동인구가 특정 매장이나 골목에 집중되지 않습니다. 대신 대로변, 이면 도로, 다시 그 이면 등 입지에 따른 장단점이 훤히 보이는 상권입니다. 또한 잠실새내역 상권 주변은 전형적인 주거지입니다. 아파트가 밀집되어 있고 남쪽으로는 다가구·다세대주택이 밀집돼 있습니다. 오피스보다는 상가들이 모여 있어 여러 곳의 지역 상권 골목들과 유사한 느낌을 주다 보니 서울 외 다양한 지역 상권과도 비교해 볼 만합니다.

대로변은 일반상업지역으로 용적률이 좋아 10층 이상의 높은 건물이 주를 이룹니다. 높은 임대료를 안정적으로 받을 수 있는 은행, 자동차 영업점과 맥도날드, 버거킹, KFC 같은 대형 프렌차이즈가 들어와 영업하고 있으며 기준층(2층) 위로는 병·의원들이 중심을 이루고 있습니다. 대로와 붙어 있는 이면 1-1번 골목은 일반상업지역 토지의 사이 골목으로 모텔들이 자리하고 있는데 이유는 일반상업지역에서 숙박업 사업자 용도 허가가 가능하기 때문입니다. 2020년 전후로 일반상업지역에 있는 숙박시설을 매입하고 오피스텔 등 연면적을 활용하는 개발이 성행하여 현재 2번 골목에 접한 건물들의 신축 개발도 이루어지고 있습니다. 바로 뒷골목이 약속 장소로 자주 이용되는 신천성당으로 핵심 먹자골목입니다. 이곳은 1990년대, 2000년대를 지나며 시대에 맞춰 업종의 변화와 골목의 분위기가 바뀌어도 여전히 24시간 소비층이 이어지고 있는 거리로 2번 골목에서 위아래로 이어지는 상가들까지 메인 상권이라고 볼 수 있습니다. 그리고 3번 골목이 날개 상권으로 아래부터 다세대, 다가구 주거시설과 함께 상권을 유지하고 있습니다.

4. 같은 상권 내에서도 입지를 잘 분석하기

안정적 수익을 생각한다면 임대 단가도 높고 매장 회전율도 좋은 소상공인 입지는 2번입니다. 골목과 붙어 있는 자리는 유동인구도 풍부하고 소비층도 다양해서 가장 일찍 사람이 모이고 가장 마지막까지 영업할 수 있습니다. 3번 골목 근처는 식사를 함께할 수 있는 주점이 많습니다. 고깃집들이 많이 자리하고 있으며 분위기가 있지만 가성비 역시 높은 매장들입니다. 공간이 상대적으로 넓어 테이블 간 간격이 여유가 있고 특색 있는 분위기나 메뉴로 승부를 겨룹니다.

하지만 유동인구의 혜택을 볼 수 있는 메인 입지를 노리는 매장이라면 3번 골목보다는 2번 골목과 가까운 곳에 있어야 합니다. 유동인구의 끝자락인 3번 골목은 유동인구가 개별 목적을 가지고 이동해야 도착하는 골목인 날개 상권의 시작으로 직접 사람을 끌어당기는 능력을 갖춘 매장들입니다. 3번 도로 아래로는 유동인구가 풍부한 상권과 불과 5m, 10m 떨어져 있음에도 사람들의 이동 경로와 무관할 정도로 상권이 달라집니다. 이런 골목 사이사이 하나씩 있는 매장들은 주로 오래된 매장으로 단골 비중이 높고 오랜 시간 사람들을 유입하여 매출을 높이기도 합니다. 즉, 이곳은 손님들이 일부러 찾아가는 식당들이 모여 있는 상권으로, 단순히 인접하다는 이유만으로 유사한 상권으로 보기 어렵습니다. 따라서 비슷한 임대료 수준을 기대해서는 안 됩니다.

상권이 좋고 입지가 우수하다면 권리금이 발생합니다. 여기서 권리금이 가장 높은 입지는 단연 신천성당 앞 2번 골목입니다. 임대업을 한다면 당연히 공실이 적고 유동인구만으로 수익이 발생하는 자리를 찾아야 합니다. 그리고 3번 골목까지는 원만한 영업이 이루어지고 있으나 딱 그 골목까지로 3번 골목 아래로 내려가는 곳에 메인 골목과 가깝다는 이유로 부동산을 매입해 임대업을 진행하려고 한다면 생각만큼 임대료도 발생하지 않으며, 한번 공실이 발생했을 때 다시 채우기도 어려운 상황을 경험할 것입니다.

수익형 부동산에 투자하기 위해선 소비가 이루어지는 골목을 주목해야 합니다. 단순히 같은 상권이라고 생각하고 투자하면, 실제로 투자 후에 예상과 다른 현실을 마주하게 되어 어려운 시간을 겪을 수 있습니다. 그렇다면 메인 골목과 대로변 사이에 있는 일반상업지역으로 허가 조건도 좋은 1-1번 골목이 더 우월한 상권이라 생각할 수도 있습니다. 하지만 골목의 성향도 중요하게 검토해야 합니다. 도로 폭에서도 골목의 분위기가 발생합니다. 이면 골목이라 하더라도 10m 도로와 6m 도로의 차이는 상당히 큽니다. 특히, 숙박시설이 밀집한 골목은 조명이 어두워 일반적인 분위기의 상가를 운영하기 어려울 수 있습니다. 반면, 1-1 골목보다 2번 골목인 신천성당 라인에 위치한 넓은 도로와 역과의 가까운 거리, 그리고 유사한 업종들이 밀집한 지역은 상권의 중심지로서 더 큰 잠재력을 가지고 있습니다.

알짜 수익형 부동산 구분하기

업무권역의 차이, 유명 상권의 구분, 항아리 상권의 특색에 대한 정리가 되었다면 실제 소비가 이루어지는 위치를 찾아야 합니다. 한때 부동산 상가 투자와 관련하여 파리바게트 자리를 보고 투자하라는 얘기도 있었고 스타벅스 옆 이디야 매장도 유명한 투자 공식처럼 회자되곤 했습니다. 이미 경쟁업체가 있더라도, 우량 상권의 중심지가 아니더라도 소비가 집중되는 위치가 있습니다. 같은 상권이라 하더라도, 같은 건물이라 하더라도 영업이 더 활발하게 이루어지는 자리가 있습니다. 맹목적인 희망과 홍보 팸플릿만을 보고 투자한다면 주변의 유사한 건물 매장들과는 달리 내 상가만 임차인을 구하기 어렵고 사람들의 발길이 멈추지 않는 어려움에 빠질 수 있습니다. 직접 영업할 의사가 없다면 어떤 업종의 임차인을 구할 수 있을지, 유사 업종의 수요는 어떻게 이루어질지 미리 따져봐야 합니다. 사람들이 일부러 찾아오지 않는 지역이라면, 눈에 띄지 않는 골목이나 소외된 옆 상가에 투자하는 것은 피하는 것이 좋습니다. 임차인의 업종에 맞는 상권 선택이 중요한 것처럼, 임대인은 다양한 임차인이 관심을 가질 만한 부동산에 투자해야 합니다. 임대인의 '고객'은 임차인이라는 점을 염두에 두고 판단해야 하며, 현장 분위기에 휩쓸려 즉흥적으로 견정하는 것을 피하고 객관적인 시야를 유지하는 것이 중요합니다.

모두가 알토란 같은 실속형 투자 대상을 찾고 있지만 여기에 대한 단답형 해답은 없습니다. 상권은 다르고 상품이 달라도 보편적 진리처럼 기준이 되는 뼈대를 다각도로 찾아 남들이 모르는 입지를 선점해야 합니다. 메인 상권 골목과 날개 상권 골목을 구분하고 그 사이에서 가시성이 좋은 입지를 보았다면 간판에 더 신경을 쓰고, 유동인구가 많이 지나가는 입지라면 그들을 잠시 멈춰 세우는 방식을 고민하는 것이 더 현실성 높은 방법일 수 있습니다. 매장 운영 능력에 이러한 부동산적 요소를 추가해야 경쟁에서 우위를 점할 수가 있습니다.

메인 상권에서 뻗어나온 날개 상권은 유동인구가 적고 주거지역과 인접해 있어 장단점이 뚜렷합니다. 이곳에서는 맛과 분위기로 승부하여 오랜 시간 자리를 지키는 식당들을 볼 수 있습니다. 이들은 메인 상권의 치열한 경쟁을 피하면서도 고정 고객을 확보합니다. 그러나 날개 상권은 경기 침체의 영향을 가장 먼저 받을 수 있는 취약한 지역이기도 합니다. 한번 식어버린 상권의 활기를 되찾기 어려우며, 이는 장기적인 공실 리스크로 이어질 수 있습니다. 따라서 날개 상권에 투자하거나 사업을 시작할 때는 이러한 특성을 충분히 고려하고, 해당 지역의 잠재력을 면밀히 분석해야 합니다.

상급지는 유동인구가 많아 별도의 광고 없이도 워킹 손님 매출로 충분히 운영이 가능합니다. 상급지가 포화되면 중급지 상권으로 유동인구가 흘러가므로, 중급지에서도 기본 매출을 충족하게 되면 투자자 입장에서는 공실 걱정이 줄어듭니다. 그러나 날개 상권이라서 당연히 유동인구가 흘러들어 올 것이라고 생각하는 건 위험합니다. 배후지가 주택 중심인 경우 특히 주의가 필요합니다. 이는 상권의 끝자락일 수 있어 실질적으로 유동인구 유입이 제한될 수 있기 때문입니다. 예를 들어, 한 유명 상권 먹자골목 뒤에 위치한 매장은 마주보는 건너편이 주택 거실이라 2층 이상 창문 인테리어가 불가능해 영업에 실패한 사례도 있습니다. 날개 상권이라도 주변 방해 없이 원활히 운영 가능한 특색 있는 자리를 찾는 것이 중요합니다.

부동산의 가치는 절대적인 것이 아니라 상대적인 개념입니다. 즉, 같은 유형의 부동산이라도 위치나 주변 환경에 따라 가치는 달라질 수 있습니다. 가장 현실적인 가치 판단 방법은 비교사례 분석을 통해, 비슷한 조건을 가진 부동산들의 거래 사례를 바탕으로 시장 가치를 파악하는 것입니다. 주변 부동산의 활용 현황, 인접 상가의 운영 상태, 그리고 소비자들의 지불 패턴을 지속적으로 관찰해야 합니다. 중개업 경험을 통해 깨달은 점은 모든 부동산이 독립적으로는 가치를 창출하지 못한다는 것입니다. 진정한 가치 증대value-add는 주변 환경과 조화를 이루는 가운데 이루어집니다. 따라서 골목과 인근 상가의 단가를 비교하며 투자를 진행해야 합니다. 나만의 사업 아이템이 없다면, 새로운 지역을 개척하는 투자는 피하는 것이 좋습니다. 시장에서 압도적인 우위를 점하지 못한다면, 주변과 유사하거나 연계되는 부동산 투자 상품을 선택하는 것이 안정적인 전략입니다.

요컨대 수익형 부동산 투자의 성공 요건은 지역과 건물 구조가 아닌 상권에서의 입지와 소비력입니다. 많은 기본적인 내용을 검토하다 보면, 결국 결론은 상권으로 귀결됩니다. 그리고 내가 진행해야 하는 업종과 콘셉트에 따른 입지가 중요합니다. 원룸이 밀집해 있고 숙박업소가 바로 앞에 있는 입지에서 편의점을 운영할 경우 다른 지점 대비 높은 매출을 기대할 수 있습니다. 하지만 이 위치에서 편의점이 아닌 다른 업종으로 상가 임대차를 진행한다면 당연히 임차료 단가도 낮아지고 임차인도 영업의 어려움이 있어 장기 임대차를 진행하지 않을 가능성이 높습니다. 이에 비해 상권이 좋고 외부 인구 유입이 가능한 유명 상권이라면 임차인이 자주 바뀌더라도 임대인의 입장에서는 어려움이 발생하지 않습니다. 누군가는 그 자리에서 새로운 영업을 시작하고 싶어 하기 때문입니다. 당연한 말이지만, 가격이 높은 지역은 임차 수요가 풍부하여 안정적인 월세 수익을 기대할 수 있습니다. 반면, 가격이 낮은 매물은 임차 수요가 적고 월세도 상대적으로 낮게 형성되는 경향이 있습니다. 따라서 직접 운영할 것인지, 아니면 임대차를 통해 월세 수익을 창출할 것인지에 대한 명확한 기준을 설정하는 것이 중요합니다. 또 유사한 업종의 임대차가 유지될 것으로 보인다면 배달이 편리하거나 작업에 필요한 공간이 따로 만들어져 있거나 눈에 쉽게 보이진 않지만 영업에 도움이 되는 플러스 알파 구조를 준비하는 것도 하나의 방법입니다. 수익을 만들어야 한다는 건 경쟁에서 살아남아야 하는 것입니다. 포괄적인 상품의 이미지와 숫자만 보는 것보다 상품 하나하나의 개별 장점과 영업에 필요한 내용을 먼저 생각하고 수익형 부동산을 선택한다면 가격과 입지에서 더 높은 효율의 투자를 할 수 있습니다. 수익형 부동산에 투자하고 싶다면 끊임없이 생각해야 합니다. 나에게 돈을 주는 사람이 누구이고 어떻게 상가를 활용하고 있는지를 말입니다.

능력 있는 부동산중개사 찾기

시대가 변하고 시장이 움직이고 있습니다. 현금흐름을 읽어야 하는 상가나 건물에 투자한다면 단순히 숫자만 보고서도 기본적인 매물의 가치를 볼 줄 알아야 중개사를 비롯해 다양한 전문가들과 대화가 가능해집니다. 또한 근본적인 원인을 파악하고, 현장의 분위기를 확인하기 위해 질문을 던질 줄 알아야 합니다. 한두 가지 개발 호재에 의존해 판단하기보다 직접 물어보고 확인해봐야 합니다. 부동산중개사가 일시적이거나 단편적인 현상이 모든 것을 보장해줄 것처럼 설명한다면 그 대화는 효과적인 투자 상담이 될 수 없습니다.

앞서 얘기한 기본적 위치에 따른 단가의 변화와 메인과 날개 상권의 소비 구조, 사람들의 이동 등 단편적인 숫자와 현상을 조합하여 내가 투자하고자 하는 현장의 가치를 알고 설명해줄 수 있는 중개사를 찾아야 합니다. 생각보다 화려한 이슈만 보고 투자하려는 분이 많으나 진정한 투자는 숨어 있는 속 이야기를 찾고 변화시킬 수 있어야 성공을 만들 수 있습니다. 미디어에서는 종종 부정적인 사건들만 부각되지만, 실제로 현장에는 좋은 중개사가 압도적으로 많습니다. 다만 그들 중에서도 진정한 전문가를 찾아내기 위해서는 내가 직접 질문하고 대답을 들으며 꼼꼼히 판단하는 과정이 필요합니다.

부동산은 가격이 하락할 때가 드물어 오늘이 가장 저렴하다고 생각하는 경향이 있습니다. 그렇기에 투자하기로 마음먹으면 마음이 조급해지기 쉽습니다. 이런 투자자의 마음을 이용해 서둘러 계약을 유도하려는 상담은 조심해야 합니다. 때로 빠른 결정과 행동은 꼭 필요하지만 급하게 서두르는 모습은 조만간 다가올 어려움을 생각하지 못하게 하는 경우가 많습니다.

그리고 방문하는 부동산이 한자리에서 얼마나 오래 중개한 사무소인지 확인해보는 것이 좋습니다. 오래된 사무소라면 지역에서 신뢰와 평판이 좋고 해당 지역에 대한 풍부한 정보를 보유하고 있기에 발생할 수 있는 문제와 그 대비에 대한 이해도가 높습니다. 또 부동산 간판에는 대표자 이름을 기재하도록 중개사법에 정해져 있습니다. 그렇기에 일반적으로 우측 하단에 대표자가 누구인지 알 수가 있어 지도 앱의 로드뷰를 통해 해당 부동산의 대표자가 변경되었는지 수년간 한자리에 있었는지 알아볼 수가 있습니다.

좋은 중개사를 만나더라도 매입자는 항상 자신이 주인공임을 잊지 말아야 합니다. 부동산은 각기 다른 특성을 가지고 있기 때문에, 같은 금액 안에서도 매수자는 자신에게 맞는 다른 매물과 규모를 찾게 됩니다. 또한 명확한 목표 없이 막연하게 매입하려는 경우도 종종 볼 수 있습니다. 필요한 정보를 정확히 파악하고, 직접 질문을 던져 답을 얻을 수 있는 능력을 키우는 것이 중요합니다. 이렇게 함으로써 중개사와의 효율적인 대화를 이끌어내고, 자신의 기준에 맞는 신뢰할 수 있는 중개사를 찾을 수 있습니다.

수익형 부동산 투자에 대한 나만의 기준 세우기

우리나라에서 부동산 투자라고 하면 대개 주택, 특히 아파트 투자에 관한 이야기가 주를 이룹니다. 그러나 부동산 시장은 매우 다양하며, 각 유형별로 독특한 투자 전략이 필요합니다. 수익형 부동산에 처음 진입할 때는 정보 부족과 기준 설정의 어려움을 겪는 경우가 많습니다. 이는 많은 투자자가 공통적으로 경험하는 과정입니다. 이제부터 신도시를 예로 들어, 상권과 주거지역이 공존하는 환경에서 상가들의 실제 현황이 어떻게 구분되는지 살펴보겠습니다. 이를 통해 여러분이 각자의 투자 기준을 수립하는 데 도움이 되기를 바랍니다.

많은 부동산을 모아 계획적으로 개발한 새로운 도시를 신도시라고 부릅니다. 자연스럽게 형성된 기존 도심과 달리, 신도시는 처음부터 인공적으로 설계된 계획도시입니다. 이런 도시는 사람들의 이동 경로와 상업지역의 변화가 인위적으로 이루어지는 모습이 뚜렷하게 나타나기도 합니다.

1기 신도시인 일산과 분당에서 2기 신도시로 넘어오면서, 기존의 아파트와 상가 중심의 베드타운에서 벗어나, 자족이 가능한 도시를 만들

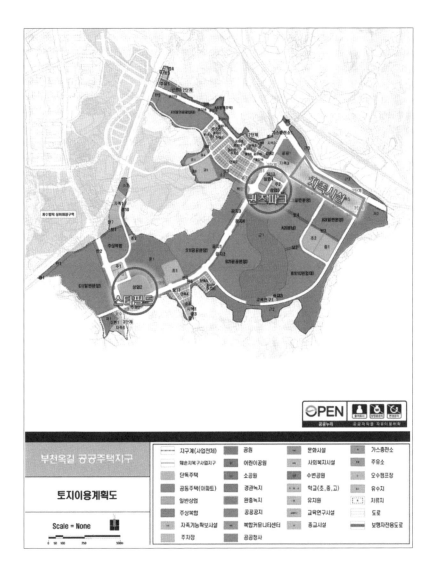

기 위한 노력이 있었습니다. 이를 위해 자족시설용지라는 개념이 1995년에 도입되었고, 공공시설을 이전하는 등의 정책적 지원도 함께 이루어졌습니다. 이 과정에서 다양한 수익형 부동산 상품들이 등장하게 되었고, 신도시 내에서도 건물의 위치나 접한 도로에 따라 상업적 성공이 달라지는 현상이 나타났습니다. 이러한 차이를 통해 신도시에서 안정적인 수익형 부동산을 어떻게 읽어낼 수 있는지 알아보겠습니다.

옥길지구는 약 9,565세대가 거주할 수 있도록 계획된 신도시로, 2만 5,000명 정도의 인구를 수용할 수 있습니다. 이 도시는 친환경 녹지 공간을 활용해 녹색도시로 설계되었으며, 2013년에 분양을 시작해 2016년부터 입주가 시작되었습니다. 주변 배후 세대까지 포함하면 수만 세대의 생활권이 형성되었고, 베드타운을 극복하기 위해 공공시설용지 중 4.81%를 자족시설 용지로 배정했습니다. 시대적 흐름에 따라 이 부지는 지식산업센터로 개발되었고, 저층 상가를 분양받은 많은 투자자들이 현재(2024년 1/4분기) 어려운 시기를 겪고 있습니다. 공공기관인 경찰서와 스타필드 같은 상업시설을 이전하며 자족 도시를 만들었지만, 1층 상가의 입점률조차 여전히 저조한 상황입니다.

부천옥길 공공주택지구 계획도를 보면 메인 상업시설은 상업2의 스타필드시티와 상업4의 퀸즈파크 옥길을 중심으로 이루어져 있으며 많은 사람이 찾는 메가박스와 CGV 극장도 두 곳에 위치하고 있습니다. 두 상업시설의 위치만 보더라도 두 곳보다 신도시 외곽에 있는 자족부지로는 사람의 발길이 닿지 않으리라고 예측할 수 있습니다. 즉, 아파트 거주자가 아닌 지식산업센터에서 근무하는 사람들이 찾는 상가는 주거 인구를 기준으로 생각해서는 안 된다는 점을 알 수 있습니다. 이렇듯 소비를 하는 인구의 발길이 닿지 않는 곳은 같은 도심 안 인접한 위치라 하더라도 동일 상권으로 볼 수 없습니다. 또 이곳의 중심 자족 시설 상권은 공공시설인 부천소사경찰서 방향으로만 일방적으로 밀집해 있으며 지식산업센터로 접한 골목에 따른 차이도 크다는 것을 확인할 수 있습니다.

부천소사 경찰서 출입구

카카오맵의 로드뷰를 통해 보더라도 부천소사경찰서와 접한 도로의 상가는 상당수 입점한 것으로 보이며 북쪽 광대로변의 경우 경찰서 방향 상가만 운영되고 있습니다. 남쪽 4차선 대로변의 1층 상가도 크게 다르지 않은 모습을 보입니다(직접 로드뷰를 확인해보길 바랍니다). 이것으

부천소사 경찰서

로 주변에 거주하는 인구 흐름이 자족시설로 오지 않음을 확인할 수 있으며 상가들이 주로 경찰서와 관련된 사람들을 대상으로 운영되는 것으로 보입니다.

　지식산업센터 내 업무시설이 입주한다고 해서 모든 문제가 해결되지는 않습니다. 보통 입주율이 75%를 넘으면 상가 운영이 가능하다는 말도 있지만, 실제로는 1층과 2층 상가의 활용 가능성을 신중히 검토해야 합니다. 업무시설인 사무소도 제2종 근린생활시설로, 현금흐름을 목적으로 한 투자 상품으로 분석이 필요합니다. 사무실로 운영하기 위해 필요한 요소, 특히 대중교통 접근성을 갖추었는지 확인해야 합니다. 또한 지식산업센터는 세제 혜택이 주어지지만 업종 제한이 있어 입주에 제약이 많습니다. 대중교통 인프라가 부족한 경우 직원 채용도 어려워져 임차인(사업자)에게 매력도가 떨어집니다. 메인 소비자인 업무시설이 활성화되지 않으면, 그에 딸린 상가도 성장하기 어렵습니다. 그렇기에 임차 업체가 수익을 창출하기 힘든 물건은 리스크가 큰 투자처로 볼 수 있습니다.

 이렇듯 결국은 소비가 이루어지는 시장에서 임차인이 장사가 되는 곳에 투자해야 합니다. 내가 속해 있는 상권이 어떤 상권이고 그 상권에서 내가 투자하는 입지는 어떤 구조인지 분석하기 전에 이 상권에서 소비층은 누구인지를 알아보는 것이 중요합니다. 한 건물 안에서도 한쪽만 햇살이 비춘 듯 상권이 절반으로 나눠진 특이한 사례가 발생하는 것처럼 골목에 따른 상권의 변화는 서울을 비롯해 여러 유명 상권에서도 보이는 현상입니다. 어떤 업종이 어디서 어떻게 운영되어야 부동산으로 현금이 흐르는지 정해집니다. 문화가 다양해지고 시대가 변화하면서 많은 것들이 빠르게 변해가듯이 상권도 지역을 넘어 골목 단위로 더 심한 경우는 위의 사진처럼 1m 단위로도 달라지고 있습니다. 따라서 수익형 부동산 투자 시에는 해당 상권 내에서 내 부동산의 위치가 적절한지, 그리고 실제로 유입 가능한 소비자가 있는지를 세심하게 검토해야 합니다.

수익성 좋은 매물 분석하기

수익률 구하는 방법

수익형 부동산의 가치를 판단하는 수익률을 직접 구하는 것은 기본 중의 기본입니다. 하지만 세금과 운영비 같은 부대비용과 변동하는 금리까지, 다양한 수치의 계산은 복잡하여 접근하기 어려울 수 있습니다. 세밀한 수식으로 구체적인 답을 얻을 수는 있지만, 이는 현장에서 빠른 비교와 매물의 가치를 판단하고 검토하는 용도로 적합하지 않습니다. 부동산의 가치를 빠르게 파악하기 위해서는 단순한 공식으로 구분하는 것이 필요합니다. 그렇기에 큰 숫자들로 계산하는 단순 수익률은 주변 수익형 부동산과의 비교를 훨씬 수월하게 합니다. 어차피 신용도에 따라 달라지는 금리는 건물의 차이가 아닌 매수자의 조건이고, 관리비에서 나오는 잉여 수익은 매입을 위한 판단을 좌우할 만큼 큰 숫자가 아닙니다. 이렇게 유동적인 숫자들을 배제한 단순 계산으로 부동산의 상대적 가치를 숫자로 손쉽게 평가하면 유사한 매물의 우위가 드러납니다.

1. 단순하게 수익률 구하는 공식

$$연수익률 = (월세 \times 12 / (거래금액 - 보증금)) \times 100$$

위 공식은 월세와 보증금만 알 수 있다면 핸드폰 계산기로도 빠르게 확인할 수 있습니다. 이렇게 확인한 숫자가 괜찮다면 나의 최대 대출금액과 금리를 확인해 레버리지 수익률을 확인하면 됩니다. 복잡한 계산 없이 단순 수익률로 마음에 둔 부동산과 유사 부동산의 가치를 판단하고 비교해볼 것을 추천합니다.

수익형 부동산은 인근 유사 매물과 비교해 경쟁력이 있어야 합니다. 정보를 접하고 1차적으로 경쟁력을 알 수 있다면 다음 단계는 레버리지를 통한 최대 수익률을 확인합니다.
금융 레버리지를 적용한 수익률 계산법입니다.

연수익률 = (월세 − 월 이자) ×12 / (거래금액 − 대출금 − 보증금)×100

부동산 매입 검토 단계에서는 대출을 활용한 수치까지 확인하여 수익의 최대 수치를 맞춰 진행하면 됩니다.
부동산의 가치를 평가하는 데는 다양한 방식이 있지만, 그 근본적인 계산 방식은 단순 수익률입니다. 따라서 세부 항목이 추가되더라도 기본적인 틀은 그대로 유지되는 경우가 많습니다. 또 단순하게 만들어야 유사 매물들과 차이가 선명해집니다. 다양한 매물을 접하면서 시작부터 과하게 계산하는 세밀한 평가는 많은 에너지와 시간을 소비하게 만듭니다. 위치와 구조 등 똑같은 것이 없는 부동산 실물 분석은 단순화해서 한눈에 비교하는 방법이 효과적입니다.

2. 수익(직접)환원법 방식으로 구하는 수익률
직접환원법은 부동산 수익이 매년 동일하다는 기준으로 수익성을 확인하는 방식으로 감정평가 방식 중 부동산의 영속성과 내구성에 근거한 계산법입니다. 현실적인 순수익을 이용하는 방식으로 다른 말로 수익가액 또는 소득접근법이라고 표현합니다. 수익부터 비용까지 세부 수치를 알고 있다면 매우 정확한 1년 단위의 수익률을 계산할 수 있는 방식으로 수익형 부동산 거래금액을 역산하여 산출하는 용도로도 유용하게 사용할 수 있습니다.

임대 현황(현재)

단위: 원

구분	면적	임대료		
		보증금	월세	관리비
합계	100평	90,000,000	7,500,000	1,800,000

단년도 수익환원가격(직접환원법) 단위: 원

가능총소득 (potential gross income)	월 임대료/연	90,000,000 (월세×12)
	보증금 운용수입/연	3,600,000 (보증금×금리 4%)
	관리비/연	21,600,000 (관리비×12)
	주차장 수입/연	(주차 수입 있을 시)
	소계	115,200,000
공실손실상당액	공실 및 대손율	5.0% (예상 공실 손실액)
	소계	5,760,000
유효총소득(EGI)	실제 연 소득금액	109,440,440
영업경비	실제 관리 및 수선 비용	14,364,000 (공실 관리비+실비)
순수익	세전 수익	95,076,000
자본환원이율(매입 시)		4.0% (1년 수익 적용)
수익가격(직접환원법)	단수금액 정리 후	2,376,000,000

위 표와 같이 수식을 만들어놓고 한 해 동안 수입과 지출을 기록하고 공실 리스크와 금리까지 반영 시점에 맞춰 계산에 넣으면 순수익에 따른 수익률이 나옵니다. 시장에서 거래되는 매물의 수익률이 몇 %인지 조사되었다면 수치를 바꿔가며 적정 가격을 예상할 수 있습니다.

수익(직접)환원법은 임대용 부동산의 평가에 유용하고 순수익에 맞춰 현재가치를 구하는 논리적 이론입니다. 자료가 정확하면 그 가치도 정확하게 산정되고 계산하는 사람의 주관이 개입될 여지가 거의 없으며, 숫자로 표기되는 수익에만 집중하여 수익형 부동산의 현재가치를 알 수 있습니다. 다만 건물의 신축과 구축 차이로 인한 가치는 제외되었으며 입지처럼 숫자로 표현되지 않는 가치는 별도의 보정 수치가 필요합니다. 하지만 보정 수치까지 가지 않고 수익(직접)환원법 계산만 직접 할 수 있어도 충분히 좋은 매물을 선별할 수 있습니다.

$$물건의 가치 = 순수익 \times 자본환원이율$$

위 직접환원법의 수식을 크게 두 부분으로 나누면 전체 수익에서 실제 경비를 제외한 순수익 금액을 캡레이트(Cap. Rate)인 요구수익률로 환산하여 물건의 가치를 평가하는 방식입니다.

수익형 부동산의 매각을 생각하고 있다면 매수자가 희망하는 자본환원이율이 되어야 합니다. 이렇게 수식으로 보면 너무 당연한 내용이지만, 많은 사람이 방향성을 잃고 주변의 세부 내용에 매달리는 경우를 보면서 안타까웠던 순간이 많았습니다. 결론은 수익입니다. 환경을 배제하고 생각할 수는 없지만 현금흐름의 수익률이거나 시세차익의 수익 발생이 우선 검토되어야 하고 고급 자재와 주변 여건은 경쟁우위만큼 추가로 반영하면 됩니다.

디스코 부동산 앱 활용하기

디스코(www.disco.re)는 많은 실전 부동산 투자자가 활용하고 있는 토지·건물 정보 플랫폼입니다. 실거래가를 기반으로 다양한 부동산 정보와 매물, 분양, 투자 관련 서비스를 제공합니다. 토지 및 건물을 거래한다면 사전에 반드시 검토해야 하는 필수 서비스이며, PC뿐만 아니라 스마트폰 앱에서도 사용할 수 있습니다.

디스코를 통해 다양한 거래 사례를 확인할 수 있는데, 여기에 한 단계 더 추가해 총액이 아닌 골목별 부동산의 평단가를 확인하면 가치를 한눈에 쉽게 살펴볼 수 있습니다.

단순히 매매금액만 확인하면 어디가 비싸고 어디가 저렴한지 한눈에 들어오지 않습니다. 하지만 다음의 이미지처럼 평단가로 변경하여 확인하면 토지 종류와 상관없이 건대역을 기준으로 서쪽과 북쪽으로 이어지는 골목의 단가를 한눈에 비교할 수 있습니다. 여기서 중심에 있는 부동산이 2022년 1,000억 원에 그리고 그 아래

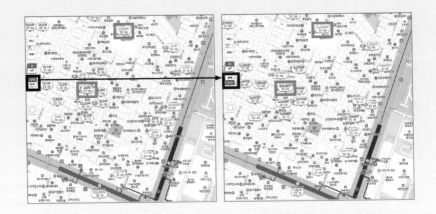

있는 부동산이 2021년 40억 원에 거래되었었는데, 총액으로 확인하면 세부 내용이 보이지 않습니다. 평단가로 확인하면, 각각 6,600만 원/평과 8,000만 원/평 수준의 단가로 건대입구역 인근인 2종 일반주거지역 아래 40억 부동산보다 1년 이후에 거래된 일반상업지역의 1천억 부동산이 더 저렴하다는 것을 알 수 있습니다. 당연히 상업지역이면 가격이 높아야 하는데 그렇지 않은 이유가 궁금해집니다. 이는 상권에서 안으로 들어와야 하고 토지 용도가 시장으로 되어 있어 일반상업지역이라해도 허가 등 개발 진행에 난이도가 높아 상대적으로 낮은 평단가로 거래가 된 것입니다. 이런 내용은 유사한 정보 속에서 차이를 알아볼 수 있어야 파악할 수 있습니다. 파악한 원인에 기초 입지 공식을 적용하여 분석한다면 의외로 숨어 있는 매물을 찾아낼 수도 있습니다.

같은 앱의 동일한 기능이라도 가격 형성의 기본을 확인하고 분석하면 대로변의 단가, 메인 골목의 단가, 그리고 안쪽 주거지역의 단가를 구분할 수 있어 골목별로 객관적인 분석이 가능합니다. 단순히 '여기는 메인이라 비싸고, 저기는 안쪽이라 저렴하다'는 식이 아니라, 골목에 맞춘 단가로 적정 가격을 비교하면 더 현명하게 투자할 수 있습니다.

네이버 부동산의 임대료 정보 활용하기

내가 투자할 지역의 임대료를 찾아서 비교할 수단이 생겼다면 매물이 가장 많은 매체를 확인하면 효과적입니다. 바로 최대 포털 사이트 네이버입니다. 중개업 시장에서도 가장 많이 선호하여 다양한 매물이 올라와 있습니다. 부동산 단가 비교를 위해 선정한 지역의 임대료 단가 변화를 주시하는 것은 중요합니다. 이 부분은 쉽게 알려지지 않는 내용이지만, 광고를 통해 얻은 객관적인 수치를 인지하고, 현장을 직접 확인한 후 이를 대입하여 체크하는 꾸준한 노력이 필요합니다. 이렇게 함으로써 보다 정확한 투자 판단을 할 수 있습니다. 이 방법은 개발 전문 업체가 시장 조사를 위해 근거로 삼을 정도이며 다른 많은 곳에서도 광고 자료를 기준으로 평당 임대료를 확인하여 시장조사 자료를 만들기도 합니다. 그렇기에 임대료 구분 기준에 맞춘 객관적인 숫자를 확인할 능력을 키웠다면 많은 자료가 있는 인터넷 속에서 손품만으로도 양질의 정보를 얻을 수 있습니다.

네이버 임대료에 대한 정보를 찾아볼 때 우선 업종별 임대와 층수에 따른 임대를 구분해야 합니다. 수익형 부동산을 찾는다면 다음 그림의 1번 항목에서 [상가·업무·공장·토지]를 선택한 후 세부 항목을 체크해 검색하면 됩니다.

그런 다음 부동산의 상품군에서 상가인지 사무실인지 체크한 뒤 검색하면 내가 원하는 해당 지역에서 유사한 조건을 갖춘 부동산을 찾아볼 수 있습니다. 이때 수많

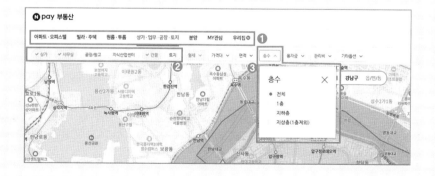

은 정보 가운데 자신이 원하는 것만 골라서 검색하려면 자신에게 필요한 층수가 1층인지, 아니면 2층 이상의 공간인지 등 명확해야 합니다.

나에게 필요한 정보를 검색했다면 네이버 광고 매물은 어떻게 노출되는지 그 기준을 알고 있어야 합니다. 대형 빌딩은 NOC^{Net Occupancy Cost} 방식으로 순 점유면적을 기준으로 임대료와 관리비를 합산해 산출하고 있으나 골목 안쪽에 있는 중소형 빌딩은 임대면적을 기준으로 하는 경우가 일반적입니다. 또 중소형 빌딩은 대부분 1개 층을 단독으로 임차할 때가 많아 건축물대장에 나오는 계단 등 공용면적을 포함한 1개 층의 전체 면적을 전용면적으로 홍보하는 사례도 쉽게 접할 수 있습니다. 임대료를 비교할 때 이처럼 서로 다른 기준으로 홍보되고 있다는 점을 염두에 둬야 판단의 오류를 줄일 수 있습니다.

네이버 광고 매물과 해당 건물 건축물 대장

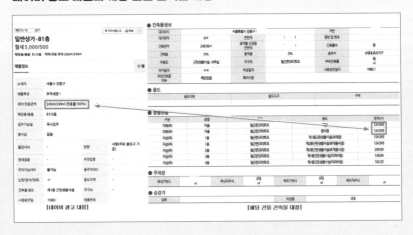

전용률이 100%인 광고 매물은 건물의 한 층 전체 면적과 동일하다고 생각하면 됩니다. 건물 관리가 체계적이지 않은 중소형 빌딩의 경우 종종 설계도면이 없을 때가 많아 객관적인 수치를 제공하기 어렵습니다. 그래서 네이버 부동산 광고에서 한

층을 기준으로 임대료 평단가를 비교하는 방식으로 홍보하는 경우가 있습니다.

부동산에 투자하려면 현장을 제대로 알아야 하듯이 이제는 인터넷 광고가 주축이 되는 시대인 만큼 온라인 현장에서 표현되는 방식을 알고 접근한다면 한층 더 객관적인 정보를 취합해 활용할 수 있습니다.

성공하는
지식산업센터 투자

지식산업센터 투자를 시작한 계기

10여 년 전 금천구 가산동에서 사업을 시작한 J대표는 확실한 경쟁력으로 오랜 기간 튼실한 경영을 해왔지만, 외부 환경 변화로 사세가 급격히 기울고 있었습니다. 엎친 데 덮친 격으로 새롭게 시작한 신사업이 좀처럼 뜻대로 되지 않아 회사 경영에 상당한 부담을 주는 상황이었습니다.

다행히도 J대표는 여유 자금이 있을 때 인근 지식산업센터(이하 '지산') 몇몇 곳에 투자를 했습니다. 회사의 투자금액 대비 지산의 임대수익율은 900%, 시세차익은 무려 1,000%를 넘어서고 있었습니다. 그는 "수십 년 동안 사업을 했지만, 사업 성과는 오르내림이 있어 결국 제자리인데 남은 것은 부동산뿐이네요. 부동산 투자라도 했기에 망정이지 그거라도 없었으면 정말 허망할 뻔했네요"라고 말했습니다. 그와의 대화를 통해 지산 투자를 시작하게 되었습니다.

실패한 지식산업센터에는 이유가 있다

2021년 특히 인기를 끌었던 고양시 향동동에 위치한 지산은 '드라이브인(트럭이 호실 안까지 들어갈 수 있는 건물)'이라는 특수한 형태로 분양 열기가 뜨거웠습니다. 그러나 현재는 대표적인 실패 사례로 거론되는데, 몇 년 사이 이렇게 사정이 급변한 이유가 무엇일까요?

첫째, 공급 과잉입니다. 향동동 지역에는 비슷한 시기에 분양된 지산이 상당히 많았습니다. 입주 전에는 막연한 기대감으로 간과했지만, 입주가 시작되면서 공급 과잉은 투자자에게 불리한 상황을 조성했습니다. 특히 입주 시기가 비슷하다는 것은 치명적인 결과를 불러왔습니다. 아무리 입지가 좋아도 임차인을 구하려는 입주장 시기에 임대료를 낮추는 경쟁을 피할 수 없습니다. 특히 공급 과잉은 이러한 경쟁을 더욱 심화시키는 원인이 됩니다.

둘째, 부족한 교통 여건입니다. 사람들의 업무공간인 지산은 특히 교통 여건이 중요합니다. 교통이 불편해도 사장은 참을 수 있지만, 직원들은 그렇지 않습니다. 기존 직원은 회사를 떠나고 신규 직원은 입사하지 않으려 합니다. 실제로 중소기업이 교통이 불편한 곳에 위치하면 직원 채용에 큰 어려움을 겪는 경우가 많습니다. 이러한 이유로 열악한 교통 여건은 결국 해당 지역의 시세 형성에도 치명적인 장애 요소가 됩니다.

셋째, 패닉 셀Panic Sell, 즉 공포에 따른 투매가 발생합니다. 공급 과잉과 인프라 부족으로 임대가 어려워지고 시세 하락이 이어지면, 보유자들은 급매물로 내놓게 됩니다. 이는 다시 더 낮은 가격의 추가 급매로 이어지며, 악순환을 초래합니다.

부동산 시장의 뜨거운 관심을 받던 지산이 몰락한 이유는, 2021~2022년 부동산 호황기 투자 수요의 거품이 빠진 영향이 큽니다. 그러나 공급 과잉, 부족한 교통 여건 등은 분양 당시에도 충분히 검토할 수 있었던 내용인 만큼 초기 분석이 충분하지 못했던 사실은 부정할 수 없습니다. 이 사례는 투자를 하기 전에 꼼꼼한 분석이 얼마나 중요한지를 잘 보여줍니다. 만약 비슷한 시기에 성수동에 위치한 지산에 투자했더라면 상당히 높은 수익을 누릴 수도 있었을 것입니다. (성수동 사례는 뒤에서 좀 더 자세히 살펴보겠습니다.)

지식산업센터란 무엇인가?

　지식산업센터란 3층 이상, 6개 이상의 사업장이 입주한 집합건물로서 3가지 특징이 있습니다.

　　1. 구분소유권자로 구성
　　2. 입주 업종의 제한이 있음
　　3. 세제 혜택이 있음

　지산 건축은 (준)공업지역에서 가능하고, 그 외 용도지역은 도시계획 조례, 또는 지구단위계획(계획관리지역)으로 승인된 경우에만 가능합니

서울의 준공업지역

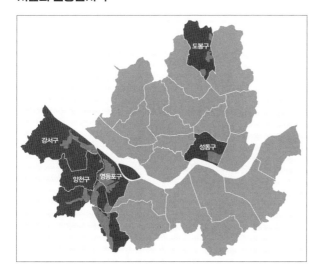

다. 이는 지산의 가치 상승에 매우 중요한 요소로 작용합니다. 또 오피스는 건물이 클수록 가치가 올라갑니다. 대형건물일수록 입주 편의성과 관리 효율성이 좋아서 가치가 급격히 올라갑니다. 이는 대형빌딩과 소형빌딩의 매매가와 임대료를 보면 쉽게 알 수 있습니다. 지산은 구분소유권자로 구성되기 때문에 소액 투자로 대형빌딩의 일부를 소유할 수 있습니다. 더구나 서울지역은 준공업지역이 많지 않기 때문에 공급이 제한됩니다. 즉, 자연스럽게 공급이 수요를 따라가지 못하는 상황입니다.

위 지도에서 회색 부분이 준공업지역입니다. 성수동, 가산, 금천, 영등포를 제외하면 서울의 준공업지역은 거의 없기에 다른 지역에서는 지산 건축이 불가능합니다. 또한 대형오피스는 여러 필지의 토지를 매입해야 하는데, 이는 매우 어려운 일입니다. 그래서 서울지역의 지산은 기본적으로 장점이 많은 투자처입니다.

지산은 다음과 같은 3가지 장점을 가지고 있습니다.

1. 입주의 편의성: 자주식 주차, 24시간 보안, 피트니스, 구내식당, 회의실 등 다양한 편의시설이 있습니다. 이는 입주자들의 편의성을 증대시켜 한번 입주하면 계속 지산을 고집하게 되는 이유입니다.
2. 관리의 효율성: 여러 기업이 한 건물에 모여 있어 공용공간 활용도를 높이고, 운영비용을 절감할 수 있습니다.
3. 세제 혜택: 실입주 기업은 취득세와 재산세를 감면받을 수 있습니다.

이러한 장점 덕분에 지산에 대한 기업 선호는 높아지고 있습니다. 또한 최근 신축하는 지산은 커뮤니티 등 공용공간에 상당한 투자를 해서 건물 가치를 높이고 있습니다. 지산의 기본적인 투자 구조는 아래와 같습니다.

투자 주체: 법인(수도권 5년 경과 법인 또는 지방 소재 법인)

자본 구조: 자기자본 40%, 차입금 60%

지산에 투자하려면 법인으로 해야 합니다. 개인은 양도세 부담이 커서 갈아탈 수가 없습니다. 법인으로 투자할 때는 반드시 '취득세 중과세' 여부를 체크해야 합니다. 수도권 과밀억제권역 내 부동산을 법인이 취득하면 취득세가 중과됩니다. 다만, 수도권 과밀억제권역 내 5년이 경과한 법인 또는 과밀억제권역 외 법인은 중과되지 않습니다. 수도권 과밀억제권역은 다음과 같습니다. 다만 용인시와 화성시는 과밀억제권역이 아닙니다.

수도권 과밀억제권역의 범위

- 서울특별시 전 지역
- 인천광역시(남동유치지역 제외)
- ※ 강화군, 옹진군, 서구 대곡동, 불노동, 마전동, 금곡동, 오류동, 왕길동, 당하동, 원당동 제외.

흔히들 지산 투자의 장점으로 대출이 쉽고, 한도가 높다는 점을 들지
만 적정 대출 비율은 60%입니다. 이 정도 수준으로 투자한다면 이자율
이 상승해도 생각보다 부담이 크지 않습니다. 예를 들어 지산을 10억
으로 매입하고, 취득세 460만 원(임대할 경우에는 취득세 감면을 받을 수 없
음)이 발생한 경우, 임대수익율이 3%라고 하면 월 임대료는 262만 원
입니다. 이때 이자율에 따른 손익은 다음과 같습니다.

이자율에 따른 손익 계산

(단위: 백만 원)

매입가액	1,000	
취득세	46	
취득원가	1046	
차입금	628	60%
자기자본	418	40%

이자율	2.0%	3.0%	4.0%	5.0%	6.0%
임대수입	2.62	2.62	2.62	2.62	2.62
이자비용	1.05	1.57	2.09	2.62	3.14
월손익	1.57	1.05	0.52	(0.00)	(0.53)
수익율	4.5%	3.0%	1.5%	0%	−1.5%

이자율이 3%인 경우 월 105만 원의 수익이 발생하며 투자금 대비 수익률은 3%가 됩니다. 이 경우 손익분기 이자율은 5%입니다. 즉, 대출 비율 60%로 투자한다면 은행 이자율이 5% 이하일 때 이익을 얻을 수 있습니다. 여기에 매매차익을 추가로 얻을 수 있습니다. 이것이 지산 투자의 기본적인 구조입니다.

지산산업센터 투자를 위해 꼭 알아야 할 지식

첫째, 공급 물량입니다. 한국산업단지공단에서 운영하는 팩토리온(www.factoryon.go.kr) 사이트에서 전국 지식산업센터 공급 현황을 쉽게 확인할 수 있습니다.

지산의 공급 현황을 보면 경기도 51%, 서울 26%, 그리고 인천광역시 6%를 차지함으로써 수도권에 83%가 존재합니다. 이 중 서울의 현

2024년 2월 말 기준 전국 지식산업센터 건축 현황

시도	개수	건축면적(평)	비율
서울특별시	405	4,802,871	26%
경기도	706	9,528,042	51%
인천광역시	81	1,143,173	6%
기타	347	3,248,439	17%
합계	1,539	18,722,525	100%

서울 지식산업센터 건축 현황

구	개수	건축면적(평)	비율
금천구	139	1,969,507	41%
구로구	63	790,982	16%
성동구	86	527,309	11%
영등포구	49	505,561	11%
강서구	23	437,276	9%
강남구	3	35,627	1%
기타	42	536,608	11%
합계	405	4,802,871	100%

황을 자세히 들여다보면 금천구가 41%이며, 최근 오피스 수요가 급증하는 성동구가 3위를 차지하고 있는 점이 눈에 띕니다. 한편 국내 오피스 수요가 가장 많은 지역인 강남이 1%로 나온 점은 흥미롭습니다. 지산은 (준)공업지역이나 택지개발지구 등 특정 용도지역에만 건축할 수 있기 때문에 강남에는 지산이 없으며, 앞으로도 공급될 가능성이 매우 낮습니다.

경기도에서는 미사 지역을 포함한 하남시의 비중이 가장 높으며, 최근 고양시 덕양구의 향동동, 덕은동, 원흥동 등에서도 활발히 신규 공급이 이루어지고 있어 덕양구가 전체의 5%를 차지하고 있습니다.

둘째, 잠재 수요량입니다. 지산은 오피스의 일종이기에 잠재 수요는 사업체 수와 직결됩니다. 각 지역의 사업체 수는 통계청 사이트에서 손쉽게 얻을 수 있습니다.

경기도 지식산업센터 건축 현황

시	개수	건축면적(평)	비율
하남시	27	703,923	7%
화성시	54	698,493	7%
성남시 중원구	42	636,199	7%
시흥시	119	618,283	6%
평택시	30	603,826	6%
안양시 동안구	45	590,612	6%
고양시 덕양구	22	516,979	5%
용인시 기흥구	14	466,997	5%
남양주시	17	445,583	5%
수원시 영통구	26	366,869	4%
기타	310	3,880,278	41%
합계	706	9,528,042	100%

*자료: 팩토리온

2021년 경기도 고양시 사업체 현황

종사자 규모별(1)	종사자 규모별(2)	2021			
		합계	덕양구	일산 동구	일산 서구
전체	사업체 수	110,660	40,852	43,411	26,397
	종사자 수	381,611	140,713	160,493	80,405
10명 미만	사업체 수	104,962	38,754	40,853	25,355
	종사자 수	200,141	73,461	80,843	45,837
10~4명	사업체 수	4,999	1,859	2,251	889
	종사자 수	90,386	33,891	40,918	15,577

*자료: 「경기도고양시기본통계」, 경기도 고양시

표에서 보는 바와 같이 덕양구의 경우 총 사업체는 약 4만 개, 종사자는 14만 명입니다. 이러한 잠재 수요가 앞서 살펴본 덕양구의 약 52만 평에 달하는 공급 물량을 소화할 수 있을지에 대한 신중한 판단이 필요합니다.

셋째, 매매 시세입니다. 지산 실거래가는 산업부동산(land.daara.co.kr) 사이트에 들어가면 확인할 수 있습니다. 지역별로 최근 실거래가 정보를 한눈에 파악할 수 있습니다.

넷째, 임대 시세입니다. 임대 시세는 네이버 부동산을 통해 임대 호가를 확인할 수 있습니다. 다만, 이는 실거래가가 아닌 호가라서 다소 아쉬움이 있습니다. 실제 임대 시세는 임장(또는 전화)을 통해 파악하는 것이 더 정확합니다. 임장은 부동산 투자의 가장 기초입니다. 임장을 많이 다닐수록 내공도 쌓입니다.

다섯째, 대출입니다. 지산은 대규모 집합건물로서, 대출을 알아보는 것은 어렵지 않은 편입니다. 2~3개 금융기관을 비교하면서 알아보는 것이 좋습니다.

지식산업센터 투자의 필승 포인트

지산 투자를 성공하기 위해서는 아래 4가지를 특히 유념해야 합니다.

첫째, 가장 중요한 요소로 공실 리스크입니다. 사실 공실 리스크만 없다면 투자의 90%는 성공합니다. 지산은 사용의 편리성 때문에 시간이 지날수록 수요가 증가하고 가치가 올라갑니다. 중소형빌딩과 지산의 임대료 차이는 갈수록 더 커지고, 신축 지산과 구축 지산의 차이도 점점 더 커지고 있습니다. 매매가액은 물론 동일합니다.

성수역 SK V1타워라는 신축 지산(2018. 12 입주)이 있습니다. 이곳의 임대료는 전용 평당 13만 원인 반면 구축 지산은 9~12만 원, 중소형빌딩은 7~8만 원대에 형성되어 있습니다.

지식산업센터 시장에서 '만실'은 특별한 의미를 가집니다. 만실은 해당 지역의 공급이 수요에 의해 완전히 소화되었음을 의미합니다. 이때 수요는 계속 증가하지만 공급이 멈추게 되면 시장은 초과 수요 상태에 접어듭니다. 따라서 만실이 되는 순간, 마치 '코브라가 고개를 드는 것처럼' 임대료와 매매 시세가 급격히 상승하는 현상이 발생합니다. 따라서 공실 없이 임대할 수만 있다면, 비록 운영 손실(이자비용 〉임대수익)이 발생하더라도 추후 시세차익으로 충분히 만회할 수 있습니다. 따라서 공실 리스크가 지산 투자의 핵심 성공 요소입니다.

둘째, 손익분석입니다. 손익분석은 임대 손익과 매매 손익, 2가지 방식으로 이루어집니다. 지산의 임대료는 상가임대차보호법(10년 계약, 연 5% 인상 상한)으로 인해 상승이 제한된다고 생각할 수 있습니다. 그러나 임차 기업이 사세 확장이나 축소로 인해 비교적 자발적으로 퇴거하는 경우가 많아, 새로운 임대 시 현재 시장 시세에 맞춰 조정할 수 있는 여지가 있습니다.

셋째, 현금흐름입니다. 제아무리 좋은 투자안이어도 자금 계획을 세울 수 없다면 무슨 소용이 있을까요? 현금흐름 분석은 구매 시 현금흐름과 보유 시 현금흐름으로 나누어 진행합니다. 부동산은 많은 장점이 있지만 처분이 쉽지 않은 결정적 단점이 있습니다. 보유 현금흐름이 충분치 않으면 급매 등으로 큰 손실을 감수해야 할 수도 있습니다. 따라서 현금흐름을 꼼꼼히 분석해야 하며, 최악의 경우를 대비한 플랜 B도 마련해두어야 합니다.

넷째, 해당 건물의 특성입니다. 최근 들어 중요성이 더욱 커지는 요소입니다. 성수역 인근의 '성수역 SK V1타워'와 '성수역 현대 테라스'라는 지산을 예로 들면, 두 곳 다 입지(성수역 3분거리), 준공 시기(2018년 12월 입주), 규모(토지 1,500평, 연면적 1.3만평), 분양가액(평당 1,000만 원), 시공사(SK건설, 현대건설) 등 모든 면에서 유사하지만, 매매 시세는 10%, 임대 시세는 5% 이상 차이가 납니다. 그것은 바로 건물 특성 때문입니다. 겉으로는 유사해 보여도, 실사용자들은 차이를 잘 알고 있어서 가격에 반영됩니다. 이것이 "부동산은 자신이 가장 잘 아는 지역에 투자해야 한다"라고 말하는 이유입니다.

안전지역과 위험지역 구분하기

안전지역은 한마디로 공실 가능성이 없는 지역입니다. 즉, 임대 안정성이 매우 높은, 초과수요 지역입니다. 대표적인 곳이 성수동입니다. 이 지역은 기업의 입주 수요는 폭발적으로 증가하는 데 반해, 공급이 증가할 가능성은 매우 낮습니다. 결국 급격한 임대료 상승 및 시세 상승이 이어지고 있습니다.

안전지역에서도 일시적인 손실이 발생할 수 있습니다. 급격한 시세 상승으로 인해 임대수익률이 기대만큼 높지 않기 때문입니다. 하지만 이는 일시적입니다. 실제로 '성수동 현대테라스타워' 임대료는 다음과 같이 변했습니다.

2020년 230만 원 → 2021년 290만 원(26% 상승) → 2024년 330만 원(14% 상승)

이 사례에서 두 번의 임차인 변경은 모두 자발적인 퇴거로 이루어졌습니다. 매입 당시에는 운영 손실(이자비용 〉 임대수익 〉 상태였지만, 현재는 수익을 내고 있습니다. 또한 매매 시세 역시 급격하게 상승하였습니다. 안전지역에서는 장기 보유하면 결국은 성공합니다. 물론 안전지역이라고 100% 성공하는 것은 아닙니다. 안전지역에서 실패하는 이유는 주로 2가지로 현금흐름 분석이 철저하지 못해서 매수 자금에 따른 부담을 견디지 못하거나 건물 특성 파악이 미흡했던 경우입니다. 자금 압박으로 급매를 하거나, 중요한 건물 특성을 간과한다면 안전지역에서도 실패할 수 있습니다.

위험지역이란 공실 가능성이 매우 큰 초과공급 지역입니다. 공실이 발생하면 수익이 없는 상태에서 이자비용과 관리비를 고스란히 부담해야 합니다. 이는 투자에 치명적인 요소로서 급매를 불러오는 악순환을 초래할 위험이 큽니다. 위험지역은 일단 거르고 봐야 합니다. 위험지역은 대부분 신도시, 택지개발지구, 수도권 이외 지방에 분포되어 있습니다. 앞서 설명했듯이 수도권이 전국 물량의 83%를 차지합니다. 이는 그만큼 지방에는 수요가 없다는 반증입니다.

주거시장에서는 GTX, 지하철, 고속도로 개발 계획 등에 따라 시세가 민감하게 반응하지만, 오피스 시장은 그와 다릅니다. 주거시장에서 가족은 개발에 따른 불편을 감수하지만 오피스 시장에서는 임직원들이 이를 참지 않습니다. 따라서 중·장기 개발 계획이 있는 지역의 지산은 피하는 것이 최선입니다.

지식산업센터 투자의
성공과 실패

안전지역 성공 사례

성수역 SK V1타워 소규모 호실(계약 22평, 전용 11평)을 분양받은 사례입니다. 대출은 65% 활용했으며 현재 매년 12.5%의 수익률을 보이고 있습니다. 시세차익은 450%입니다.

단위: 천 원

분양가액	220,000	(22평×10,000)
부대비용	12,500	취득세 4.6% 포함*
취득원가	232,500	
차입금	151,350	대출 비율: 65%
자기자본	81,150	
임대료(연)	17,400	월 145만 원
이자비용	7,265	4.8%
연간수익	10,135	12.5%
현 시세	600,000	
평가이익	367,500	
투자수익률	453%	
손익분기 이자율	11.5%	

*임대는 취득세 감면 혜택이 없다.

손익분기 이자율은 11.5%입니다. 즉, 11.5% 미만 이자율에서는 수익이 발생하며, 사실상 손익이 완전히 안정화되었음을 뜻합니다.

위험지역 실패 사례

향동동 드라이브인 지산 투자 사례입니다. 대출은 65% 활용했으며 현재 공실로 매년 12% 손실을 보고 있습니다.

단위: 천 원

분양가액	1,021,989	(111평 × 9,239)
부대비용	51,099	취득세 4.6% 포함
취득원가	1,073,088	
차입금	697,507	대출 비율: 65%
자기자본	375,581	
임대료(연)	–	공실
관리비	7,992	
이자비용	37,875	5.43%
연간수익	−45,867	−12.2%
현 시세	817,591	
평가이익	−255,497	
투자수익율	−68%	

여기서 알 수 있듯이, 공실은 지산 투자에 치명적입니다. 이자비용 연간 3,800만 원뿐만 아니라, 관리비 800만 원까지 고스란히 부담해야 합니다.

위험지역 극복 사례

위험지역에 투자한 후 극복한 사례를 살펴보겠습니다. 하남 미사지역의 스카이폴리스로 연 면적 9만 5천 평의 국내 10위 이내 규모입니다. 비교적 양호한 제반 여건을 갖추었지만, 초과공급과 입주장으로 인해 매스컴에 지산 투자의 대표적 실패 사례로 언급되기도 합니다.

이곳에 투자하고도 비교적 극복을 잘하고 있는 사례가 있습니다. '장기 임대계약 후 매입(세일앤리스백)'의 방법을 적용한 경우입니다. 최초 구입할 당시부터 임차인을 구한 상태에서 임대차계약과 동시에 매입한 사례입니다. 이를 통해, 매년 2%(200만 원) 정도의 작은 손실로 어려운 시기를 견디면서 시세가 상승할 때를 기다릴 여유를 갖게 된 것입니다.

단위: 천 원

분양가액	289,182	(42평×6,900)
부대비용	14,459	취득세 4.6% 포함
취득원가	303,641	
차입금	197,367	대출 비율: 65%
자기자본	106,274	
임대료(연)	9,000	5년 장기계약. 매년 5% 인상
이자비용	11,033	5.59%
연간수익	-2,033	-1.91%
현 시세	289,182	
평가이익	-14,459	
투자수익율	-14%	

위험지역 출구 전략

이미 위험지역에 투자한 상황이라면 어떤 출구 전략을 펼쳐야 할까요? 이는 지역마다 다르게 접근해야 합니다. 위험지역은 더 자세히 2가지로 구분할 수 있습니다.

1. 일시적 초과공급 시장(입주장)

사실 입주장을 헤쳐 나갈 묘안은 딱히 없습니다. 실제로 상황이 무척 좋다고 알려졌던 성수동에서도 입주장 공실 해결에는 6개월 이상 걸렸습니다. 입주장은 각자의 상황에 맞는 전략을 세워 기다리면 됩니다. 빠른 임대를 위해 임대료를 낮출 수도 있고, 정상 임대료를 고수하며 기다릴 수도 있습니다. 입주장은 일시적인 초과공급의 성격이라서 시간이 지나면 자연스럽게 해결됩니다.

2. 장기 초과공급 시장

초과공급 현상이 중장기적으로 예상된다면 손실을 감수하고 매각해야 합니다. 이러한 결정은 아주 어렵고 고통스럽지만, 냉정하고 객관적으로 실행해야 합니다. 장기 초과공급 시장이라면 하루라도 빨리 탈출하는 것이 피해를 최소화하는 방법입니다.

관심은 많지만 실제 도전하는
사람은 드문 부동산 경매

나의 경매 입문기

경매로 아파트를 처음으로 낙찰받은 지 벌써 15년이 지났습니다. 그 당시 경매를 책으로만 공부한 뒤 바로 입찰했습니다. 권리분석과 입찰표 작성하는 방법, 낙찰 이후 명도까지 혼자 공부해서 입찰했는데 지금 생각해보면 무모한 도전이었습니다. 지난 15년간의 경험에 비추어보면 책 몇 권 읽고 경매에 나서는 건 대단히 위험한 일입니다. 그런데 당시 서점에는 경매로 투자해서 크게 성공한 사례들을 소개하며 누구나 쉽게 할 수 있는 투자처럼 설명하는 책들이 많았습니다. 물론 누군가는 시작부터 운 좋게 큰 부자가 될 수 있었겠지만 대개는 예상하지 못했던 난관을 만날 확률이 높습니다. 경매 투자는 고려해야 할 위험 요소가 많아 시기와 방법에 따라 성공할 수도 있고 실패할 수도 있기 때문입니다.

처음 낙찰받았던 아파트는 법원 조사상 채무자가 거주하고 있어서 대항력으로 인한 문제는 없었습니다. 경기도에 있는 30평형대 아파트였는데 소액으로 투자할 수 있는 물건이라 입찰에 나서기로 했습니다. 현장 조사를 위해 인근 중개업소를 방문해서 시세도 알아보고 관리사무소를 찾아가서 미납 관리비도 확인했습니다. 다행히도 미납 관리비는 없었으며 중개업소에서는 시세를 친절하게 잘 알려줬습니다. 이렇게 임장을 마치고 입찰하는 날 법원으로 갔습니다. 법원에는 사실 처음 가보는 터라 긴장되기도 하고 떨리기도 했습니다.

법원 안으로 들어가서 입찰법정을 찾았습니다. 입찰법정은 한쪽 구석에 자리하고 있었습니다. 법대에 앉아 있는 사람이 입찰 절차를 설명해줬습니다. 당시에는 그가 판사인 줄 알았는데 나중에 알고 보니 집행관이었습니다. 집행관은 법원 업무를 보조하는 인원으로 입찰을 진행하거나 부동산 또는 동산 강제집행 업무를 담당하는 사람입니다. 집행관의 입찰 안내를 듣고 나니 입찰 양식을 나누어주었습니다. 입찰 양식을 받아 들고 사람들이 없는 곳으로 가서 차분히 써내려 갔습니다. 지금 생각하면 우습지만, 내가 써내는 입찰가격을 누군가 훔쳐보기도 한다는 어느 책의 내용이 생각났기 때문입니다. 입찰가격까지 써낸 다음 입찰보증금과 함께 입찰봉투에 넣어 집행관에게 제출했습니다. 수취증을 받아 들고 입찰법정을 나와 차 한잔 마시며 개찰을 기다렸습니다. 당시의 긴장되고 떨렸던 마음이 아직도 생생하게 떠오릅니다.

대부분의 입찰법원은 사건번호 순으로 발표하는데 일부 법원은 입찰자 수가 많은 사건부터 개찰하기도 합니다. 다른 사건이 개찰되기 시작했고 한참 후에야 제가 입찰했던 물건이 드디어 개찰을 시작했습니다. 이때에도 얼마나 떨리던지 손에 땀이 흥건할 정도였습니다. 집행관의 입에서 "사건번호 ○○○○타경○○○○호 최고가 매수인은 ○○○동에 거주하는 ○○○입니다"라며 내 이름이 흘러나왔습니다. 드디어 제가 낙찰받은 것입니다! 그때의 기쁨과 설렘이 지금까지 경매를 하게 만든 원동력입니다.

입찰보증금 영수증을 받아 들고 나오는데 대출을 알선하는 아주머니들이 다가와 연락처를 물어봤습니다. 말로만 듣다가 직접 당사자가 되어보니 그제야 낙찰받은 사실이 실감 났습니다. 그렇게 낙찰받은 이후 은행에서 대출을 받고 잔금 납부까지 마쳤습니다.

경매에서 마지막 단계인 명도를 시작해야 합니다. '명도'란 낙찰받은 부동산의 점유자를 내보내는 것을 말하는데 사실 이 부분이 가장 걱정되는 단계입니다. 책으로 다양한 사례를 접했지만 직접 하려니 긴장되고 떨렸습니다. 굳게 마음먹고 낙찰받은 집을 찾아갔습니다. 낮에 찾아갔는데 다행히도 채무자의 부인을 만날 수 있었습니다.

채무자의 부인과 자연스럽게 명도에 대해 대화를 나누었습니다. 막상 채무자의 가족을 통해 당사자들의 어려운 경제 상황을 듣고 나니 안쓰러운 마음이 들었습니다. 하지만 빠른 시일 내에 이사를 가야 한다고 얘기하고 다음에 다시 연락하기로 했습니다. 그렇게 몇 번의 연락이 있은 다음, 통상적인 이사비를 건네자 채무자 가족은 이사했습니다. 이렇게 나의 첫 경매는 마무리되었습니다. 생각보다는 그리 어렵지 않게 끝났고 나의 경매 인생을 열어준 첫 경험이 되었습니다. 그 이후 몇 년이 지나서 시세차익을 남기고 처분했으며 이후 경매 투자를 이어가고 있습니다.

경매 투자의 장점

1. 시세보다 저렴하게 취득한다

부동산 시세가 하락하는 시기에는 급매물도 많고, 계약할 때 가격을 어느 정도 더 깎을 수도 있습니다. 하지만 부동산 가격이 상승할 때는 급매물도 없고 집을 파는 사람이 계약하는 날 가격을 올리거나 취소하는 일도 있습니다. 다시 말하면 일반 매매 거래 시에는 부동산 시장의 흐름에 따라 집을 파는 사람이 갑이 되기도 하고 집을 사는 사람이 갑이 되기도 합니다. 그런데 법원 경매로 부동산을 살 때는 언제나 내 마음대로 가격을 결정할 수 있습니다. 자신이 구입하는 부동산의 가격을 스스로 결정한다는 것입니다. 물론 내가 결정한 가격대로 모든 경매 물건을 구입할 수 있는 것은 아닙니다. 왜냐하면 법원 경매는 여러 사람들이 경쟁해서 최고가를 제시한 사람이 낙찰을 받는 제도이기 때문입니다. 너무 낮은 금액으로 입찰하면 낙찰받기가 어렵습니다. 하지만 입찰하는 사람들 모두 시세보다 저렴하게 낙찰받기 위해 적정 가격을 쓰기 때문에 입찰자들의 입찰 가격대가 거의 비슷한 수준에서 작은 차이를 두고 경쟁하게 됩니다.

법원 경매가 널리 알려져 참여자들이 늘면서 아파트 경매의 경우 낙찰가율이 상당히 높아졌습니다. 그렇다 하더라도 현 시세보다는 저렴합니다. 그리고 아파트가 아닌 부동산들 이를테면 공장, 토지, 건물 등은 아파트와 달리 높지 않은 경쟁률로 시세보다 상당히 싸게 낙찰받을 수 있습니다. 최근 전남 강진군에 있는 냉동창고가 설치된 공장을 낙찰받았는데, 감정가 약 14억 원에서 출발하여 2회 유찰되어 최저가 7억 9,000만 원이 되었습니다. 이때 다른 한 명과 경합해서 8억 5,000만 원에 낙찰받게 되었습니다. 이 냉동창고는 냉동시설비만 해도 7억 원이 넘었는데 토지면적 3,678㎡까지 포함해서 낙찰받은 것입니다.

이렇듯 일반 매매로는 구입할 수 없는 금액의 부동산을 경매로 저렴하게 구입할 수 있었습니다. 실수요자들이 많이 참여하는 소액 주거용 부동산은 시세보다 크게 저렴하게 구입하기 어렵지만, 그 외 부동산은 상당히 저렴한 가격에 낙찰받을 수 있습니다.

2. 장사가 잘되는 상가도 경매로 나온다!

공인중개업소를 통해 수익형 부동산을 알아보면 장사가 잘되는 상가는 매매가격이 매우 비쌉니다. 반대로 가격이 저렴한 상가 매물은 장사가 잘 안 되는 자리입니다. 입장을 바꿔 생각해보면 당연한 이치입니다. 고수익이 보장된 상가인데 가격도 저렴한 매물은 눈을 씻고 찾아봐도 없습니다. 건물주들이 수익률 좋은 부동산을 저렴하게 내놓지 않기 때문입니다. 하지만 경매를 통해서는 수익률 좋은 부동산을 구입할 수 있습니다. 더욱이 사는 가격을 내 마음대로 결정할 수 있습니다! 물론 다른 사람들과 입찰 경쟁을 해야 하지만요.

몇 년 전 구분상가 중 가장 경쟁률이 치열했던 물건이 있었습니다. 고양시 성사동에 주상복합 아파트 1층 대로변 쪽으로 상가 여러 개가 경매로 나온 것입니다. 하나는 미용실이었고, 하나는 토스트 가게로 운영 중이었습니다. 전용면적 41 ㎡(12평)에 감정가격은 3억 7,900만 원이었습니다. 법원 조사에 따르면 보증금 3,000만 원, 월 200만 원에 임차하고 있었습니다. 위 물건 입찰을 위해 현장조사를 하는데 인근 중개업소에서 해당 물건에 관한 질문에 대답을 꺼려 했습니다. 다른 중개업소 역시 같은 반응이었습니다. 알고 보니 그 이유가 최근 해당 물건으로 문의하는 사람들이 너무 많아서였습니다.

입찰 경쟁률이 상당할 것으로 예상하고 고양지원으로 향했습니다. 그날 유난히 법원에 사람들이 많았습니다. 바로 그 상가 물건 때문이었습니다. 감정가격이 3억 7,900만 원이었는데 해당 물건의 가치에 비해 낮게 평가된 것으로 판단됐습니다. 그리고 위와 같은 상가 물건은 낙찰받은 후 기존의 임차인과 명도 협의를 하면 임차인은 계속해서 상가를 임차하려고 했습니다. 장사도 잘되거니와 상가에 들어갈 때 권리금을 주고 들어갔는데 낙찰자로부터 명도를 당하면 권리금도 회수하지 못하기 때문입니다. 그런 이유로 장사가 잘되는 상가의 임차인들은 낙찰받은 사람과 임대차계약을 하고 계속해서 영업할 수 있기를 원합니다. 이런 경우 낙찰받은 사람은 기존 임차인과 임대차계약 시 이전 계약에 비해 임대료를 더 올려 받을 수도 있습니다. 임대수익률을 고려했을 때, 4억 중반대가 적정 입찰가로 계산되었습니다. 그러나 입찰가를 최종적으로 결정하기 직전, 과거의 많은 경험을 통해 마지막 순간에 직감적으로 떠오르는 금액이 있었습니다.

마지막에 떠오른 입찰가격은 5억이었습니다. 법원 경매에서 낙찰을 받기 위해서는 자신이 낙찰받고자 하는 희망가격을 쓰는 것이 아니고 다른 사람들이 입찰하고자 하는 가격을 예상해서 좀 더 높은 금액을 써내야 합니다. 해당 물건을 낙찰받고자 하는 사람들이 4억 중후반까지 써낼 것으로 예상됐습니다. 그래서 낙찰 가능성 있는 입찰가격을 5억으로 판단했습니다. 미용실과 토스트 가게 두 물건을 모두 5억으로 입찰표를 써서 제출했습니다. 입찰표를 제출하고 낙찰자를 발표하기까지 약 1시간 정도 기다려야 하는데 이미 10년의 경험이 있는데도 긴장됐습니다. 드디어 순서가 되어 사건번호를 부르면서 입찰자가 앞으로 나오는데 토스트 가게는 44명, 미용실은 99명이나 됐습니다. 법원 안에 있던 모든 사람이 놀라워하며 결과를 기다렸습니다.

마침내 두 물건 모두 낙찰을 받게 되었습니다. 이후 임차인들과 임대차 협의를 하며 기존 200만 원이었던 임대료를 220만 원으로 올리자고 제안했더니, 망설임 없이 계약서에 도장을 찍었습니다. 보증금은 3,000만 원으로 하고 임대수익률을 계산해보니 연 5.6%가 나왔습니다. 대출 3억 원을 받으니 수익률은 연 10.6%까지 올라갔습니다. 경기도에서 위와 같은 수익률이면 매우 우량한 상가 물건으로 볼 수 있습니다.

그 외에도 대형병원 앞에 약국이 있는 상가, 유명 커피숍이 있는 상가 등 일반 매매 시장에서는 만나기 힘든 우량한 수익형 부동산이 종종 경매에 등장합니다. 물론 상가 경매 물건 중에는 공실 상태이거나 좋지 않은 상권에 있는 물건도 많습니다. 그래서 수익형 부동산 경매는 권리분석도 중요하지만 우량한 물건을 잘 찾아내는 것이 더 중요합니다.

3. 상가(근린생활시설) 취득 시 부가세가 면제된다

근린생활시설을 구입할 때 건물분에 대해 부가세 10%를 부담해야 합니다. 근린생활시설이란 오피스텔, 상가, 상가주택 등을 말합니다. 예를 들어 10억 원짜리 상가의 경우 건물분과 토지분을 구분해서 5억 원씩 책정한다면 건물분 5억 원에 대해 부가세 5,000만 원을 부담해야 합니다. 매도인(파는 사람)이 포괄양도양수 조건으로 매매하는 경우 부가세는 별도로 발생하지 않지만 그 외의 경우 근린생활시설 매매 시 부가세는 별도로 납부해야 합니다. 상가, 오피스텔 등 분양되는 부동산도 건물분의 10%가 부가가치세로 부과됩니다.

'부가가치세법 시행령' 제18조 제3항 제2호에 따르면 「민사집행법」에 따른 경매에 따라 재화를 인도하거나 양도하는 것은 재화의 공급으로 보지 않아" 부가가치세를 면제해줍니다. 다시 말해 10억 원의 건물(토지분 5억, 건물분 5억)을 매매로 취득하면 부가세 포함 10억 5,000만 원에 구입하게 되지만 경매로 취득하면 낙찰받은 금액 10억 원만 납부하면 됩니다.

4. 노후 보장받는 농지연금과 토지 경매

고령화 시대로 접어들면서 노후대책에 관심이 많습니다. 수익형 부동산으로 준비하는 사람들도 있고 국민연금, 주택연금 등으로 준비하기도 합니다. 그런데 '농지연금'과 토지 경매를 결합하면 취득한 가격 대비 높은 연금을 수령할 수 있습니다.

농지연금이란 농어촌공사에서 농민들에게 지급하는 연금을 말합니다. 만 60세 이상으로 영농 경력 5년 이상 자격을 갖추고 농지 취득 후 2년 경과, 농지 소재지와 신청인의 주소지가 직선거리 30km 이내 또는 인접 시군구이면 누구나 신청할 수 있습니다. 다시 말해 농사를 짓고자 하는 사람들에게 매우 적합한 방식인데 자신의 농지에서 농사도 짓고 농지를 담보로 농어촌공사에서 농지연금도 받는 방식입니다. 농지연금 지급 기준은 대상 농지 공시지가의 100% 또는 감정가격의 90% 중 높은 금액으로 선택하여 신청할 수 있습니다. 농어촌공사 홈페이지에서 해당 농지에 대해 지급되는 월 연금액을 조회할 수 있습니다. 예를 들어 만 60세이고 개별공시지가 1억 원의 농지를 소유하고 영농을 하고 있다면 약 월 35만 원의 농지연금을 받게 됩니다. 그리 높은 연금액은 아니라고 할 수 있지만, 개별공시지가 8억 원의 농지를 4억 원에 낙찰받았다면 상황은 달라집니다. 만 60세 농업인으로 농지연금을 신청하면 월 300만 원을 지급받게 됩니다. 4억 원에 낙찰받은 농지에서 농사도 지으면서 월 300만 원의 농지연금을 받을 수 있게 됩니다.

5. 토지거래허가구역에 있는 토지도 허가 없이 소유권 취득

정부에서 개발 계획을 발표하면 그 지역의 땅값이 가파르게 상승합니다. 그런 이유로 개발 계획과 함께 그 지역을 '토지거래허가구역'으로 지정합니다. 토지거래허가구역으로 지정되면 해당 토지 지역 주민이 아니면 구입할 수 없으며 취득하는 부동산 역시 실사용(실거주, 사업용 등) 목적에 한해 허가를 내줍니다.

하지만 법원 경매 또는 온비드 공매(압류재산)로는 토지거래허가구역에 있는 토지도 허가 절차를 거치지 않고 소유권을 취득할 수 있습니다. 「부동산 거래신고 등에 관한 법률」 제14조(국가 등의 토지 거래계약에 관한 특례 등) 2항에 보면 다음과 같이 되어 있습니다.

다음 각 호의 경우에는 제11조(허가구역 내 토지거래에 대한 허가)를 적용하지 아니한다.

1. 「공익사업을 위한 토지 등의 취득 및 보상에 관한 법률」에 따른 토지의 수용

2. 「민사집행법」에 따른 경매

3. 그 밖에 대통령령으로 정하는 경우(동법 시행령 제11조 제3항 16호 한국자산관리공사가 경쟁입찰을 거쳐서 매각하는 경우)

6. 자금조달 및 입주계획서를 내지 않아도 된다

투기과열지구에서 거래하는 주택, 비규제지역에서도 주택 거래가격이 6억 원 이상인 경우 자금조달 및 입주계획서를 제출해야 합니다. 위 서류를 제출하는 것이 큰 문제가 되는 것은 아니지만 불편하게 느끼는 사람들도 있습니다. 그런데 법원 경매 또는 온비드 공매(압류재산)로 낙찰받는 사람들도 위 서류를 제출해야 할까요?

「부동산 거래신고 등에 관한 법률」 제3조(부동산 거래의 신고) 제1항에 의하면, "거래 당사자는 다음 각 호의 어느 하나에 해당하는 계약을 체결한 경우 그 실제 거래가격 등 대통령령으로 정하는 사항을… 신고해야 한다"라고 규정하면서 신고 대상 거래 방식에 대해서 아래와 같이 나열하고 있습니다.

1. 부동산의 매매계약

2. 「택지개발촉진법」, 「주택법」 등 대통령령으로 정하는 법률에 따른 부동산

에 대한 공급계약

3. 다음 각 목의 어느 하나에 해당하는 지위의 매매계약

　　가. 제2호에 따른 계약을 통하여 부동산을 공급받는 자로 선정된 지위

　　나. 「도시 및 주거환경정비법」 제74조에 따른 관리처분계획의 인가 및 「빈
　　　　집 및 소규모주택 정비에 관한 특별법」 제29조에 따른 사업시행계획
　　　　인가로 취득한 입주자로 선정된 지위

　위에 해당하는 거래계약의 경우 지자체에 실거래 가격을 신고해야
합니다. 하지만 법원 경매와 온비드 공매(압류재산)는 지자체에 실거래
가격을 별도로 신고하지 않으므로 위 거래계약에 해당하지 않습니다.
신고필증 없이 법원 또는 자산관리공사를 통해 촉탁으로 소유권 이전
등기를 하게 됩니다. 그런데 온비드 공매의 경우에는 예외 사항이 있
습니다. 공매는 여러 가지 방식으로 진행되는데 '압류재산'을 공매하는
경우에는 자금조달 및 입주계획서를 제출하지 않아도 되지만, 예외적
으로 수의계약 또는 매매계약 형태일 때는 제출해야 합니다.

　최근 공무원연금공단 소유의 고덕주공9단지 아파트를 공매로 낙찰
받았는데 전자 매매계약 방식으로 소유권 이전을 하게 되었습니다. 매
매계약 방식으로 소유권 이전을 하기 때문에 지자체에 실거래 가격을
신고해야 했는데 자금조달 및 입주계획서를 제출해야 했습니다. 이와
같은 예외를 제외하고 법원 경매 또는 온비드 공매 절차를 통해 소유
권을 취득할 때는 자금조달 및 입주계획서를 제출하지 않아도 됩니다.

7. 투기과열지구 내 재건축, 재개발 사업의 조합원 지위 승계 가능

투기과열지구로 지정된 지역에서 조합설립인가 이후 재건축 아파트, 관리처분계획인가 이후 재개발 부동산에 대해서는 조합원의 지위를 승계하지 못하도록 규정하고 있습니다. 하지만 법원 경매, 온비드 공매(압류재산)는 예외적으로 조합원의 지위를 승계할 수 있습니다. 「도시 및 주거환경정비법」 제39조 제2항 5호에 따르면 "그 밖에 불가피한 사정으로 양도하는 경우로서 대통령령으로 정하는 경우…" 조합원의 지위를 승계하는 것으로 규정하고 있으며, 대통령령으로 정하는 경우란 동법 시행령 제37조 제2항 5호에 "국가, 지방자치단체 및 금융기관(「주택법」 시행령 제71조 제1호 각 목의 금융기관)에 대한 채무를 이행하지 못해 재건축사업의 토지 또는 건축물이 경매 또는 공매되는 경우"라고 규정했습니다.

이처럼 투기과열지구로 지정된 지역의 재건축 부동산을 경매 또는 공매로 소유권 취득 시 조합원의 지위를 승계할 수 있게 됩니다. 여기서도 예외 사항이 있습니다. "금융기관에 대한 채무를 이행하지 못하여 토지 또는 건축물이 경매"되는 경우라고 되어 있듯이 법원 경매의 경우 신청 채권자가 「주택법」 시행령에 따른 금융기관이 아닌, 개인이나 기타 채권자들은 해당되지 않는다는 것을 알 수 있습니다. 따라서 법원 경매의 경우 경매 신청 채권자가 누구인지 확인하고 낙찰받아야 조합원의 지위를 승계할 수 있습니다. 이런 규정을 만든 이유는 개인끼리 편법으로 채권·채무 관계를 만들어 경매를 신청해 조합원의 지위를 양도하려는 것을 막기 위함입니다.

경매 투자로 성공하는 방법

1. 인생 역전 노리다 큰코다친다

많은 사람이 "경매 투자로 성공하려면 어떻게 해야 하나요?"라고 묻습니다. 15년 동안 경매를 해오면서 찾은 답은 '큰 욕심 버리기'입니다. 경매라고 하면 엄청나게 싸게 낙찰받아서 인생을 한 방에 역전하는 꿈을 떠올립니다. 물론 그런 기회가 올 수도 있지만 누구에게나 찾아오지는 않습니다. 경매는 여러 사람이 경합해서 가장 입찰가격을 높게 써낸 사람이 낙찰받는 방식입니다. 누가 봐도 좋은 물건이라면 많은 사람이 입찰할 것이고, 입찰가격도 상당히 높습니다. 다시 말해 좋은 물건은 싸게 사기 어렵다는 것입니다. 다만, 물건 가격이 매우 고가이거나 해결하기 힘든 권리분석을 다루어야 한다면 싸게 낙찰받을 수도 있습니다. 구체적으로 말하면 역세권에 있는 신축 아파트는 누구나 좋아할 만한 아파트라서 경쟁률도 낙찰가격도 높아지게 마련입니다. 그러나 강남에 있는 수백억 원대의 건물이나 수십억 이상의 토지는 투자금이 많은 일부 사람들이 참여하므로 경쟁률은 낮아지고 낙찰가격도 낮아집니다. 특수 권리분석이 필요한 물건들, 즉 유치권이 신고되어 있거나 법정지상권을 다투는 물건, 지분만 매각되는 물건 등은 경매 초보자들이 입찰하기 어렵습니다. 그와 같은 물건은 대출이 안 되고 권리를 주장하는 상대방과 오랜 시간 소송을 진행해야 하기 때문입니다.

경매를 처음 시작하는 많은 사람이 아파트를 엄청 싸게 낙찰받아서 큰 차익을 보고자 합니다. 최고가 입찰 방식인데 그렇게 될 가능성이 있다고 생각하는 것이 이상하지 않을까요? 현재 대한민국 부동산 경매 시장에서 혼자만 저렴하게 매입하는 것은 어렵다는 현실을 재빨리 깨닫는 것이 중요합니다. 이러한 현실을 깨닫지 못하면 입찰할 때마다 낮은 가격으로 써낼 것이고, 그렇게 패찰이 이어지다 보면 상실감이 생겨 경매 투자를 부정적으로 생각하게 됩니다. 또 그런 방식으로 인생 역전을 꿈꾸다 보면 사기꾼들의 표적이 되기 쉽습니다.

부동산 시장에는 다양한 사기꾼들이 있습니다. 이들은 큰 수익을 꿈꾸는 사람들을 찾아갑니다. 그런 사람들의 욕심을 이용하면 사기로 유인하기 쉽기 때문입니다. 다시 한번 강조하지만 경매로 한 번에 인생 역전을 꿈꾸지 말고 천천히 결과를 만들기 바랍니다. 시간은 다소 걸릴지라도 성공할 수 있습니다.

2. 직접 권리분석을 할 수 있어야 한다

경매 투자를 위해서는 '권리분석'이 필수입니다. 권리분석이란 경매 물건을 낙찰받은 이후 승계하는 권리나 의무가 있는지 없는지 사전에 확인하는 것을 말합니다. 권리분석을 위해서는 「민사집행법」, 「주택임대차보호법」 등을 공부해야 합니다. 혹자는 부동산에서 중개사가 잘 설명해주고 확인까지 해주는데 나가지 공부할 필요가 있느냐고 묻기도 합니다. 부동산 거래에서 문제가 발생했을 때 그에 대한 책임은 거래 당사자에게 있습니다. 실제 부동산 거래 중 문제가 발생해 소송까지 간 경우 사안에 따라 다르지만 대부분의 법원에서는 공인중개사보다는 거래 당사자의 과실을 더 크게 봅니다. 얼마 전에 있었던 판결에서는 공인중개사의 과실 비율이 30%였습니다. 공제보험 최고 보상액은 연간 1억 원입니다. 이 판결에 따르면 1억 원의 금전적 손해가 발생했다면 공인중개사협회로부터 3000만 원을 보상받습니다. 매매계약 또는 임대차계약을 하기 전에 부동산에 대한 이해와 공부가 필요한 이유입니다. 특히 임대차계약으로 인한 문제가 많이 발생하는데 안타깝게도 임차인들이 부동산에 대한 이해와 지식의 부족으로 보증금을 회수하지 못하고 손해 보는 일이 많이 발생합니다. 경매로 낙찰받은 부동산에서 거주하던 임차인이 보증금을 모두 배당받지 못하고, 낙찰자에게 대항력을 주장할 수도 없어 손해를 입은 채 이사해야 하는 안타까운 상황을 종종 목격합니다.

3. 투자가치를 따져본다

경매 투자로 성공하는 방법 중 세 번째는 물건에 대한 투자가치 분석입니다. 하지만 경매 초보자들이 물건의 가치를 분석하는 것은 매우 어려운 일입니다. 어떤 입지가 좋은지 판단하는 기준조차 세우기 쉽지 않습니다. 임장을 나가더라도 처음에는 아무런 분석을 하지 못하는 과정을 겪습니다. 그런데 임장을 꾸준히 나가다 보면 자연스럽게 각 부동산에 따른 입지를 분석하게 되고 투자가치도 분석할 수 있게 됩니다.

투자가치 분석을 위해서는 임장이 그만큼 중요한데 한두 번 임장으로 학습하기는 어렵고 오랜 시간과 경험이 필요합니다. 그리고 자신의 경험뿐만 아니라 다양한 플랫폼을 활용하는 방법도 있습니다. 아파트에 대한 정보를 제공해주는 호갱노노, 아실, 리치고 등이 있고, 상권 정보를 제공해주는 우리마을가게 상권분석서비스(golmok.seoul.go.kr), 상권정보시스템(sg.sbiz.or.kr) 등이 있으며, 각 점포별 매출 정보를 확인할 수 있는 오픈업(www.openub.com) 등이 있습니다. 잘 활용한다면 빠른 시간에 각 지역별 입지와 투자가치를 분석하는 데 도움이 됩니다.

4. 지금 실천하라

경매 투자로 성공하는 방법 중 마지막은 '실천'입니다. 강의 수강생들도 실제 입찰까지 실행하는 사람은 많지 않은 편입니다. 실천하지 못하는 이유는 다양한데, 투자할 수 있는 돈이 부족하거나 공부는 했지만 막상 실천하려니 용기가 나지 않는 경우도 있습니다. 하지만 모든 투자의 결과는 실천을 통해 만들어집니다. 위에서 설명한 3가지를 잘 준비했다면 용감하게 도전하기 바랍니다. 처음은 어렵지만 이후에는 보다 쉬워질 것입니다. 입찰하기 전까지 준비를 철저히 한다면 법원에 가서 입찰하는 과정은 그리 어렵지 않습니다.

부동산 경매 투자 시 주의할 점

1. 낙찰받은 금액 외에 추가로 임차인의 보증금을 인수할 수 있다

입찰할 때 최저 매각 가격의 10%를 입찰보증금으로 납부합니다. 낙찰 이후 45일 이내에 잔금을 납부하지 못하면 입찰보증금을 돌려받지 못합니다. 매매계약 시 매매금액의 10%를 계약금으로 지불했다가 취소하는 경우 돌려받지 못하는 것과 같습니다. 이렇게 낙찰받았다가 잔금을 납부하지 못해 다시 진행하는 경매에 대해 '재매각'이라고 합니다. 이와 같은 재매각 사례가 2022년 한 해에만 전국적으로 약 3,000건에 달합니다. 잔금을 납부하지 못하는 이유는 다양하지만, 가장 흔한 이유가 낙찰받은 금액 외에 임차인의 보증금을 반환할 의무까지 승계해야 하기 때문입니다.

예를 들어 시세 5억 원의 아파트를 4억 5,000만 원에 낙찰받았는데 그 부동산의 임차인 보증금 2억 반환 의무를 추가로 승계해야 한다면 6억 5,000만 원에 낙찰받은 꼴이 됩니다. 시세보다 1억 5,000만 원 더 비싸게 낙찰받은 셈입니다. 이런 이유로 입찰보증금을 포기하면서까지 잔금 납부를 하지 않기도 합니다. 입찰 전에 권리분석만 잘한다면 이런 일은 일어나지 않습니다.

2. 명도가 힘들 수 있다

부동산 투자는 시간과의 싸움입니다. 낙찰받은 부동산을 팔거나 임대를 놓기 위해서는 점유하고 있는 사람(채무자, 임차인 등)을 최대한 빨리 내보내야 합니다. 이를 '명도'라고 하는데 이에 관해서도 알아야 할 기술적인 부분이 있습니다. 법원 경매에는 「민사집행법」에 따른 '인도명령'이라는 제도가 있습니다. 원래 본인 소유 부동산을 불법 점유하고 있는 임차인이나 기타 점유자를 내보내기 위해서는 소송을 통해 확정 판결을 받아 강제집행을 진행해야 합니다. 이 과정은 상당한 시간이 소요됩니다.

2002년 「민사집행법」 개정 때 '인도명령'이 신설되었습니다. 경매로 낙찰받은 사람은 대금납부와 동시에 점유자에 대해 인도명령을 신청할 수 있고 채무자, 대항력 없는 임차인 등은 이에 따라야 합니다. 이 절차를 이용해 빠른 명도가 가능해지면서 경매의 대중화가 이루어졌습니다. 하지만 이 과정에서도 여러 변수가 발생할 수 있습니다. 간혹 점유자가 「민사집행법」을 잘 알고 있어서 시간을 지체하기 위한 대응을 하기도 하고 때로는 집행불능이 되는 일도 있습니다. 따라서 강제집행보다는 될 수 있으면 점유자와 원만하게 합의하는 것이 좋습니다. 이때 이사비용을 건네야 할 수도 있습니다. 점유자가 당연하다는 듯이 대가를 요구할 때가 많기 때문입니다. 물건가격, 지역, 특성들을 고려하여 점유자와 원만한 합의를 위해 노력해야 합니다. 그래서 명도를 경매의 꽃이라고 합니다.

3. 입찰표를 잘못 써서 입찰보증금을 날릴 수 있다

법원에 처음으로 입찰하러 가면 낯설고 긴장되다 보니 실수를 하는 경우도 많습니다. 대리 입찰 하는 사람이 명의자의 인감증명을 제출하지 않아서 무효가 되거나 입찰보증금을 정해진 금액보다 적게 넣어 무효가 되는 일이 있는데, 이런 경우 최고가를 써서 낙찰되더라도 무효처리 되어 입찰보증금을 돌려받습니다. 그런데 입찰 실수 중 가장 조심해야 하는 것이 입찰가격을 쓸 때 '0' 하나를 더하는 경우입니다. 예를 들어, 3억 5,000만 원을 쓰려고 했는데 실수로 '0' 하나를 더해서 35억 원을 기재하면 당연히 최고가로 낙찰될 겁니다. 하지만 낙찰 후에 잔금을 납부할 수 없다면 입찰보증금을 돌려받지 못합니다. 이런 실수를 하는 사람이 있을까 싶지만 지금까지 여러 번 목격했습니다. 작은 실수로 입찰보증금을 몰수당하지 않도록 입찰표 작성을 미리 연습하고 꼼꼼히 확인한 후 제출해야 합니다.

한눈에 보는 경매 절차

1단계 경매개시결정, 현황조사

돈을 빌려준 채권자가 법원에 경매 신청을 하면 법원에서는 신청 서류를 검토한 후 채무자의 부동산 등기부등본에 '경매개시결정'이라고 기입하도록 등기소에 요청합니다. 등기소는 법원의 신청에 따라 경매 개시결정을 등기합니다. 이것이 경매의 시작입니다. 이후 법원에서 현장일을 주로 하는 집행관이 경매 대상 부동산을 직접 찾아가 당사자들을 만나 점유 관계에 대해 확인하고 물건의 상태를 기록합니다. 이후에 매각기일 공고 시 법원 경매 정보 사이트를 통해 '현황조사서'라는 이름으로 당시에 조사했던 내용을 공개합니다. 현황조사서에는 채무자가 살고 있는지, 임차인이 살고 있는지 여부와 당사자들을 만나서 나눈 대화 내용을 기록하고 대상 부동산의 특이사항도 기록해둡니다. 또한 대상 부동산이 주거용인 경우 주민센터를 방문하여 전입세대확인서와 주민등록등본을 발급받고 상업용 부동산인 경우 세무서를 방문하여 상가 임대차현황서를 발급받아 서류 내용을 현황조사서에 기록해둡니다.

2단계 감정평가

집행관의 현황조사 시기에 법원에서는 감정평가 회사를 지정하여 대상 부동산을 감정하도록 합니다. 여러 감정평가 방식이 있는데 경매로 매각하는 부동산의 경우 대부분 거래사례비교법을 사용합니다. 거래사례비교법이란 대상 부동산 인근에 있는 부동산 중에서 최근에 거래된 물건을 선정하여 경매로 매각되는 부동산과 비교하여 보정 값을 정한 다음 가격을 결정하는 방식입니다. 이러한 거래사례비교법으로 감정된 주거용 부동산의 경우 실제 시세와 비슷한 경우가 많지만 상가, 토지 등은 실제 시세와 큰 차이를 보이기도 합니다. 나중에 경매로 매각할 때 주거용 부동산은 시간 차에 따른 가격 차이로 감정가격보다 높거나 낮게 낙찰되고 상업용 부동산은 입지의 차이로 인해 감정가보다 높거나 여러 차례 유찰되기도 합니다. 따라서 입찰가격은 감정가를 기준으로 정하는 것이 아니라, 매각 당시의 시세와 입지분석을 바탕으로 직접 현장을 조사한 후 결정해야 합니다.

3단계 배당요구종기일

경매개시결정등기 약 2~3개월 후 법원에서는 '배당요구종기일'을 지정합니다. 배당요구종기일이란 차후에 대상 부동산이 낙찰되고 대금이 납부되면 매각대금을 채권자에게 배당하게 되는데 배당을 받기 위해 법원에 배당 요구를 하는 마감일입니다. 모든 채권자가 배당 요구를 해야 하는 것은 아닙니다. 경매개시결정등기 전까지 등기된 권리자들(근저당권, 가압류, 압류 등)은 배당 요구 없이도 배당에 참가할 수 있습니다. 하지만 그렇지 않은 권리자들은 반드시 배당요구종기일까지 배당을 요구해야 합니다. 입찰하는 당사자와 관련 있는 권리자는 임차인이 있습니다. 임차인도 매각대금에서 배당을 받기 위해서는 배당요구종기일까지 배당 요구를 해야 합니다. 하지만 대항력을 주장할 수 있는 임차인은 배당 요구를 하지 않기도 하는데. 이런 경우 낙찰받은 사람이 임차인의 보증금을 인수합니다. 따라서 권리분석 시 대항력을 주장할 수 있는 임차인이 존재한다면 배당요구종기일까지 배당 요구를 했는지 꼭 확인해야 합니다.

4단계 매각기일 공고

이제 법원에서 매각을 진행하기 위한 준비가 끝났습니다. 대상 부동산을 매각하는 일자를 14일 전에 법원 경매 정보 사이트를 통해 공고합니다. 가끔 어떤 물건들은 실제 담보가치보다 감정가격이 낮게 평가되어 매각하는 물건들이 있는데 이런 경우 대개 1차에 낙찰됩니다. 따라서 이와 같은 물건들을 입찰하려면 매우 부지런해야 합니다. 물건을 검색하고 권리분석, 현장조사, 대출 여부 등을 확인하는 것을 14일 이내에 해야 하기 때문입니다. 하지만 대다수 물건은 1차에 유찰되고 이후에 낙찰됩니다. 유찰이란 유효한 입찰자가 없음을 말하는 용어입니다. 유찰 시 1차 매각기일로부터 약 30~40일 후에 2차 매각을 진행합니다. 최저 가격은 감정가격에서 20~30% 차감된 금액으로 결정됩니다. 차감률은 법원에 따라 달리 결정되는데 서울의 경우는 20%, 경기도와 지방은 30% 차감하고 있습니다. 유찰이 많이 될수록 가격이 낮아지지만 낙찰이 안 되고 여러 차례 유찰되는 것은 해당 물건이 권리분석상 문제가 있거나 부동산으로서 투자가치가 낮다는 것을 의미합니다. 따라서 무조건 많이 유찰된 물건만 검색하기보다는 1차 공고될 때부터 관심을 갖고 분석하는 것이 좋습니다.

5단계 매각

매각은 본격적인 입찰 단계입니다. 이제 투자자로서 입찰에 참여하여 낙찰되면 지금까지 느껴보지 못했던 짜릿함을 알게 됩니다. 입찰법정에서 낙찰받고 너무 좋아서 펄쩍 뛰는 사람도 간혹 보입니다. 하지만 흥분을 가라앉히고 이후 절차를 차분히 준비해야 합니다.

6단계 매각허가결정

낙찰받은 후 1주일이 경과하면 매각허가결정이 납니다. 매각에 하자가 있다고 판단되면 대상 부동산의 이해관계인(채권자, 채무자, 임차인, 매수인 등)은 법원에 매각 불허가 신청을 할 수 있습니다. 때로는 법원에서 직권으로 불허가 결정을 하기도 합니다. 매각 절차상 하자라고 하면 경매개시결정문을 이해관계자들에게 적법하게 송달하지 못했거나, 감정평가서, 매각물건명세서 등에 기재된 내용에 오류가 있거나, 중대한 사항이 누락된 경우 등이 있습니다. 낙찰받은 사람도 매각을 불허가 신청할 수 있는 경우가 몇 가지 있는데 매각 전에는 없었던 유치권이 갑자기 신청되었거나 낙찰 이후 대상 부동산에 화재가 발생하여 건물이 전소되는 등 물건의 현재 상황이나 권리에 중대한 변동이 발생했을 때 불허가 신청을 할 수 있습니다. 불허가 신청이 법원에서 인용되는 경우 매각이 불허가 결정되고 입찰보증금을 낙찰자에게 반환해줍니다. 불허가 신청을 한다고 법원에서 무조건 받아주는 것이 아니라 해당 물건 담당 판사가 이를 심리하여 불허가 여부를 결정합니다. 농지를 낙찰받은 경우 매수인(낙찰자)은 매각허가결정일까지 법원에 농지취득자격증명을 제출해야 합니다. 제출하지 못하는 경우 불허가 결정되는데, 이때에는 입찰보증금을 반환해주지 않고 몰수합니다. 따라서 농지의 경우 농지취득자격증명을 발급받을 수 있는 물건인지 농지 담당자를 통해 확인한 후 입찰해야 합니다.

7단계 항고

매각 불허에 대한 사유가 있다고 판단해 법원에 불허가 신청서를 제출했지만 신청이 받아들여지지 않을 경우 이에 대해 이의를 제기할 수 있습니다. 이를 항고라고 합니다. 항고는 매각허가결정 또는 불허가결정일로부터 1주일 이내에 해야 합니다. 매각 불허가를 신청할 때에는 서면으로 제출하고 별도의 비용이 발생하지 않는 반면, 항고는 항고사유서와 함께 항고보증금을 납부해야 합니다. 항고보증금은 낙찰금액의 10%입니다. 이는 항고를 남발해 경매 절차를 지연시키는 행위를 방지하기 위한 목적입니다. 채무자가 항고를 한 후 인용되지 않고 기각되는 경우 채무자가 납부한 항고보증금은 몰수됩니다. 따라서 채무자들이 무턱대고 항고하지 못합니다. 채무자가 아닌 이해관계인이 항고한 경우 기각되더라도 항고보증금은 몰수되지 않고 반환됩니다. 다만, 이자를 계산하여 차감한 후 반환됩니다.

8단계 매각허가 확정 및 대금납부, 소유권 이전 등기

매각불허가결정도 없었고 항고도 없었다면 매각 허가가 확정되고 대금납부 기한(약 30일간)이 지정됩니다. 법원에서는 낙찰자에게 대금 납부 기한이 적혀 있는 대금납부 통지서를 발송합니다. 법원 경매 정보 사이트를 통해서도 대금납부 기한을 확인할 수 있습니다. 이 기간에 대출이 필요한 사람들은 은행을 통해 대출을 알아볼 시간을 갖게 됩니다. 조건이 맞는 은행을 선택하고 대금을 납부할 날짜를 지정하면 은행에서 지정된 날짜에 맞춰 대출을 실행합니다. 간혹 경매로 낙찰받은 부동산에 대해서는 대출 규제가 적용되지 않는 것으로 오해하는 사람들이 있지만, 그렇지 않습니다. 주거용 부동산에 적용되는 LTV(주택담보인정비율), DSR(총부채원리금상환비율)이 경매로 낙찰받은 부동산에도 그대로 적용되므로 입찰 전 낙찰받을 부동산에 대한 대출 한도를 미리 알아봐야 합니다. 낙찰을 받았는데 원하는 만큼 대출이 안 되면 대금미납으로 입찰보증금을 날릴 수도 있습니다. 대금납부는 은행을 통한 대출 시 은행과 협약된 법무사가 처리해줍니다. 대금납부와 함께 등기부등본에 설정되어 있던 권리를 말소 신청히는 업무와 소유권 이선 업무를 함께 처리해줍니다. 대출을 받지 않고 직접 대금납부를 하는 경우 본인이 스스로 할 수도 있습니다.

9단계 명도

대금납부와 소유권 이전 등기 한 후 명도를 시작합니다. 대금납부 전부터 명도를 시작하는 사람들도 있는데 이는 적법한 절차가 아닙니다. 소유권도 이전되지 않았는데 점유자에게 나가라고 할 권리는 없습니다. 다만, 간단한 인사와 연락처 교환 정도는 무관합니다. 대금납부 이후 점유자를 만나러 가는 일은 쉽지 않습니다. 경매 초보자들이 가장 어려워하는 일 중 하나입니다. 점유하는 사람이 채무자일 수도 있고 임차인일 수도 있습니다. 보증금을 전액 배당받는 임차인인 경우 명도는 수월하게 해결됩니다. 임차인이 법원에서 보증금을 배당받으려면 낙찰자가 '명도확인서'와 '인감증명'을 제공해야 하므로 원만하게 합의가 이루어집니다. 하지만 보증금을 배당받지 못하는 임차인이나 채무자는 그리 쉽지 않습니다. 그동안 많은 명도를 직접 해왔는데 가장 좋은 방법은 협의 시 이사비용을 지급하는 것입니다. 대가 없이 이런 점유자들을 내보내기는 매우 어렵습니다.

이사비용은 얼마가 적당할까요? 정해진 규정은 없지만 낙찰받은 부동산의 종류와 지역, 가격에 따라 정해집니다. 조금 더 구체적으로 말하면 법원을 통해 강제집행을 했을 때의 범위 안에서 협의됩니다. 33평형 아파트 기준 강제집행 비용은 약 400~500만 원입니다. 33평형 아파트에 대한 이사비용도 그 범위 안에서 협의하면 됩니다. 따라서 입찰가격 결정 시 이와 같은 이사비용을 미리 감안하여 결정하는 것이 좋습니다. 간혹 점유자들이 무리한 금액을 요구하거나 이사 나가는 것을 거부할 때가 있는데 이런 경우 법원에 강제집행 신청을 할 수 있습니다. 그런데 이 절차가 그리 쉽지 않습니다. 법원에 제출해야 하는 서류도 많고 시간도 다소 소요됩니다. 강제집행 절차로 해결한 경우는 많지 않습니다. 점유자들과 원만하게 합의하는 것이 가장 좋습니다. 때로는 감정을 제어하기 힘들기도 하고, 생각했던 것보다 시간이 지연되기도 하지만 대부분 대금납부일로부터 3개월 정도면 해결됩니다. 조급하게 마음먹지 말고 차분하게 협의한다면 잘 해결할 수 있습니다.

10단계 배당기일

명도가 마무리되면 임대를 놓을 수도 있고 낙찰자가 직접 이사해서 거주할 수도 있습니다. 이로써 경매 절차가 끝난 것 같지만 아직 끝난 게 아닙니다. 경매 절차는 매각대금을 채권자에게 배당하면서 종결됩니다. 채권자들에게 배당하는 절차를 '배당기일'이라고 합니다. 낙찰자가 대금납부하고 약 30일 후 배당기일을 지정합니다. 배당기일에 채권자들은 배당받을 권한을 증명하는 서류를 지참하고 법원에 가서 배당표를 확인합니다. 배당에 이의가 없는 경우 은행을 통해 배당금을 지급받습니다. 그 이후에야 비로소 경매 절차가 끝이 납니다. 임차인들도 이날 법원을 통해 배당을 받아야 이사에 나서기 때문입니다.

스타들의 경매 낙찰 이야기

1. IMF 때 경매로 베팅한 운동선수

부동산 투자자들은 누구나 건물주를 꿈꿉니다. 그런데 최근 서울을 포함해 수도권 전역의 토지 가격이 크게 상승해 그 꿈을 이루기 힘들어졌습니다. 더욱이 강남에 있는 건물을 취득한다는 것은 더욱 어려워졌습니다. 그런데 우리나라가 IMF 외환위기를 겪던 시절 강남에 있는 건물을 경매로 싸게 낙찰받은 연예인이 있었습니다. 그 시기는 경제도 어

려웠지만 부동산 시장은 그야말로 완전히 폭락한 시기였습니다. 대부분 사람은 부동산 가격이 오를 때 투자를 시작하고 하락했을 때는 투자를 하지 못합니다. 1999년 양재역 2번 출구 앞에 있는 5층 건물이 경매로 나왔습니다. 위치는 두말할 필요 없이 너무 좋은 곳이었습니다. 감정가격은 38억 5,400만 원이었는데 2회 유찰되어 28억 1,700만 원에 낙찰됐습니다.

소 재 지	서울특별시 서초 서초동 ▓▓▓▓ 도로명주소				
경 매 구 분	임의경매	채 권 자	동○○○		
용 도		채무/소유자	썰○○○ / 위○○○○	매 각 기 일	99.07.13 (2,817,000,000원)
감 정 가	3,854,024,800	청 구 액	3,904,829,952	종 국 결 과	00.02.29 배당종결
최 저 가	0	토 지 면 적	376.9㎡ (114.0평)	경매개시일	99.01.08
입찰보증금	응찰가의 10%	건 물 면 적	0㎡ (0.0평)	배당종기일	

조 회 수	· 금일조회 1 (0) · 금회차공고후조회 27 (14) · 누적조회 59 (15) · 7일내 3일이상 열람자 0 · 14일내 6일이상 열람자 0	()는 5분이상 열람 조회통계 (기준일-1999-07-13/전국연회원전용)

《가지고 계신 물건사진을 등록하면 사이버머니 지급 또는 광고를 게재해 드립니다.》

소재지/감정요약	물건번호/면적(m²)	감정가/최저가/과정	임차조사	등기권리
서울특별시 서초 서초동▓▓ ▓▓	물건번호: 단독물건	감정가 3,854,024,800	법원임차조사	315,000,000
감정평가서요약	대지 376.9 / 0 (114.01평) ₩2,466,575,870	최저가 0	김○○ (보) 100,000,000 (호프집)	300,000,000
· 철근콘크리트조 슬래브지 붕 · 양재역복숙인근 · 전철역및BUS(정) 도보1 분 건일감정	1층점포179.3 카리프트21.6 2층사무실191.77	경매진행과정 ① 0 1999-05-11 유찰	주 (보) 225,000,000 ○○○○ ○	저당권 ▓▓ 1996-01-24 650,000,000
		① 0 1999-06-15 유찰	주 (보) 70,000,000 ○○○○	저당권 ▓▓ 1996-04-12 500,000,000
		① 2,466,575,870 1999-07-13 매각	전입 1998-12-00	저당권 ▓▓▓▓ 1996-11-20
		대수인 대각가 2,817,000,000 (73.09%)		가압류 ▓▓ 1998-04-08 172,720,000
		2000-02-29 종결		임 의 ▓▓ 1999-01-26 채권총액 1,322,720,000 원

* 자료: 지지옥션

낙찰받은 사람은 누구일까요? 전 운동선수였고 현재 방송에서 자주 보는 사람입니다. 소유자를 확인하는 방법은 해당 부동산의 등기사항 전부증명서(등기부등본)를 발급받는 것입니다. 발급을 받아보니 서○○ 씨였습니다. 그는 지금까지도 위 건물을 보유하고 있습니다. 최근 기사를 보니 지금 시세가 약 450억 원이라고 합니다. 24년 만에 낙찰받은 금액의 무려 16배가 오른 것입니다! 낙찰을 받은 주인공이 방송하는 모습을 보면 뭔가 여유가 있어 보였는데 그 이유가 아닌가 싶습니다.

2. 경매로 시작한 K팝

대한민국의 K팝 시장이 크게 성장한 원동력은 연예인을 어려서부터 아이돌로 성장시키는 연예기획사의 공이 크다고 할 수 있습니다. 우리나라 대형 기획사 중 한 곳이 서울 마포구 합정동에 있는데 회사 사옥이 예전에는 허름한 여관 건물이었습니다. 2006년 감정가격 26억 원에 경매가 진행됐는데 이를 우리나라 대형 연예기획사 중 한 곳의 설립자가 28억 원에 낙찰받았습니다. 낙찰받은 후 기존의 건물을 멸실시키고 현재의 사옥을 건축했습니다.

기일종류	기일	상태		최저매각가격(%)	
입찰변경	2006.12.19	낙찰			
허가일	2007.05.18	허가			
1차	2006.12.19	낙찰		2,604,920,350	(100%)
			낙찰가	2,811,800,000	(107.94%)
			매수인	양○○ / 응찰 3명	

*자료: 태인경매

이후에는 인근 토지를 매입하여 신사옥도 건축했습니다. 이곳에서 우리가 잘 아는 많은 아이돌이 탄생했고 K팝이 세계적으로 알려졌으니 K팝의 발원지가 경매로 탄생했다고 할 수도 있겠네요.

부동산 침체기에 몰려드는
그들만의 시장, NPL

사기꾼이 판치는 NPL 시장

얼마 전 모임에서 증권사 다니는 A씨가 ○○이라는 NPL 회사에 대해 물었습니다. 1~2년 전쯤 SNS에서 이 회사의 광고를 본 기억이 났습니다. 이 회사는 여의도에서 광고를 보고 몰려든 사람들에게 NPL 투자설명회를 자주 열었습니다. 어떤 투자를 어떻게 하는지 궁금하긴 했지만 투자설명회를 들으러 가진 않았습니다. 우리는 굳이 세세하게 살피지 않더라도 느낌만으로 알 수 있습니다. 위험한 업체인지 아닌지. 정식 허가를 받은 업체가 아닐 가능성이 크고, 허가를 받았더라도 불특정다수에게 투자자금을 모집하는 행위 자체가 불법이 될 수 있습니다.

이런 식으로 SNS에 대놓고 NPL 투자를 광고한다는 것 자체만 보더라도 운영진의 어리석음을 알 수 있고 그들의 앞날 또한 그려집니다. 다시 그 모임에서의 질문으로 돌아가서 저는 A씨에게 그 업체가 이상한 곳이 아니냐고 되물었습니다. 그 말을 들은 A씨는 본인이 투자했는데 한 푼도 돌려받지 못했다고 했습니다. 증권사에 다니는 사람이라면 어느 정도 금융 지식이 있고, 투자에 대해 문외한은 아닐 텐데, NPL은 또 다른 시장이고 그 구조를 아는 사람이 많지 않다는 사실을 새삼 확인할 수 있었습니다.

이 사례처럼 일반인이 NPL 관련 투자 권유로 사기를 당하지 않으려면 어떻게 해야 할까요? 일단 모르면 투자를 해서는 안 됩니다. 하지만 부동산 하락기에 굳이 부동산 투자를 하고 싶은 사람이 있다면 NPL에 호기심을 느낄 수 있습니다. NPL 투자가 하루아침에 이해할 수 있는 분야는 아니지만, 최소한 위 사례와 같은 피해자는 나오지 않게끔 그 세계를 이해할 수 있는 정도로 소개하고자 합니다.

NPL은 'Non Performing Loan'의 약자입니다. 직역하면 무수익여신, 즉 은행 입장에서 더 이상 수익이 나지 않는 대출입니다. 우리는 간단히 '부실채권'이라고 부릅니다. NPL 투자는 매우 특수한 경우가 아니라면 부실채권이라 하더라도 담보 부동산에 근저당권이 설정된 채권을 주로 다룹니다. 은행은 부동산을 담보로 돈을 빌려주면서 이자와 비용을 감안하여 대개 원금의 120%를 채권최고액으로 근저당권을 설정합니다. 근저당권을 행사하여 경매가 진행되면 최고 원금의 120%까지 배당을 받을 수 있다는 뜻입니다.

대부업체가 NPL을 사올 때 100% 자기자본으로 사오는 건 아닙니다. 매수하려는 NPL의 담보 부동산에 설정된 근저당권을 2금융권에 다시 담보로 제공하고 대출을 일으킵니다. 그러니까 2금융권은 부동산을 담보로 돈을 빌려주는 것이 아니라 그 부동산에 설정된 근저당권을 담보로 돈을 빌려주는 것입니다. 이때 돈을 빌려준 2금융권이 가진 권리를 근저당부질권이라고 부릅니다.

AMC^{Asset Management Company}는 자산관리회사라고 불리는 회사입니다. 이 회사는 금융회사로부터 부실채권을 받아 관리하는 회사입니다. 보통 1금융권은 부실채권을 800~1000억 원씩 묶어서 매각합니다. 이 채권을 AMC가 입찰하여 대량 매입합니다. 그 후 부실채권의 담보로 되어 있는 부동산을 경매에 넘겨서 수익을 창출합니다. 대표적인 AMC에는 연합자산관리(유암코), 대신F&I, 하나F&I, MG신용정보 등이 있습니다.

다음으로 유동화전문유한회사가 있습니다. 부실채권을 매각하기 위해 일시적으로 설립한 특수목적법인^{SPC}입니다. 유동화전문유한회사는 AMC가 투자자들에게 자금을 받아서 설립하는 경우가 많습니다. 이 경우 법인명 뒤에 꼭 '유동화전문유한회사'라는 단어가 붙습니다. 채권자가 이런 유동화전문유한회사인 경우 100% NPL물건이라고 보면 됩니다(예를 들어, 유에이치케이제오차유동화전문유한회사).

NPL을 알아야 하는 이유

저는 주식, 채권, 브라질채권, 비상장주식, 해외주식, 달러RP, 농산품, 화장품 등 많은 자산에 투자를 했던 경험이 있지만, 공부하면 할수록 무리만 하지 않는다면 가장 안전한 투자 대상이 부동산이라고 생각합니다. 처음 일을 시작한 20대 때 보험사로 시작해 증권사, 투자자문사 등에서 금융 영업을 하였습니다. 고객 대부분이 20~30대 회사원이었습니다. 시간이 지남에 따라 고객 명단에 중소기업 대표들이 많아졌고, 이들과 어울리면서 큰 충격을 받았습니다. 그들은 금융을 궁금해했지만, 실제로 그들의 자산을 키우는 수단은 부동산이었습니다. 자산의 대략 70%가 부동산으로 이루어져 있었고, 나머지 30% 정도 금융자산을 가지고 재무설계를 해왔던 것입니다. 그때부터 이것저것 부동산 투자를 하다 보니 NPL업체를 알게 되었고, 그때 역시 사기가 판치던 NPL 시장에서 운 좋게도 좋은 업체를 만나서 투자할 수 있었습니다.

투자 방식은 그 업체가 채권을 사올 때 채권액의 80%를 2금융권에서 대출받고 나머지 20% 중 일부를 제가 빌려주는 방식이었습니다. 이를 근질권투자라고 부릅니다. 그 당시에 연 12%의 이자수익을 안겨줬고 어떻게 이렇게 많은 이자를 줄 수 있는지 알고 싶었습니다. 그래서 그 업체의 대표와 친해진 후 물건 보러 갈 때 따라다니기로 했습니다. 물론 내 돈이 들어가니까 그쪽에선 흔쾌히 승낙해줬습니다. 각 물건의 정확한 수익률은 알려주지 않았지만, 계산해보니 8개월 정도에 80% 정도의 수익이 난 것으로 추정해볼 수 있었습니다. 거의 한 달에 10% 인 셈입니다. 지금은 이자제한법과 연체이율에 관한 대부업법 때문에 그런 수익률을 보기는 힘들지만 실로 엄청난 수익이었습니다. 그때 부동산 시장이 위험해지기 전에 이 NPL 사업을 시작하겠다고 결심했고, 지금은 나름 이 바닥에서 신뢰를 얻고 있는 NPL업체가 되었습니다.

부동산을 구입하는 방법을 몇 가지 나열해보면, 일반 매매, 급매, 경매, 공매, NPL 정도로 분류할 수 있습니다. 일반 매매가 가장 매물이 많고 뒤로 갈수록 적어집니다. 하지만 금액은 반비례합니다. 통상적으로 일반 매매가 가장 비싸고 NPL이 가장 저렴하게 구입할 수 있습니다. 부동산을 전혀 모르는데 경·공매, NPL까지 공부하라고 하지는 않습니다. 어차피 이해가 잘 안 됩니다. 차근차근 공부하는 것이 맞습니다. 하지만 경·공매를 공부하는 단계에서는 NPL까지 같이 공부하는 것이 좋다고 생각합니다. 이는 경·공매 물건 중에 NPL 물건이 종종 섞여 있기 때문입니다. 이 경우 일반적으로 입찰을 해서 가져가는 것보다 NPL을 통해서 물건을 가져간다면 훨씬 저렴하게 가져가고 낙찰 확률도 높일 수 있습니다. 그리고 경·공매가 시작되는 시작점이 NPL일 때도 많습니다.

NPL 투자는 어떻게 이루어질까?

　NPL 거래에서 가장 주요한 방식인 론세일과 채무 인수만 얘기해보 겠습니다. 론세일이 완전한 채권 양도라면 채무 인수는 임시 조건부 양 도라고 할 수 있습니다. 론세일이 매입 가격 100% 전액을 주고 근저당 권에 대한 권리를 전부 인수하는 방식이라면, 채무 인수는 부실채권 매 입 가격의 10%만 내고 채무 인수 계약을 맺고 경매에 참여해 낙찰받 은 다음 잔금대출로 소유권을 넘겨받는 방식입니다. 만약 낙찰받지 못 하면 계약은 무효처리됩니다.

　론세일 방식에서도 역시 대출을 이용합니다. 예를 들어 채권을 매입 할 때 채권액의 90%까지 대출이 나오고 나머지 10%는 P2P에서 또 대 출을 해주기 때문에 사실상 자기자본 없이도 투자가 가능한 구조가 됩 니다. 채무 인수의 경우 물건만 잘 고르면 실제로 매입한 금액보다 대 출이 더 많이 나오는 구조가 생길 수도 있습니다. 예를 들어 매입금 액 4억, 입찰금액 5억인 계약에서 5억의 80%인 4억이 대출 나온다면 100% 대출로 물건을 가져온 것입니다. 하지만 이런 구조라 하더라도 고금리 상황에서는 주의해서 판단해야 합니다.

　론세일의 경우 물건을 어떻게 평가해서 어떤 물건을 가져와야 하는 지 질문이 많이 들어옵니다. 은행에서 먼저 연락해 올 경우 실무에서는 일단 의심부터 하는 경우가 많은데 그보다는 구체적인 분석을 하는 것 이 중요합니다. 가장 중요한 점은 그 채권이 담보되어 있는 부동산의 1 년 후 가치를 최대한 정확하게 예측하는 것입니다. 왜 지금이 아니고 1

년 후인가 하면 경매 접수 후 1년 정도가 지나야 경매 절차가 개시되기 때문입니다. 예를 들어 지금 가치가 적당한 상가가 있습니다. 임대료는 나름 잘 나옵니다. 하지만 6개월 후 계약이 만기될 예정이고, 주위에 재개발이 되면서 유동인구가 많이 줄어든다고 가정하면 최악의 상가가 될 수도 있습니다. 재개발이 다 끝나고 나면 좋은 상가가 될 수도 있겠지만 재개발 공사 중에는 힘든 상황이 올 수도 있습니다. 이처럼 어떤 부동산의 채권을 가져와야 하는지 고민이 된다면 1년 후 부동산의 가치가 가장 중요하다고 말하고 싶습니다. 물론 기본적으로 담보 부동산의 감정가 대비 어느 정도 대출이 나갔는지를 나타내는 LTV 같은 것은 기본적으로 점검해야 합니다.

NPL의 요람에서 무덤까지

NPL이 어떻게 만들어지고 회수되는지를 한번 알아보겠습니다. 은행은 대출을 해줬으니 채권자가 되고 고객은 대출을 받았으니 채무자가 됩니다. 이 채무자가 이자나 원금을 상환하지 않을 때 은행은 이 채권을 부실채권으로 분류합니다. 부실채권은 다른 말로 '고정이하여신'이라고도 하는데, 그 이유는 아래의 채권 분류를 보면 알 수 있습니다. 고정, 회수 의문, 추정 손실을 부실채권으로 분류하고, 고정 이하 여신들을 고정이하여신이라고 부릅니다.

은행 보유자산의 건전성

구분	정의
정상	금융 거래 내용, 신용 상태, 경영 내용 등을 고려할 때 채무상환 능력이 양호한 거래처 및 1개월 미만의 연체 여신을 보유하고 있으나 채무상환 능력이 양호한 거래처에 대한 총 여신
요주의	금융 거래 내용, 신용 상태, 경영 내용 등을 고려할 때 여신 사후 관리에 있어 통상 이상의 주의가 필요한 거래처에 대한 총 여신
고정	금융 거래 내용, 신용 상태, 경영 내용 등이 불량하여 구체적인 여신 회수 조치나 관리 방법을 강구해야 하는 거래처에 대한 총 여신 중 회수 예상가액 해당 여신
회수 의문	고정으로 분류된 거래처에 대한 총 여신액 중에서 손실 발생이 예상되나 현재 그 손실액을 확정할 수 없는 회수 예상가액 초과 여신
추정 손실	고정으로 분류된 거래처에 총 여신액 중에서 회수 불능이 확실하여 손비 처리가 불가피한 회수 예상가액 초과 여신

은행이 부실채권NPL을 회수하는 방법에는 2가지가 있습니다.

첫 번째, 채권추심입니다. 채권추심은 전화, 우편, 경매 등의 합법적인 수단으로 대여금을 회수하려는 시도를 일컫는 말입니다. 만일 부동산 담보가 있다면 채권추심을 위해 그 담보를 경매에 넘깁니다. 경매가 진행되고 낙찰이 되면 법원이 채권자에게 낙찰금을 배당합니다. 담보가 없다면, 담보가 될 만한 것을 찾아 가압류하여 추심을 합니다. 이 책에서의 NPL은 부동산 담보가 있는 담보부 NPL만 다루겠습니다.

두 번째, 채권을 매각합니다. 채권은 자산관리회사나 대부업체에 매각합니다. 일반 법인이나 개인에게는 매각이 금지되어 있습니다. 채권을 매입한 자산관리회사나 대부업체도 회수하는 방법은 똑같습니다.

채권추심 혹은 매각입니다.

아주 간단합니다. 일반인이 통상적으로 참가하는 경매 절차 중간에 NPL 대부법인이 하나 끼어든 것입니다. 이것을 모르고 경매 투자를 해왔다면 반쪽짜리 경매를 한 것이나 다름없습니다.

NPL 처리 방법 1

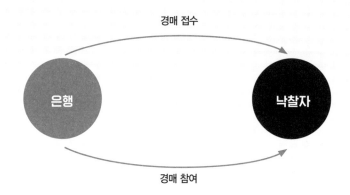

NPL 처리 방법 2

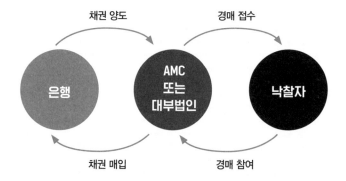

은행은 손해를 보면서 왜 NPL을 매각할까?

은행이 부실채권을 회수하는 방법 중 매각에 대해 한번 알아보겠습니다. 2016년 7월 25일 대부업 관련 법 개정 이후로 개인이나 일반 법인은 부실채권을 매입할 수 없게 되었습니다. 개인이 매입하고 싶다면 현재는 채권매입추심업 등록을 한 대부법인을 만들고 그 법인을 통해서만 매입할 수 있습니다. 그런데 은행이 이 NPL에 담보가 되어 있는 부동산을 경매에 넘기는 것이 하나의 채권 회수 방법이라고 설명했습니다. 은행은 담보가 확실하다면 경매 절차를 개시해서 원금과 이자를 다 받을 수 있을 텐데, 왜 앞으로의 이자를 포기하고 심지어 이미 발생한 원금까지도 할인해서 이 채권을 매각할까요?

여러 이유가 있지만 쉽게 이야기하면 이렇습니다. 요즘은 경매 건수가 많아져서 절차 개시부터 낙찰된 후 배당받기까지 약 1년이 걸립니다. 은행은 이 기간 동안 많은 기회비용이 듭니다. 은행이 대출을 100억 원을 해줬는데 3억 원이 제때 상환되지 않아 부실채권으로 잡혀 있다면 총 여신 중 3%가 부실채권입니다. 이를 부실채권비율이라고 합니다. 이 부실채권비율이 높아지면 금감원에서든 뉴스에서든 이 은행을 가만히 두지 않습니다. 또한 부실채권으로 잡힌 3%만큼 대출을 해주지 못하고 가지고 있어야 합니다. 은행은 이 부실채권 3억을 빨리 다른 업체에 매각해서 부실채권비율도 떨어뜨리고 더 대출해줘서 그에 따른 이자를 받는 것이 오히려 수익을 올리는 방법입니다.

은행은 처음에 대출을 실행할 때부터 이자를 일부 못받을 가능성을 당연히 열어둡니다. 이때 채권최고액이라는 것을 설정하여 부동산의 등기부등본에 기재합니다. 보통 제1금융권의 경우 120%를 설정하고, 2금융권은 130%를 설정합니다. 수치로 설명하면, 2금융권이 10억을 빌려주고 10억의 130%인 13억을 부동산 등기부등본에 설정합니다. 이때 은행은 근저당권자가 되면서 이 부동산을 담보로 돈을 받아갈 수 있는 권리가 생깁니다. 단, 채무자가 10억을 빌리고 연체이자가 5억이 되더라도 은행은 13억까지 가져간다는 얘기입니다. 이 부분을 명확히 알고 있어야 NPL 투자 시 손해를 보지 않습니다.

아래 표를 보면 더 이해가 빠릅니다.

	A채권
원금	10억
연체이자	3억
채권최고액	13억
매입금액	10억
낙찰가	15억
수익	3억

이 채권최고액이 NPL에서 왜 중요할까요? 대부업체가 원금이 10억이고 연체이자(받지 못한 이자)가 3억, 채권최고액이 13억인 A채권을 사왔다고 가정해봅시다. 은행에서 이자를 할인받아 채권의 원금인 10억 원에 사왔습니다. 이후 경매가 원활히 진행되었고, 최종적으로 15억 원

에 낙찰되었습니다. 이때 이 대부법인의 수익은 얼마일까요? 언뜻 보면 10억에 사와서 15억에 낙찰되었으니 5억 수익으로 착각하는 사람들이 있습니다. 하지만 이 대부법인이 받을 수 있는 권리는 원금 10억과 이자 3억까지라서 15억에 낙찰되든 150억에 낙찰되든 13억까지만 받을 수 있습니다.

그렇다면 이자가 5억이 밀렸다고 가정해보겠습니다. 이럴 때는 15억에 낙찰되면 이 대부법인의 수익은 5억이 될까요? 아닙니다. 이 법인의 채권최고액이 13어이기 때문에 3억이 수익이고 후순위가 있을 때는 후순위가 2억을 받아갑니다. 요즘은 경매 접수 후 낙찰될 때까지 1년여 시간이 걸립니다. 즉, 접수 후 1년 동안 연체이자가 계속 누적된다는 뜻입니다. 이때, 앞으로 발생할 연체이자가 채권최고액을 초과하지 않는지 주의해야 합니다.

최근 NPL 시장의 흐름

2018년부터 2022년까지는 부동산 시장이 좋았기 때문에 NPL 시장은 상대적으로 수익이 작았습니다. 그런데 2022년 말부터 심상치 않은 기류가 흘렀습니다. 저축은행에서 대량으로 부실채권이 나오기도 하고 새마을금고나 신협 같은 곳에서 슬슬 매각이 나오기 시작한 것입니다. 그전에는 물건이 너무 없어서 흔히 우리 대부업체가 을이고 은행이 갑인 상황이었지만, 2023년에는 동등한 관계가 되어버린 것입니다.

2024년인 지금은 확실히 은행이 을이고 우리가 갑인 입장이 된 것 같습니다. 물건은 많이 나오고 이것을 매입할 업체는 한정되어 있으니 이자를 할인해서라도 매각하려는 금융기관들이 많아지고 심지어는 원금까지도 일부 할인을 해주는 경우가 늘어나고 있습니다. 심지어 한 지점에서 한 달에 40건까지 부실채권을 넘긴 적도 있습니다. 이렇게 된 이유가 뭘까요?

첫 번째, 코로나 팬데믹의 영향이 큽니다. 사회적 격리의 영향으로 경기가 부진해지자 연체되는 대출을 연장해주고 오히려 대출을 더 해주는 결과까지 나왔습니다. 두 번째, 한동안 너무 저금리였습니다. 저금리로 대출을 받고 여기저기 돈을 끌어다가 부동산에 투자하는 이른바 영끌 투자자들이 많아졌습니다. 금리가 오르면서 월세 수입으로도 이자를 감당하기 어려운 수준에 이르렀습니다. 부실채권들을 조금씩 해결했어야 하는데, 저금리의 영향으로 채무자들이 버티다가 이제 그 규모가 너무 커져서 위험한 수준에 이른 것 같습니다.

그때는 맞고 지금은 틀린 '대위변제'

강의할 때 자주 받는 질문이 있습니다.

"대부법인을 차리지 않고 대위변제를 통해 부실채권을 사올 수 있지 않나요?"

맞습니다. 하지만 권하지는 않습니다. 정확히는 예전에는 괜찮았지만, 현재는 권유하지 않습니다. 대위변제가 무엇인지부터 살펴보겠습니다. 대위변제란 「민법」에 나오는 용어로 채무자가 아닌 제삼자 또는 공동 채무자 가운데 한 사람이 채무를 변제하였을 때 채권자의 채권이 그 사람에게로 넘어가는 일을 뜻합니다. 일반적으로 투자자들이 이 대위변제를 하는 이유는 2가지였습니다. 첫 번째, 지금 이 채무를 내가 대신 갚아주고, 앞으로의 이자를 내가 가져가겠다. 두 번째, 이 채권의 담보로 되어 있는 부동산이 마음에 들어서 채권자의 입장이 되어 채무자와 협상하거나 남들보다 우월한 위치(채권자)에서 경매에 입찰하여 물건을 낙찰받아가겠다. 이러한 이유로 대위변제라는 방법을 활용했습니다. 그런데 지금은 추천하지 않습니다.

A씨는 이율이 5%인 대출을 받았습니다. A씨가 이자를 연체한 경우 2018년 이전에는 법정최고이율까지 연체이율을 설정할 수 있었습니다. 하지만 2018년 법이 개정되고 나서는 기존 이율(5%) + 연체이율(3%)인 8%까지밖에 설정을 못 합니다. 2018년 이전에는 법정최고이율은 연25%였고 현재는 연 20%이지만 이것 또한 무의미해졌습니다. 법정최고이율이 연 20%라 하더라도, 실제로 연 8%밖에 수익이 나지 않으니, 이 정도 수익으로는 채무자와 협상해도 아무런 효과가 없는 상황이 되어버린 것입니다.

그들만의 리그 '채무 인수와 사후 정산'

경매 낙찰 사례를 보면 전 회차 최저가보다 높게 낙찰된 경우를 간혹 봅니다. 저 역시 그런 경험이 있지만, 가끔은 전 회차 최저가 정도가 아닌 터무니없이 높은 가격에 단독 입찰된 경우도 있습니다. 이때 99% 확률로 채권자는 ○○○○○유동화전문유한회사인데, 채무 인수와 사후 정산 계약을 한 것입니다. 그런데 왜 그렇게 높은 가격으로 낙찰받았을까요?

공장을 임차하여 쓰고 있는 B씨는 경매 정보를 살피다가 본인에게 딱 맞는 공장을 발견했습니다. 사업이 탄탄히 굴러가던 터라 이번 기회에 임대료를 내느니 은행에서 대출을 받아 자신의 공장을 마련하고 이자를 낸다는 생각으로 찾아보던 중이었습니다. 감정가는 20억, 4번 유찰이 되어 현재 최저가는 8억이었습니다. 10억이면 적당한 시세라고 생각하는 물건이었기에 이번에 입찰을 결심했습니다. 물건에 다른 하자는 없는지 이것저것 분석도 하고 대출도 알아보았습니다. 은행에 미리 알아보니 법인 신용이 좋아서 80%까지는 무난히 대출이 나와서 10억에 입찰을 해도 2억 정도의 자기자본만 있으면 공장 하나가 생기는 것이었습니다. 그런데 문제가 생겼습니다. B씨의 회사가 급히 부품을 결제할 일이 있어서 동원할 수 있는 현금이 1억 정도밖에 여유가 없었습니다. 물건이 너무 탐났기에 여기저기 수소문 끝에 NPL컨설팅업체를 찾아가게 됩니다. 이때 충격적인 말을 듣습니다. 4,000만 원만 있으면 이 공장을 매수할 수 있다는 것입니다. 이게 말이 될까요? 일단 어떠한 구조로 가능한지 들어보기로 했습니다.

이 물건의 채권자는 ○○○유동화전문유한회사입니다. 채권자가 유동화전문유한회사이면 100% NPL 물건이라는 것입니다. 4회 차 유찰된 상황에 최저가는 8억 원. 이 유동화전문유한회사는 원금이 10억 원이고 못 받은 연체이자가 2억 원이라서 총 12억 원을 받을 수 있습니다. 한데 8억이 최저가이니 회사는 미칠 노릇이었습니다. 그 순간 누군가가 나타나서 10억에 이 물건을 사겠다고 한다면 유동화전문유한회사는 감지덕지할 따름입니다. 대신 조건을 하나 더 겁니다. 매입금액은 10억 원이지만, 실제로 법원에서 입찰하는 금액은 12억 원으로 쓴다는 것입니다. 도통 무슨 얘긴지 B씨는 이해가 되지 않아서 구조를 차근차근 살펴보기로 했습니다.

경매 진행 후 입찰

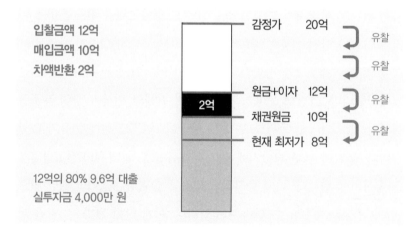

1. B씨는 유동화전문유한회사와 10억 원에 매입계약을 한다.

2. 법원에 가서 12억 원에 입찰한다.

3. 잔금을 지불하고 유동화전문유한회사로부터 2억 원을 반환받는다.

그냥 법원 가서 10억을 쓰면 될 것을 왜 이렇게 할까요? 이유는 크게 2가지입니다. 첫째는 높은 낙찰 가능성입니다. 가끔 전 회차 최저가인 10억 원에 입찰하는 사람은 있을 수 있지만, 12억 원까지 쓰는 사람은 드물기 때문에 낙찰 가능성이 상대적으로 높습니다. 둘째는 대출이 많이 나옵니다. B씨의 경우 10억 원에 입찰해서 80%인 8억 원의 대출을 받는다면 2억 원의 자금이 필요하지만 12억 원을 쓰고 80%인 9.6억 원을 대출받는다면 4,000만 원만 있으면 살 수 있기 때문입니다. 다만 대출을 더 많이 일으키는 구조이기 때문에 이에 대한 이자를 감당할 능력이 있는지는 스스로 잘 판단해야 합니다.

그래서 NPL 투자를 하라고?

투자의 세계에는 "잘 아는 것만 하거나 잘하는 것만 하라" 혹은 "모르면 하지 말라"는 말이 있긴 하지만, 모르면 자세히 알아보고 하거나 전문가와 같이하면 됩니다. 하지만 NPL에 한해서는 모르면 투자하지 않기를 바랍니다. 주식이나 부동산처럼 공부할 수 있는 자료도 턱없이 부족하고, 전문가라고 떠드는 사람들 가운데 전문가가 아니거나 사기꾼이 섞여 있는 일이 많기 때문입니다.

1. 이런 투자업체는 조심 또 조심

첫 번째, 사업설명회를 하는 업체는 피합니다. 부실채권을 사오는 매입채권추심업을 하면서 사업설명회를 할 이유가 없습니다. 안전한 채권이라면 다른 금융사에서 채권매입자금을 빌려주기 마련입니다. 채권이 위험하거나, 다른 꿍꿍이가 있거나 하는 회사가 사업설명회를 한다고 생각합니다.

두 번째, 공동투자를 권유하는 강사 역시 피해야 합니다. 공동투자는 위법한 행위는 아니지만, 경험상 결과가 좋지 않은 경우를 너무 많이 봤습니다. 처음 생각했던 투자기간보다 길어진다면 어떤 투자자는 기다릴 수 있지만, 어떤 투자자는 돈을 빼달라고 할 것입니다. 단순한 채권 투자가 아닌 부동산 투자라면 더 심합니다. 월세 수익을 바라는 투자자가 있는 반면 매각차익을 바라는 투자자가 있을 것입니다. 이 또한 처음에 잘 정해놓지 않는다면 나중에 문제가 됩니다. 또한 세금도 개인별로 다 다르기 때문에 매각차익을 원하더라도 시기가 다를 수 있습니다. 신경 쓸 것이 한두 가지가 아닙니다. 그런데 이보다 더 큰 이유가 있습니다. 바로 강사들이 이익에 눈이 멀어 수강생들에게 좋지 않은 물건을 떠넘기기도 합니다. 명목상 공동투자지만, 실제로는 높은 컨설팅 수수료를 받아 자신의 투자금을 해결하는 방식입니다. 강사가 자신도 함께 투자한다고 하여 투자자들을 안심시키는 전형적인 수법입니다.

2. 개인이 할 수 있는 투자만 하자

앞서 설명한 채무 인수와 사후 정산 방식은 개인에게 위험하지는 않습니다. 하지만 믿을 만한 AMC들과 해야 합니다. 믿을 만한 AMC로는 대신AMC, 파빌리온자산관리, 연합자산관리UAMCO, 농협자산관리, 제이원자산관리, 하나에프앤아이, 이지스자산운용, MG신용정보, 우리신용정보, 고려신용정보, 더베스트자산관리 등이 있습니다. 경매 사이트를 보다가 관심 물건의 채권관리를 위 AMC 중 하나가 하고 있다면 적극적으로 전화해도 좋습니다. 전화번호는 경매 사이트(옥션원, 지지옥션 등)에서 사건번호를 검색하면 제일 하단에 나옵니다.

● 등기부현황 (채권액합계 : 1,584,000,000원)

No	접수	권리종류	권리자	채권금액
1(갑2)	2018.10.05	소유권이전(매매)		
2(을1)	2018.10.05	근저당	하나은행 (창동역지점)	1,584,000,000원
3(갑3)	2023.03.07	임의경매	하나은행 (여신관리부)	청구금액: 1,237,256,869원
4(갑4)	2023.12.15	압류	김포시	

AMC 부실채권상담 채권담당자 ☎ 02-6712 대표번호 02-6712

이처럼 개인이 할 수 있는 투자가 있으니 꼼꼼히 준비하여 접근해보기 바랍니다. NPL 투자를 하고 싶다면 경매를 진행하면서 이자수익을 얻는 NPL 투자가 아닌, 물건을 좋은 조건으로 가져갈 수 있는 채무 인수와 사후 정산 방식을 활용하는 것이 좋습니다. NPL업체와 상의 후 더 좋은 방법을 함께 의논하는 것도 하나의 방법입니다. 실제로 NPL 시장에는 드러나지 않은 재야의 고수들이 높은 수익을 올리고 있는 것도 사실이니까요.

처음 하는 부동산 투자 공부

초판 1쇄 발행 2025년 1월 17일
초판 2쇄 발행 2025년 1월 31일

지은이   건실투
펴낸이   채상욱
펴낸곳   커넥티드그라운드(주)
출판등록 제2024-000238호
주소   서울시 마포구 월드컵로 196 대명비첸시티오피스텔 B105-D205호
팩스   02-6499-4186
이메일   connectedground@gmail.com

ISBN 979-11-987397-2-8 (13320)